David Zimmermann

Migration und Trauma

Pädagogisches Verstehen und Handeln
in der Arbeit mit jungen Flüchtlingen

Psychosozial-Verlag

Diese Arbeit wurde an der Humboldt-Universität zu Berlin 2011
als Dissertationsschrift mit dem Titel »Migration und Trauma.
Beiträge zu einer vernachlässigten Dimension der pädagogischen
Rehabilitation« angenommen und mit »summa cum laude« bewertet.

Die Veröffentlichung dieses Buches wird von der Johanna und Fritz Buch
Gedächtnis-Stiftung, Hamburg, finanziell gefördert.

Bibliografische Information der Deutschen Nationalbibliothek
Die Deutsche Nationalbibliothek verzeichnet diese Publikation
in der Deutschen Nationalbibliografie; detaillierte bibliografische Daten
sind im Internet über http://dnb.d-nb.de abrufbar.

3. Auflage 2015
© 2012 Psychosozial-Verlag
Walltorstr. 10, D-35390 Gießen
Fon: 0641-969978-18; Fax: 0641-969978-19
E-Mail: info@psychosozial-verlag.de
www.psychosozial-verlag.de
Umschlagabbildung: Louis Soutter: Die kalte Last. 1938.
Umschlaggestaltung & Satz: Hanspeter Ludwig, Wetzlar
www.imaginary-art.net
Druck: CPI books GmbH, Leck
Printed in Germany
ISBN 978-3-8379-2180-9

Inhalt

TEIL I:
Theoretische Darstellung

1. Einleitung: Zwangsmigration, Trauma und Pädagogik

1.1 Zwangsmigration als traumatischer Prozess. Erste Annäherungen

»Wir sind auch gegangen, weil, mein Vater wurde von vielen verfolgt und so alles, weil er Kurde war. Er war, er war einer der einzigen in der Stadt. Meinte, ›Kurde‹ darf man nicht sagen und so alles, wird man ermordet. Da haben die Regierung auch von mein Vater, also mein Opa, von mein Vater den Vater, ermordet. Wegen alles so ne Sachen und alles, dann mussten wir fliehen, wir hatten keine Wahl« (Ibrahim, 16 Jahre – I 3, S. 14, Z. 9–13).

»Da war richtig viel Schnee, also bis zu mein Brustkorb. Dann hat mein Vater, ich konnt ja nicht laufen, sonst wär ich da erstickt drinne, mein Vater hat mich so oben gepackt auf die Schulter, meine Schwester war n bisschen größer, die konnte noch laufen, meine Mutter war eigentlich krank der Zeit. Sie, ähm, wir sind weiter gelaufen im Dunkeln im Wald, wir müssen da bleiben, wir hatten kein Essen, nix, danach hab ich Schnee gegessen. Es war dunkel, ich glaube, ich hab sogar Dreck gegessen. […]

Danach sind wir dann, wie hieß das, Königs Wusterhausen von der Zollbeamten erwischt worden, dann mussten wir erstmal ins Gefängnis gehen. Danach, hm, Gefängnis, da mussten wir voll lange da warten, das war so groß wie ne Turnhalle, so richtig groß. Da war eine Matratze, in der Ecke, ich, meine Mutter, meine Schwester waren da. Mein Vater war irgendwo im Gefängnis und so alles. Mussten wir warten, an diesen Moment kann ich mich gar nicht mehr erinnern, danach sind wir irgendwie Asylantenheim gewesen. Weiß nicht mehr, was danach passiert ist in der Mitte« (ebd. – I 3, S. 12, Z. 17–S. 13, Z. 6).

13

»Jeder hat sein Päckchen zu tragen« lautet ein viel gebrauchtes Sprichwort. Jugendliche mit Zwangsmigrationshintergrund wie Ibrahim schultern ein besonders großes Paket. Die von ihm beschriebenen Aspekte prägen, in unterschiedlicher Art und variabler Bedeutung, alle Zwangsmigrationen: Erstens ein unfreiwilliges Verlassen der Heimat, dessen Ursachen politische oder ethnische Verfolgung oder extreme Armut sein können. Zweitens eine fast immer illegalisierte und häufig gefährliche Migration im engeren Sinne, die nicht selten durch Situationen extremster Abhängigkeit, zum Beispiel von Schleppergruppen oder Grenzsoldaten, geprägt ist. Drittens eine ungesicherte Aufenthaltssituation im Aufnahmeland, die eine kürzere oder längere Lebensphase umfassen kann (Goldstein 2007; Pro Asyl 2006, 2007).

Das Gewicht des geschulterten Pakets, also die innerpsychische Belastung, lässt sich demnach fast nie aufgrund der Schwere einer Einzelerfahrung bemessen. Stattdessen können die seelischen Beeinträchtigungen nur vor dem Hintergrund der verschiedenen lebensgeschichtlichen Erfahrungen nachvollzogen werden.

Die Belastungen aus den skizzierten drei Hauptsequenzen von Zwangsmigrationen korrespondieren bei vielen Betroffenen mit Störungen im Erleben und Verhalten. Hierbei kann individuelles, inneres Erleben jedoch keinesfalls linear-kausal aus dem äußeren Geschehen abgeleitet werden. Beide Aspekte, äußere und innere Welt, stehen jedoch grundsätzlich in einem Zusammenhang. Da Menschen mit Zwangsmigrationshintergrund häufig soziale Extremerfahrungen machen und das innerpsychische Erleben davon vielfach massiv beeinträchtigt ist, bildet *Trauma* eine sinnvolle Kategorie zur adäquaten Beschreibung dieses Zusammenhangs.

Ein Trauma im Kontext einer Zwangsmigration ist demnach eine schwerwiegende seelische Verletzung, die ihr Bedingungsfeld in verschiedenen, miteinander interagierenden Belastungssequenzen hat. Welche Bedeutung die lebensgeschichtlichen Erfahrungen dabei für Ibrahim und die vielen anderen zwangsmigrierten Menschen haben, lässt sich, so viel kann angenommen werden, nur aus einem am Individuum orientierten Verstehen herleiten. Teil des Traumas ist fast immer auch die gestörte familiäre Interaktionssituation, die von den Jugendlichen als hochgradig belastend erlebt wird. Der Verlust der Heimat, existenzielle Ängste bei Erwachsenen und Kindern und die fast immer auch aktuell gänzlich unsichere Lebenssituation führen dazu, dass viele der Eltern ihren Kindern nicht in adäquater Weise Halt bieten können. Minderjährige, unbegleitete Flüchtlinge reisen ohne primäre Bezugspersonen ein und müssen die vielfältigen Anforderungen gänzlich allein bewältigen (Podlech 2005; Riedelsheimer/Wiesinger 2004).

Die zwangsmigrierten Kinder und Jugendlichen, die, wie Ibrahim, mit ihren Familien oder als unbegleitete minderjährige Flüchtlinge nach Deutschland gelangen, bilden eine auch zahlenmäßig bedeutsame Gruppe. Zu den etwa 24.000 Menschen, die sich während des Asylverfahrens in Deutschland befinden (BMI 2010), kommen 200.000 Menschen, die mit einer sogenannten Duldung leben (Pro Asyl 2010). Trotz unsicherer statistischer Ausgangslage kann davon ausgegangen werden, dass annähernd die Hälfte der Asylsuchenden und geduldeten Flüchtlinge unter 18 Jahren alt ist (UNO-Flüchtlingshilfe 2010). Weit gewichtiger als der quantitative Aspekt ist aber die ganz spezifische psychosoziale Situation dieser Gruppe, die eine Auseinandersetzung mit ihrem Erleben und Verhalten hoch notwendig macht.

Bei einigen der Jugendlichen, hierzu gehört Ibrahim, zeigen sich die Belastungen symptomatisch in einem hohen Maß an Aggressivität. Andere Betroffene verschließen sich mit ihrer Erfahrungswelt und leben zurückgezogen (Podlech 2005). Beide Verhaltensweisen sind damit mögliche, äußerlich sichtbare Ausdrücke von Traumatisierungen, die im Kontext von Zwangsmigrationen entstanden sein können. Solcherlei Symptomatiken zeigen sich nicht zuletzt in der Schule. Dort lösen sie vielfach Hilf- und Ratlosigkeit bei pädagogischen Professionellen aus (Kraushofer 2004, S. 177). Die Verhaltensweisen der Jugendlichen werden jedoch entweder, wie in der traditionellen Sonderpädagogik, primär als entkontextualisierte individuelle Probleme dargestellt (vgl. Myschker 2002) oder einseitig und unter Missachtung der aktuellen und internalisierten Interaktionssituationen als Aspekt »institutioneller Diskriminierung« gedeutet (Gomolla/Radtke 2002). Deswegen können sie bislang kaum als lebensgeschichtlich und aktualgenetisch verankerte Erlebens- und Verhaltensmodi pädagogisch behandelt werden.

1.2 Die Notwendigkeit der pädagogischen Perspektiverweiterung

Traumaforschung und die Entwicklung angepasster Verstehens- und Handlungskonzeptionen finden bislang vor allem aus therapeutischer

Perspektive statt, dabei primär mit psychoanalytischem oder psychiatrischem Hintergrund. Hierzu gibt es auch eine große Anzahl an aktuellen Veröffentlichungen (unter anderem: Bohleber 2000, 2007; Diepold 1998; Grubrich-Simitis 2007; Grünberg 2007; Macksoud 1993). Dabei sind auch Kinder und Jugendliche mit Zwangsmigrationshintergrund verstärkt als vulnerable Gruppe hinsichtlich realer Traumatisierungen erkannt und in theoretische Überlegungen und praktische Konzeptualisierungen integriert worden (P. Bründl 1998; Misek-Schneider 2005; Stiftung für Kinder 1995).

Die pädagogische Forschung und Praxis steht hingegen am Beginn einer dringend notwendigen Perspektiverweiterung. Dies gilt in zweierlei Hinsicht: Zum einen werden Kinder und Jugendliche mit Migrationshintergrund, dies gilt nicht zuletzt für die quantitative Bildungsforschung, allzu oft pauschalisierend und nicht selten kulturalisierend zusammengefasst (Akashe-Böhme 2000; Nill 2006). Die spezifische Erfahrungs- und Erlebenswelt von Kindern und Jugendlichen mit Zwangsmigrationshintergrund und die Auswirkungen auf ihre schulische Situation sind bislang nur in geringem Maße aufgearbeitet worden (eine Ausnahme bildet: Büttner et al. (Hg.) 2004). Zum anderen öffnet sich die Pädagogik nur behutsam dem Umgang mit Traumatisierungen. Erste Veröffentlichungen liegen zwar vor (Bausum et al. (Hg.) 2009; Fuchs 2009, Weiß 2005), gerade für den schulischen Bereich bestehen jedoch erhebliche Desiderate.

Aus den genannten Gründen sind Jugendliche mit Zwangsmigrationshintergrund und traumatischen Erfahrungen bislang kaum in den Fokus pädagogischer Forschung und Praxis gelangt.

Es besteht demnach einerseits ein Mangel bezüglich eines geeigneten, im pädagogischen Feld nutzbaren Verstehenszugangs zu subjektiven Realitäten zwangsmigrierter Lernender, andererseits fehlen pädagogische Konzeptionen zur angepassten Förderung dieser Gruppe. Solcherlei Konzeptionen müssen stets den Blick auf das Individuum richten. Nur ein solcher erlaubt den Einbezug lebensgeschichtlicher Traumata in pädagogisches Handeln (Ahrbeck 2006; v. Freyberg/Wolff 2005, 2006). Es kann jedoch ein Handlungs- und Interventionsmodell für die Gruppe zwangsmigrierter Jugendlicher entwickelt werden, sofern es als Rahmenkonzeption in der pädagogischen Praxis stets neu und individualisiert adaptiert wird.

Solche Art von Forschung zielt auf eine Verbindung aus drei bisher

weitgehend voneinander separierten Forschungsbereichen: der Psychotraumatologie, der Migrationsforschung sowie der Pädagogik.

1.3 Zur vorliegenden Arbeit

Ausgehend von den in Kapitel 1.2 genannten Überlegungen stellt die
vorliegende Arbeit die pädagogischen Fragestellungen im Kontext
von Zwangsmigrationen und traumatischen Lebenserfahrungen in den
Fokus. Dies gilt, obwohl sowohl theoretisch als auch in den Falldarstellungen vielerlei Lebens- und Erlebensbereiche dargestellt werden,
die nicht unmittelbar mit der Schule in Verbindung stehen. All diese
lebensgeschichtlichen Erfahrungen der Jugendlichen reinszenieren sich
jedoch maßgeblich in der schulischen Situation. Eine pädagogische
Perspektive muss deshalb stets eine ganzheitliche sein. Das heißt, die
wesentlichen Wirkfaktoren, die subjektive Realitäten vor, während und
nach der Zwangsmigration prägen, müssen in den Blick genommen
werden. Wo nötig, muss eine pädagogische Perspektive politisch par-
teilich im Sinne der Entwicklung der Kinder und Jugendlichen sein.
Dies geschieht in diesem Buch an verschiedenen Stellen, maßgeblich in
der Analyse der Auswirkungen des Aufenthaltsrechts.

In *Kapitel zwei* werden die beiden zentralen Termini genauer bestimmt.
Die wesentlichen Kennzeichen der Migration werden dabei sowohl
aus psychologischer als auch aus soziologischer Perspektive analysiert.
Darauf folgt die Vorstellung verschiedener Traumadefinitionen, abschließend wird die für die vorliegende Arbeit grundlegende Konzeption der
Sequenziellen Traumatisierung (Keilson 1979; Becker 2006) ausführlich
diskutiert.

Kapitel drei dient der Entwicklung eines auf zwangsmigrierte Jugendliche fokussierenden Modells *Sequenzieller Traumatisierung*, mit
dessen Hilfe das (Belastungs-)Erleben dieser Gruppe besser verstanden
werden kann. Dabei werden sowohl Vorerfahrungen mit Gewalt, Krieg
und Flucht als auch aktuell dominierende psychosoziale Geschehnisse in
den Blick genommen. Breiten Raum nimmt die Analyse der spezifischen
familiären Interaktion in zwangsmigrierten Familien ein, die, so muss
sinnhaft angenommen werden, wesentlich das (schulische) Erleben der
Jugendlichen prägt. Das hier entwickelte Modell versteht sich als psy-

choanalytisch fundiert; spezifisch ist die Annahme eines untrennbaren, wenn auch nicht linear-kausalen Zusammenhangs äußerer und innerer Realität.

In *Kapitel vier* wird das Forschungsdesign der darauf folgenden qualitativen Studie vorgestellt und ausführlich begründet. Im Mittelpunkt steht dabei stets die Frage, welche Methodik angesichts der traumatischen Erfahrungswelt vieler der Jugendlichen dem Erkenntnisinteresse der Untersuchung angemessen ist und ethisch vertretbare, gleichsam pädagogisch hilfreiche Forschungsarbeit zulässt.

Kapitel fünf ist in Gänze den Einzelfalldarstellungen gewidmet. Die sich aus dem *Szenischen Verstehen* (Lorenzer 1973; Petrik 1992) ergebenden »Zentralen Bereiche subjektiven Erlebens« werden analysiert, miteinander in Verbindung gesetzt und auf ihre schulischen Auswirkungen hin hinterfragt.

Dem Primat der Einzelfalldarstellung (Datler 1995) folgend, können aus den vorgestellten Lebensgeschichten keine allgemeingültigen Rückschlüsse gezogen werden. Dennoch gibt es einige wesentliche Gemeinsamkeiten, die Annahmen über typisches Erleben Jugendlicher im Kontext von Zwangsmigration zulassen. Eine solche horizontale Analyse wird in *Kapitel sechs* vorgenommen.

Den Abschluss bilden pädagogische Überlegungen *(Kapitel sieben)*. Aus der zugrunde liegenden qualitativen Untersuchung lassen sich sinnhaft pädagogische Konsequenzen ableiten. Diese können und dürfen jedoch nicht einer Handlungsanleitung entsprechen, sondern verstehen sich als Rahmenkonzeption für die individuelle Förderung zwangsmigrierter Jugendlicher.

2. Theoretische Grundlagen: Migration und Trauma

2.1 Migration

2.1.1 Formen und aufenthaltsrechtliche Aspekte

Individuelle und kollektive Migration »ist einer der wichtigsten Faktoren in der Bevölkerungsentwicklung in Geschichte und Gegenwart« (Schrader 1989, S. 436). Die Moderne und die sogenannte Postmoderne unterscheiden sich dabei nicht grundsätzlich von vergangenen Epochen (Bauman 1995, 2003; Said 2003). »Migration meint als Oberbegriff i.d.R. die längerfristige, räumlich größere Verlagerung der Lebensschwerpunkte von Individuen, Gruppen oder Bevölkerungen« (Bade 2010, S. 422).

Migration kennzeichnet somit den dauerhaften Wechsel des Lebensmittelpunktes, der mit der Veränderung des sozialen Netzwerks einhergeht (Berry 1988). Als sozial- und kulturhistorisches Phänomen beschreibt sie einen langfristigen Prozess, der die Aus- und Einwanderung genauso umfasst wie die Ansiedlung an einem neuen Ort (Bade 2010, S. 424). Sie ist hinsichtlich ihrer Entstehungsbedingungen, ihres Verlaufs und ihrer psychosozialen Auswirkungen ein vielschichtiges Phänomen. Migration stets als erzwungen zu betrachten, so wie dies Akashe-Böhme (2000, S. 16) vorschlägt, scheint angesichts der Vielfalt der Formen als unangemessene Vereinfachung. Die Bildung von Sub-Kategorien ist deshalb dringend notwendig. Die Darstellung zweier hoch relevanter, wenn auch nicht sehr trennscharfer Gegensatzpaare führt zu einer möglichen Form der Kategorisierung: Binnen- versus transnationale Migration einerseits sowie freiwillige versus Zwangsmigration andererseits.

Bei der Binnenmigration verbleiben die Menschen tendenziell in einem ähnlichen kulturellen und sozialen Kontext. Die kulturelle Erfahrung im Sinne eines Austauschs von innen und außen ist demnach häufig durch eine relative Kontinuität gekennzeichnet. Der »potentielle Raum« (Winnicott 1992) zwischen Individuum und Umwelt muss in diesem Fall nicht komplett neu hergestellt werden. Die die Postmoderne prägende Mobilität fördert die (relativ) freiwillige Binnenmigration von Arbeitnehmerinnen und -nehmern überall auf der Welt. In Kriegs- und Krisengebieten, verstärkt aber auch in von Naturkatastrophen betroffenen Regionen ist die Binnenmigration hingegen durch Erzwungenheit charakterisiert. In der Regel ist dabei von Binnenvertriebenen die Rede; diese Migrationsform ist quantitativ hoch bedeutsam (UNHCR 2008, S. 29).

Bei transnationaler Migration ändert sich meist die Landessprache. Dies bedeutet einerseits, dass Migrantinnen und Migranten eine weitere Sprache lernen müssen, um am sozialen Leben der neuen Heimat teilnehmen zu können. Andererseits erzwingt die Auseinandersetzung mit einer neuen Sprache auch die Konfrontation mit einem als fremd erlebten System an Werten und Bedeutungen (Nguyen/Malapert 1988). In vielen Fällen wird das als mit dem »Sinnloswerden traditioneller Werte und Normen« (Auernheimer 1988, S. 135) gleichgesetzt erfahren. Die neuen sprachlichen und kulturellen Codices werden dann nur erlernt, nicht jedoch affektiv besetzt. Sprache und Gesamterleben sind in diesem Fall nur vage miteinander verbunden, psychische Zustände demnach kaum ausdrückbar.

Die freiwillige Migration ist dadurch gekennzeichnet, dass es keine akuten Gründe im Herkunftsland/der Herkunftsregion gibt, die zur Auswanderung zwingen. Der dauerhafte Wechsel des Lebensmittelpunktes geschieht insofern aus persönlichen oder arbeitsbezogenen Gründen, ohne dass ein Verbleib in der bisherigen Region existenzielle Nöte auslösen würde.

Der erzwungenen Migration geht ein wirtschaftlicher, politischer oder sozialer Druck voraus, der die Migration als einzigen Ausweg erscheinen lässt. Sie umfasst demnach ein größeres Bedingungsfeld, als es in der Genfer Flüchtlingskonvention (UNHCR 1951) dargelegt ist.

Die Kategorie »Zwangsmigration« umfasst den Wechsel des Wohnorts aufgrund persönlicher Zwänge (zum Beispiel familiärer Brüche) genauso wie die Vertreibung wegen extremer Armut. Dies gilt sowohl für die Binnen- als auch für die transnationale Migration. Im Gegensatz zum in der Genfer Konvention bereits 1951 umfassten Flüchtlingsbegriff unterliegt der Begriff »Zwangsmigration« jedoch keiner einheitlichen Definition. Ob aufgrund der unvermeidlichen Erfahrungen mit Fremdheit und der geringen Einbezogenheit in Entscheidungsprozesse die Migration von Kindern stets als erzwungen bezeichnet werden muss, stellt eine hier nicht abschließend zu klärende Frage, jedoch zumindest eine wichtige Überlegung dar (Akthar 2007).

Die Auswirkungen von Migrationsprozessen auf das Individuum lassen sich nur vor dem Hintergrund der aktuell gültigen Aufenthaltsgesetze sinnhaft erfassen. Die Chance, eine eigene Wohnung zu finden, eine Berufsausbildung aufzunehmen oder eine Arbeit zu suchen, ist direkt mit dem jeweiligen Aufenthaltsstatus verbunden (Beauftragter für Integration und Migration 2005). Auch die psychische Verfassung wird von vielen Migrantinnen und Migranten als vom Aufenthaltsstatus abhängig erlebt (Becker 2006a).

Eine unsichere Gesamtsituation, die Angst vor Abschiebung und die Unmöglichkeit, eine Ausbildung oder reguläre Arbeit aufzunehmen, werden von vielen zwangsmigrierten Menschen in besonderer Weise als bedrückend beschrieben (Pro Asyl 2006). Belastungen der Vergangenheit und das aktuelle Leben ohne sichere Aufenthaltsperspektive verdichten sich innerpsychisch und können so schwere psychische Beeinträchtigungen, im Besonderen starke Ängste, hervorrufen. Eine Bewältigung der Belastungssequenzen der Vergangenheit erforderte hingegen eine sichere Gegenwarts- und Zukunftsperspektive, verbunden mit dem Gefühl des Erwünscht- und Akzeptiertseins (Egger 2003; Cohen 2005).

Das neue Aufenthaltsrecht, das Teil des am 01.01.2005 in Kraft getretenen Zuwanderungsgesetzes ist, weist drei Aufenthaltstitel für nichtdeutsche Staatsbürgerinnen und Staatsbürger aus: Erstens das Visum, das oft eine Einladung einer in Deutschland lebenden Person voraussetzt und zeitlich meist auf maximal drei Monate begrenzt ist. Zweitens die Aufenthaltserlaubnis, die zeitlich befristet ist und das Recht zu arbeiten beinhalten kann, jedoch nicht muss. Drittens die Niederlassungserlaubnis, die zeitlich und räumlich unbefristet und immer mit einer Arbeitserlaubnis verbunden ist (Beauftragter für Migration und Integration Berlin 2005, S. 6f.).

Ohne tatsächlichen Aufenthaltstitel leben Menschen mit einer Aufenthaltsgestattung (zum Beispiel Asylsuchende während der Zeit des Asylverfahrens) sowie mit einer Duldung (Bescheinigung über die Aussetzung der Abschiebung). Letztere betrifft unter anderem abgelehnte Asylsuchende sowie ehemalige Konventionsflüchtlinge aus Kriegs-, Bürgerkriegs- und sonstigen Krisengebieten, bei denen »zwingende rechtliche Abschiebungshindernisse« (Beauftragte der Bundesregierung für Migration 2007, S. 218) bestehen. Abschiebehindernisse bilden etwa fehlende zwischenstaatliche Rückführungsabkommen oder mangelnde Reisefähigkeit der betroffenen Personen. Unabhängig von der Dauer ihres Aufenthalts dürfen Menschen ohne Aufenthaltstitel in aller Regel nicht arbeiten oder studieren und unterliegen der Residenzpflicht.

2.1.2 Psychologische Aspekte der Migration

Es herrscht in der Fachliteratur weitgehende Einigkeit darüber, dass sowohl die Motivation als auch die Folgen der Migration mit spezifischen psychologischen Besonderheiten und Problemen verknüpft sind (Akashe-Böhme 2000; Akthar 2007; Calloni 1999; Grinberg/Grinberg 1990). Die Trennung von der Familie und dem gewohnten Umfeld, Trauer um verlorene Bindungen und bekannte kulturelle Codices sowie notwendige soziale und materielle Neuanfänge prägen alle Migrationsprozesse. Biografische Brüche und hermeneutische Unsicherheiten erschweren die Identitätsarbeit. Mit dem Ziel der möglichst passgenauen Zuordnung spezifischer Herausforderungen ist es jedoch unerlässlich, wesentliche Unterschiede in der psychologischen Ver- und Bearbeitung verschiedener Migrationsformen zu erfassen. Hieraus können adäquate Unterstützungs- und Fördermaßnahmen entwickelt werden (Herzka et al. 1989; Scheifele 2003).

2.1.2.1 Freiwilligkeit versus Zwang – Trauerarbeit versus Entwurzelung

In aller Regel werden freiwillige Migrationen geplant. Sie ermöglichen eine Abschiednahme vom sozialen Umfeld ebenso wie von der natürlichen Umgebung. Bewusste Abschiednahme vereinfacht die Trauerarbeit im Exil, die als unerlässliche Bedingung für die innerpsychische Integration von Altem und Neuem gesehen werden muss. Freiwillig migrierende Menschen haben somit einen emotionalen und realen Zugang zu dem Zurückgelassenen. Sie können die Erinnerungen als gute, konstante Objekte bewahren und in vielen Fällen die verlassene Heimat besuchen.

Im Gegensatz dazu sind Menschen, die unter Zwang die Heimat verlassen, meist gezwungen, sowohl ihren materiellen Besitz als auch ihr soziales Netzwerk ohne Moratorium zurückzulassen. Dort, wo erzwungene Migrationen geplant werden können, geschieht das in aller Regel klandestin. Abschiede sind demnach nur in sehr beschränktem Maß möglich. Zwangsmigrierende Menschen sind zusätzlich belastet mit dem Gefühl des Ausgestoßenseins aus der Herkunftsgemeinschaft und sehen jedes Gefühl der Erinnerung »durch bösartige Gefühle vergiftet« (Akhtar 2007, S. 109). Umso mehr bestimmen oft die Nachrichten aus der Heimat das Leben der Menschen im Exil (Rosenthal et al. 1999). Im Kontext dieser hoch ambivalenten Beziehung zur Herkunftskultur rufen Trauerprozesse vielfach eher strafende und depressive Schuldgefühle hervor (Grinberg/Grinberg 1990).

Cohen (2005) vergleicht die (erzwungene) Exilierung mit einem zweiten Verlust der Mutter. Eine reife, »erwachsene« Bindung zum »Mutter-« und zum »Vaterland« kann demnach dann entstehen, wenn traditionelle Symbolisierungen neben neuen stehen können und Worte und emotionale Bedeutungen in beiden Sprachen zusammengeführt werden.

Die Ursprungssprache steht in diesem Sinn für das Mütterlich-Haltende, die neue Sprache für das Väterlich-Herausfordernde (Cohen 2005). Eine auf Bewältigung ausgerichtete Trauerarbeit erfordert demnach eine Überführung von mütterlich-symbiotischen in triangulierte Beziehungen zu beiden sprachlichen Bezugssystemen. Ziel einer die persönliche Entwicklung vorantreibenden triadischen Beziehung zu zwei kulturell-sprachlichen Bezugssystemen ist die innere Repräsentanz eines Dreiecks, bei der eine Beziehung zum einen Bezugspunkt nicht als Gefährdung jener zum anderen erlebt wird. Dies setzt eine innere Permanenz beider sprachlichen Objekte voraus. In diesem Sinne besteht dann tatsächlich eine deutliche Parallelität zur triadischen Herausforderung in der kindlichen Entwicklung (Katzenbach/Ruth 2008). Ein solcher Prozess wird

oft dann gelingen, wenn keine der Sprachen Erinnerungen und Bedeutungszuschreibungen auslöst, die mit Verfolgung und schweren Ängsten
verbunden sind. Im Fall freiwilliger Migrationen kann davon zumindest
in vielen Fällen ausgegangen werden. Viele zwangsmigrierte Menschen
erleben hingegen eines oder sogar beide sprachlich-kulturellen Systeme
als verfolgend. Bietet keines der beiden Bezugssysteme Schutz, kann dies
zu Entwurzelungen führen. Sowohl Ursprungs- als auch Residenzsprache
werden in diesem Fall als etwas Fremdes erlebt. Ein Gefühl des Abgeschnittenseins von positiven und negativen verinnerlichten Vorstellungen
führt zu einer Diskontinuität im Identitätsgefühl.

Misslingt der sprachlich-kulturelle Integrationsprozess, muss entweder
das Herkunftsland oder das aufnehmende Land idealisiert werden, wobei
jede kritische Betrachtung des Idealisierten als gefährlich wahrgenommen
wird (Garza-Guerrero 1974). Eine Entidealisierung kann leichter gelingen,
wenn es eine Rückkehroption gibt. Ist dies auf absehbare Zeit nicht der
Fall, wie bei den meisten Zwangsmigrationen, beherrschen Spaltungs-
notwendigkeiten die innere Welt. Diese primär den Bezugsländern und
-kulturen zugeordnete Abwehr kann auch auf zwischenmenschliche
Beziehungen übertragen werden. Objekte können dann generalisiert
nur noch als gut oder böse wahrgenommen werden. Die Bearbeitung
dieses Abwehrmechanismus bedingt die Anerkennung der endgültigen
Exilierung (Volkan 2003).

Eine »intrapsychische kulturelle Komplementarität« (Volkan 2002,
S. 26), das heißt, ein als Bereicherung und Ergänzung erlebtes Mitein-
ander der Ursprungs- und Residenzkultur, ist demnach vor dem Hin-
tergrund vergangener und aktueller innerer und äußerer Belastungen bei
Zwangsmigrationen deutlich schwerer zu erreichen als im Fall freiwilliger
Umsiedlungen.

2.1.2.2   Identitätsarbeit

Das Ziel des besseren Verständnisses gelungener oder misslungener
Identitätsprozesse bedingt ein In-Beziehung-Setzen sozialer und politischer Rahmenbedingungen mit inneren Verarbeitungsmodi. Geschieht
dies nicht, kommt es entweder zu Stereotypisierungen, nach denen sich
bestimmte Gruppen von Migrantinnen und Migranten der Eingliede-
rung in die aufnehmende Gesellschaft verweigerten. Oder die aufneh-

mende Gesellschaft wird pauschal für das Misslingen von Integrations-
prozessen verantwortlich gemacht.

Eine sich durch die Migration plötzlich verändernde soziale Umgebung
muss stets eine individuelle Reaktion hervorrufen. Hierbei können drei
Grundformen unterschieden werden (Berry 1988, S. 100f.):

Erstens die *Assimilierung* an die Bedingungen und Anforderungen
der Mehrheitsgesellschaft. Assimilierung muss in diesem Kontext als die
(freiwillige oder erzwungene) Anpassung an die Werte und Ordnungen
der aufnehmenden Gemeinschaft verstanden werden. Vor dem Spiegel
brüchiger und mit Angst besetzter Bindung an das Herkunftsland einerseits und massiver, drohender Homogenitätsforderung durch die
Mehrheitsgesellschaft andererseits erscheint die Assimilierung nicht wenigen zwangsmigrierten Menschen als einziger Ausweg (Bauman 1995).
Ethnisch oder religiös verfolgte Menschen erhoffen sich vielfach, durch
Assimilierung erstmals Anerkennung und Partizipation zu erlangen.
Dabei werden zwangsläufig zentrale innere Bedeutsamkeiten verleugnet.
Die Identitätsdiffusion, ausgelöst durch einen Bruch mit verinnerlichten Werten und Normen, ist eine absehbare Folge (Ricker 2003). Viele
Versuche, sich zwanghaft der Mehrheitsgesellschaft anzupassen, enden
in Hass auf die Ursprungsgruppe und sich selbst. Auch die soziale An-
erkennung gelingt meist nicht, Stigmatisierungen durch Mitglieder der
Mehrheitsgesellschaft finden stets über neu definierte Merkmale statt
und entsprechen einer Selbstdefinition der Nation über eine Abgrenzung
vom als bedrohlich erlebten Fremden (Bauman 1995).

Zweitens die *Separation*, wobei sowohl die Bildung einer abgeschlos-
senen ethnischen Minderheit als auch die individuelle soziale Isolation
Folgen dieses Prozesses sein können (Ardjomandi/Streek 2002). Eine
Sonderform der Separation ist die *Marginalisierung*. Dabei besteht weder
Kontakt zur Kultur der dominanten Gruppe noch zur Herkunftskultur.
Marginalisierung entspricht demnach der Unmöglichkeit, einen potenziellen Raum zwischen Individuum und Umwelt aufrechtzuerhalten oder
neu herzustellen und bedeutet den Verlust der Objektkonstanz (Grinberg/
Grinberg 1990). Die Nicht-Anerkennung der Lebensgeschichte durch
die Mehrheitsgesellschaft (zum Beispiel von politisch Verfolgten) ist Teil
des Prozesses der Marginalisierung (Cohen 2005; Kizilhan 2001).

Drittens die *Integration*, bei der ein gelungener innerpsychischer und
sozialer Austausch provoziert wird. Sowohl die Migrantin/der Migrant

als auch das Umfeld müssen sich verändern; dennoch notwendige Brüche können als Teil der sich wandelnden Identität wahrgenommen werden. Gelungene Integrationsprozesse setzen demnach einerseits eine gesellschaftliche Haltung voraus, die Pluralismus als Wert versteht, sich dabei jedoch zentraler Prinzipien des Gemeinwesens bewusst ist. Andererseits bedingen sie innerpsychische Reife aufseiten der Migrantinnen und Migranten, wobei vor allem das Gefühl des Nicht-Abgeschnittenseins von den eigenen lebensgeschichtlichen Erfahrungen von hoher Relevanz ist (Badawia et al. 2003; Nguyen/Malapert 1988).

2.1.3 Soziologische Aspekte der Migration

Der damit skizzierte untrennbare Zusammenhang von persönlicher Identitätsbildung und sozialer Interaktion verweist auf zwei theoretische Konzeptionen, die für die Soziologie der Migration von herausgehobener Bedeutung sind.

2.1.3.1 *Migration in der sozialen Theorie des Selbst*

Die anthropologisch fundierte soziale Theorie des Selbst G. H. Meads (1934) gilt auch Jahrzehnte nach ihrer Begründung als richtungsweisend für soziologische Kommunikations- und Handlungstheorien (Hillmann 2007; Schubert 2009). Sie beschreibt individuelles Erleben wesentlich als Resultat sozialer Interaktionsprozesse. Identität bilde sich aus dem Zusammenwirken, teils auch dem Widerstreit zweier innerer Kräfte: Einerseits die verändernde, individuelle Kraft, von Mead mit »I« benannt. Andererseits die Aufnahme gesellschaftlicher Normen, Erwartungen und Reaktionen seitens des Individuums, die als »Me« bezeichnet wird. Handlungssicherheit erwirbt das Individuum durch die Fähigkeit, gesellschaftliche Institutionen und Normen vor dem Hintergrund aktueller Interaktionssituationen richtig interpretieren zu können (Schubert 2009, S. 347). Die damit formulierte Verknüpfung individuellen Erlebens mit sozialen Institutionen verschafft der Theorie besondere Bedeutung im Kontext von Zwangsmigration.

So ergibt sich für die Entwicklung eines Selbst-Bewusstseins bei Menschen mit Zwangsmigrationshintergrund eine Reihe von Spezifika.

Wechselnde soziale und kulturelle Räume führen zu einer fehlenden Konstanz der Reaktionen der Umwelt auf das Individuum. Wichtige Bezugspersonen, die das Selbst-Bewusstsein geprägt haben, sind nicht mehr präsent, bei Flüchtlingen ohne Familie fehlt oft jegliche Form von Kommunikations- und Beziehungskontinuität. Gerade aber die Kontinuität der Reaktionen des Umfeldes in Vergangenheit und Gegenwart und ihre relative Einheitlichkeit stellt Mead (1970) als wichtig für die Entwicklung eines kohärenten Selbst heraus.

Aus der Diskontinuität der Reaktionen der Umwelt ergibt sich ein weiteres Problem. So strebt das »I« nach Ausdruck seiner Individualität, dies jedoch im Rahmen der verinnerlichten sozialen Kontrolle des »Me«. Eine angemessene Darstellung des »I« ist angesichts der vielfach miteinander im Konflikt stehenden zurückliegenden und aktuellen sozialen Reaktionen jedoch nur schwer möglich. Der Widerspruch aus in der Herkunftskultur verankerten Werten und Normen einerseits und Assimilationsanforderungen der Mehrheitsgesellschaft im Aufnahmeland andererseits muss so regelhaft ein inneres Ungleichgewicht auslösen und kann zu massiven Brüchen im Identitätsgefühl beitragen (vgl. Bauman 1995).

Ein letzter Aspekt ist in Bezug auf Meads Theorie beachtenswert: Viele Jugendliche aus Kriegs- und Krisengebieten haben Situationen unvorstellbarer menschlicher Grausamkeit erlebt oder selbst daran teilgenommen (Perren-Klingler 1995; Walter 1995). Die durch die akute Krise dominierte Reaktion des *Generalisierten Anderen* fordert in solcher Situation oft eine aggressive, impulsive Antwort des »I«, etwa durch Rache oder bewaffnete Verteidigung (Volkan 2003). Nicht selten kommt es in diesem Bedingungsfeld zu einer Kontinuität zwischen Alltagsleben und Gewalt. Einstellungen und Verhaltensweisen der Kinder und Jugendlichen müssen in solchen Umständen als »opposed to integral development« (Rodriguez Rabanal 1995, S. 127) charakterisiert werden. Die Integration von Aspekten des Selbst der Vergangenheit in ein Selbst-Bewusstsein der (ebenfalls, wenn auch gänzlich anders krisenhaften) Gegenwart junger Flüchtlinge gelingt vielfach nur schwer. Die vergangenen Erwartungen des »Me« stehen dabei in direktem Kontrast zum *Generalisierten Anderen* der Gegenwart. Die sozialen Reaktionen auf adoleszente Zwangsmigrierte sind vielfach von Assimilationsforderungen, nicht selten sogar von besonderer Dankbarkeitserwartung dominiert.

Eine sozial adäquate Antwort kann, so sollte sinnhafterweise interpretiert werden, dann nur durch Abtrennung von den biografisch-historischen Selbstanteilen gelingen. Dies stürzt viele der Jugendlichen jedoch in eine ernsthafte Identitätskrise (Scheifele 2003).

2.1.3.2   Migration und der Dualismus aus »Freunden« und »Feinden«

Nicht wenige Gesellschaftstheorien des 20. Jahrhunderts fußten wesentlich auf der Annahme einer zurückgehenden Bedeutung nationaler Identität (Schiffauer 2002). Der Einfluss von Mobilität und Migration auf das Leben vieler Menschen, aber auch die stärkere Separierung in sozial und ideologisch geprägte Subgruppen in der Moderne schienen diese Annahmen zu begründen. Entgegen dieser Voraussagen blieb und bleibt das Zugehörigkeitsgefühl zu einem Staat für einen großen Teil der Menschen eine wichtige Grundlage des Selbstkonzepts (Fulbrook 1997; Wicker 1998). Verunsichernde Dynamiken in anderen Dimensionen der Identität (zum Beispiel instabile soziale Stati, sich wandelnde Vorstellungen von Männlichkeit und Weiblichkeit) können die Bedeutung der Nation für die Identitätskonstruktionen der Individuen dabei sogar noch vergrößern. Da viele gesellschaftliche Bereiche durch Individualisierung und Konkurrenz neu definiert werden, können Teilhabebedürfnisse der Menschen über die Idee der Nation leichter befriedigt werden als über Ordnungssysteme wie Klassen- und Geschlechtszugehörigkeit (Wicker 1998; Calloni 1999).

Vor dem Hintergrund der bleibenden, teils auch wachsenden Bedeutung von nationalen Zugehörigkeitsgefühlen und der gleichzeitigen Verunsicherung in anderen Dimensionen der Identität gewinnt die Dichotomisierung in »Einheimische« und »Fremde« eine besondere Bedeutung.

Die meisten modernen Nationalstaaten berufen sich auf ein gemeinsames Erbe und eine gemeinsame Mission. »Die politische Gemeinschaft [pflegt] [...] ethnischen Gemeinschaftsglauben zu wecken« (Weber 1980, S. 237).

Der Fremde repräsentiere dabei die Gefahr der Beschmutzung dieser Identität (Bauman 1995). Solcherlei Nationsverständnis ist auch eine »politische [...] Strategie der Ethnisierung« (Linder 1998, S. 101), die einem Dualismus aus Freunden und Feinden entspricht. Es prägt aber zumindest latent die meisten Gesellschaften auch über die aktuelle Politisierung hinaus und kann in krisenhaften Situationen leicht paranoide Reaktionen hervorrufen (Schönwälder 1997; Volkan 2003). Krisenhafte Reaktionen können die Entfernung der Fremden beinhalten, im schlimmsten Fall durch Genozid. Die so empfundene Bedrohlichkeit des Fremden für den ethnischen Gemeinschaftsglauben zeigt sich aber auch in stabileren sozialen Phasen in einer Reduktion des gesellschaftlichen Verkehrs mit den Fremden sowie in der Forderung nach Assimilation an die Mehrheitsgesellschaft (Bauman 1995).

Die Forderung der Assimilation entsteht auch aus einer Unsicherheit in der Einordnung des Fremden, die dem Wunsch nach Eindeutigkeit, der die Moderne prägt, diametral entgegensteht. Nach Bauman (ebd.) bedrohe der Fremde für nicht wenige Mitglieder der Mehrheitsgesellschaft damit das Ideal der Aufklärung, da er sich in seiner Verankerung in zwei kulturellen Welten nicht eindeutig und rational zuordnen lasse. Diese Ambivalenz kann als gefährdend erlebt werden, sie fordert eine Spaltung in »höherwertig« und »minderwertig« heraus:

> »Er [der Fremde] steht zwischen Freund und Feind, Ordnung und Chaos, dem Innen und dem Außen. Er steht für die Treulosigkeit von Freunden, für die schlaue Verstellung von Feinden, für die Fehlbarkeit von Ordnung, die Verletzlichkeit des Innen« (ebd., S. 83).

Auch eine Spaltung in »gut« und »böse« beinhaltet einen Interaktionsprozess, wenn dieser auch vielfach durch Missgunst und Entwertung des Anderen geprägt ist. Spaltungen in »gut« und »böse« äußern sich bei Weitem nicht nur in Xenophobie und übermäßigem Nationalstolz. Sie finden sich, politisch und sozial hoch anerkannt, in Aufteilungen der Zuwanderer in »integrationswillig« und »integrationsresistent«; dabei finden Wertmaßstäbe Anwendung, die ausschließlich denen der Mehrheitsgesellschaft entsprechen.

Die ethnisch definierten Entwertungen durch Mitglieder der Mehrheitsgesellschaft sind durch eine Anpassung an die sich selbst definierende kulturelle Erbengemeinschaft nicht zu überwinden, weil Spaltung Ein- und Ausschließung erwünschter und unerwünschter Teilnehmender legitimiert. »Die ethnische [sich selbst konstruierende] Gruppe stellt [für ihre Mitglieder subjektiv] ein Refugium gegen eine feindselige, lieblose Welt dar« (Nash 1989, S. 128f., vgl. auch Bukow 1996).

Migrantinnen und Migranten oder Menschen anderer Religion bringen eine neue Dynamik in diesen sozialen Raum, objektiv oft in hoch produktiver Art und Weise. Gerade dort, wo Identitäten brüchig sind und die nationale Identität deshalb übermäßiges Gewicht gewinnt, können solcherlei Einbrüche jedoch als zerstörerisch wahrgenommen werden (Volkan 2003).

Die damit aus soziologischer Perspektive beschriebenen Ausgrenzungs- und Identitätsprozesse der Mehrheitsgesellschaft haben, wenn auch nicht linear-kausal, in hohem Maße Einfluss auf jene von Migrantinnen und Migranten. Ihre Identitätskonstruktionen enthalten demnach die Menge der Erfahrungen mit sich selbst im engeren Sinne; sie sind gleichzeitig Komplementärstück zu den Rollen, die ihnen als Bilder des *Fremden* von der Mehrheitsgesellschaft zugewiesen werden (Bauman 1995). Gesellschaftlich dominante Spaltungen in »Freunde« und »Feinde« verweisen zurück auf die Reaktionsmöglichkeiten seitens der »Fremden«: Assimilation in der Hoffnung, als Freund aufgenommen zu werden, oder Separation mit dem Ziel, sich so einen eigenen Identitätskern bewahren zu können.

2.2 Trauma

Die letzten 20 Jahre sind durch einen enormen quantitativen Anstieg in der wissenschaftlichen Traumaforschung gekennzeichnet, ebenso jedoch durch eine weitgehende diesbezügliche Diversifizierung (Bohleber 2000; Grubrich-Simitis 2007). Es ist Teil des Diversifizierungsprozesses, dass sich verschiedene mehr oder weniger prägnant ausformulierte Zugänge zum Trauma etabliert haben, eine einheitliche Konzeptualisierung jedoch nicht vorliegt. Klar und theoretisch fundiert sind die zwei folgenden Zugänge: Einerseits das medizinisch-psychiatrische und symptomorientierte Traumaverständnis, andererseits die auf innere Prozesse fokussierende psychoanalytische Traumakonzeption (Bohleber 2000; Bürgin 1995; Resick 2003).

2.2.1 Der psychiatrische Zugang

Der psychiatrische Traumazugang hat sich in der Folge des Vietnam-Krieges als zunächst militärspezifische, später allgemeine Beschrei-

bungsform der Folgen massiven Leids etabliert und findet breite Anwendung. Auch zur Beurteilung der Situation von Flüchtlingen werden
meist psychiatrische Klassifizierungen genutzt. In aller Regel wird dabei
auf die Kategorie der *Posttraumatischen Belastungsstörung (PTBS)* zu-
rückgegriffen.

Die *PTBS* ist eine symptomorientierte Trauma-Klassifikation. Sie
beruht auf einem Kriterienkatalog von möglichen psychischen, am Ver-
halten erkennbaren oder bewusst erlebbaren Reaktionen auf extreme
Belastungssituationen. Dieser Katalog ist (in unterschiedlich ausführlicher
und inhaltlich leicht abweichender Form) sowohl im »Diagnostic and
Statistical Manual of Mental Disorders (DSM-IV-TR)« als auch in der
»International Statistical Classification of Deseases and Related Health
Problems, 10th Rev. (ICD–10)« aufgeführt (APA 2009; DIMDI 2009).

Das DSM-IV klassifiziert die *PTBS* als Angststörung. Von jedem der
sechs angegebenen Kriterienbündel müssen jeweils zwei Teilaspekte
erfüllt sein, um zu einer derartigen Diagnose gelangen zu können. Nur
das Kriterium A befasst sich mit dem traumatischen, äußeren Ereignis.
Dieses muss, so die Grundbedingung für die mögliche Einordnung der
psychischen Reaktion als traumatisch, lebensbedrohlichen Charakter
aufweisen und intensive Angst oder Hilflosigkeit auslösen. Weitere
drei Kriterien benennen folgende Symptomgruppen: wiederkehrende
Belastungen, Vermeidung von mit dem Trauma verbundenen Reizen,
erhöhte Erregung. Die Kriterien fünf und sechs benennen die diagnos-
tisch notwendige Dauer der Beeinträchtigung (mehr als einen Monat)
sowie Störungen in wichtigen Funktionsbereichen wie Arbeit und soziale
Teilhabe (Resick 2003; Department of Veterans Affairs 2009).

In der ICD–10 (einem Teil des Klassifikationssystems der Weltge-
sundheitsorganisation) wird das Belastungsereignis etwas allgemeiner als
»Geschehen von außergewöhnlicher Bedrohung mit katastrophenartigem Ausmaß« (DIMDI 2009: F43.1) bezeichnet. Es umfasst also neben
lebensbedrohlichen Ereignissen auch solche, die nicht unmittelbar das
physische Überleben gefährden. Die Symptomkategorisierung hingegen
entspricht weitestgehend der des DSM-IV. Es gibt keine dem DSM-IV
vergleichbaren quantitativen Bedingungen im Sinne einer Mindestanzahl
an Symptomen zur Stellung der Diagnose PTBS (DIMDI 2009; Resick
2003).

Die Konzeption *Posttraumatische Belastungsstörung* hat in der klinischen Arbeit, nicht zuletzt auch mit Flüchtlingen, große Bedeutung gewonnen. Auf der Grundlage der beschriebenen Symptome kann eine sinnvolle Unterscheidung zwischen einer hohen, aber unspezifischen Stressbelastung und traumatischem Erleben vorgenommen werden (Yehuda 1998). Die Symptomorientierung erlaubt zügige Diagnosen, dies ist bei drohenden Abschiebungen und allgemein unsicherer Aufenthaltssituation von nicht unerheblicher Bedeutung. Es gibt jedoch eine Reihe von Einwänden gegen die verbreitete Nutzung dieser Kategorie, von denen hier nur einige skizziert werden können.

Die *Posttraumatische Belastungsstörung* vernachlässigt das dem Erleben zugrunde liegende Geschehen fast gänzlich (Becker 2003; D. Zimmermann 2008). Das bedeutet, die individuellen Leiden stehen in keiner ernsthaften Beziehung zum Kontext ihrer Entstehung. Allein die Benennung einer schweren Belastungssituation als Ausgangspunkt stellt keine auf die betroffene Person bezogene Relation her. Missbrauchte Kinder einerseits und Soldaten im Kriegseinsatz andererseits unterliegen demnach dem gleichen Problemverständnis, mit entsprechenden Auswirkungen auf die Behandlungsstrategien. Sequenzielle und kumulative Traumatisierungen können nicht erfasst werden, insofern sie singulär nicht »lebensbedrohlich« (DSM-IV) oder »von katastrophenartigem Ausmaß« (ICD–10) sind.

Die Kategorien beschränken sich auf individuumszentrierte, den Betroffenen und den Professionellen leicht zugängliche Symptome. Verleugnungsstrategien und Verschiebungen auf nicht unmittelbar mit dem Ereignis in Verbindung stehende Symptomatiken, etwa Zwangshandlungen, können nicht als traumabezogen erfasst werden. Zudem bleiben Traumatisierungen äußerlich angepasster Menschen zwangsläufig unerkannt. Der Einbezug letzterer Personengruppe wäre gerade in der Flüchtlingsarbeit jedoch eine wichtige Erweiterung jedweden Traumaverständnisses. Familiäre Co-Traumatisierungen und im Umfeld vorhandene Resilienz- und Risikofaktoren bleiben in der Diagnostik und damit, so muss angenommen werden, in der Behandlung weitgehend unberücksichtigt (Walter 1995; Joannidis 2006).

Die ursprünglich militär-psychiatrische Kategorie der PTBS wird von einigen Autoren auch als anwendbar auf Kinder und Jugendliche beschrieben. Empirisches Material liegt zumindest für das späte Kindheits- und das Jugendalter vor (Perkonigg et al. 2005). Fuchs (2009, S. 68) betont, dass dabei das Entwicklungsalter des Kindes in jedem Fall ein zentrales Kriterium der Diagnostik sein müsse, die psychiatrische Sicht demnach stets von einer entwicklungspsychologischen ergänzt werden sollte. Für die frühe Kindheit existiert eine Erweiterung des Symptomkatalogs, der zur Anwendbarkeit der Kategorie für diese Altersgruppe führen soll (Scheeringa et al. 1995). So wird etwa der Symptombereich »Wiedererleben« um das Kriterium »Posttraumatisches Spiel« ergänzt.

Neben den generellen, oben genannten Einwänden gegen die Aussagekraft dieser Kategorisierung stellen sich hier weitere Fragen, die bisher unbeantwortet bleiben: Welche Bedeutung kann dem Entwicklungsstand des Kindes angesichts der Grundannahme eines linear-kausalen Zusammenhangs von traumatischem Ereignis mit einer spezifischen Symptomatik zugemessen werden? Wie können die familiären Traumatisierungen einerseits und langfristig traumatisierende Lebensumstände andererseits einbezogen werden?

So wünschenswert die Orientierung an einem sinnhaften Verständnis von »Trauma« als pädagogische Leitlinie für eine Gruppe diesbezüglich schwer beeinträchtigter Kinder und Jugendlicher ist, so mangelhaft erscheint doch die Nutzung der PTBS als pädagogische Kategorie. Sie verhindert aufgrund ihrer Eigenart weitestgehend die Erfassung der gesamten Lebensumstände des Kindes genauso wie den Einbezug der aktuellen Beziehungssituation in die pädagogische Diagnostik. Ihr Nutzen ist angesichts des primär psychiatrisch orientierten Behandlungsentwurfs für die Pädagogik ohnehin begrenzt. Stattdessen besteht die deutliche Gefahr der Schaffung einer neuen klassisch-sonderpädagogischen Kategorie, die stereotypisierenden Charakter trägt und demnach Teil des eigentlichen Behinderungsprozesses wird.

2.2.2   Der psychoanalytische Zugang

2.2.2.1   Bedingungen und psychische Reaktionsformen

Eine psychoanalytisch-verstehende Definition traumatischen Erlebens bedarf der Kenntnisnahme des untrennbaren Zusammenhangs von außen und innen, das heißt, von der ständigen Interaktion sozialen Geschehens mit psychischen Erlebens- und Verarbeitungsmodi. Bohleber (2000, S. 833) merkt an:

>»[Die neueren Forschungen machen] andererseits auch deutlich, wie wichtig es ist, die historische Realität vergangener traumatischer Erfahrungen zu rekonstruieren. Sie darf nicht gegenüber der psychischen Realität als unerkennbar vernachlässigt werden.«

Beide Aspekte, innere Triebhaftigkeit und äußere Traumatisierung, wurden in der Geschichte der Psychoanalyse unterschiedlich beachtet. Wie Grubrich-Simitis (2007) zeigt, sind Trieb- und Traumatheorie nicht grundsätzlich gegensätzlich, stattdessen müssen sie in ihrem Wechselspiel verstanden werden (vgl. Kapitel 2.2.2.2). Jedoch wurde die Theorie realer, sozialer Traumatisierung in der Entwicklung der Psychoanalyse vielfach entwertet, weil sie einen scheinbaren Angriff auf die Bedeutung des Unbewussten darstellte (vgl. auch Bohleber 2007).

Wie eng äußere Bedingungen und inneres Erleben zusammenhängen, zeigt die Analyse der bedeutungsgebenden menschlichen Strukturen: Traumatisch wirken jene Situationen, die eine hohe Diskrepanz zwischen objektiven Tatsachen und subjektiven Erwartungen aufweisen. Einen ur-menschlichen Lebenswillen vorausgesetzt, weisen lebensbedrohliche Situationen deshalb ein hohes Maß traumatischen Gehalts auf. Das daraus resultierende traumatische Situationsthema (hier die Angst vor einem plötzlichen Lebensende) kann zentrale lebensgeschichtliche Bedeutung erhalten. In diesem Fall entspannt es seine Wirkung weit über die Ursprungssituation und vergleichbare äußere Ereignisse hinaus (Fischer/ Riedesser 1998). Auch kumulative und sequenzielle Traumatisierungen können zur Entwicklung eines traumatischen Situationsthemas führen. Es sind dabei aufgrund der vielfältigen traumatisierenden Umstände jedoch auch Erlebenskomplexe vorstellbar, die mehrere traumatische Themen umfassen (vgl. Kapitel 2.2.3).

Äußeres Ereignis und inneres Erleben stehen dabei nicht in einem stets gleichen kausalen Zusammenhang, sondern können nur individuell entschlüsselt werden. Weder ziehen bestimmte Belastungsereignisse automatisch definierbare innere Reaktionen nach sich, noch lassen innere Erlebensmodi eindeutige Schlüsse auf bestimmte lebensgeschichtliche Erfahrungen zu (Fischer/Riedesser 1998; Meltzak 1995; Peltzer 1995).

Verallgemeinerungsversuche laufen deswegen stets Gefahr, das subjektive Erleben aus dem Blickpunkt zu verlieren (Ahrbeck 2006).

Der Annahme folgend, dass Erleben und Symptome nur in ihrer individuellen Sinnhaftigkeit verstanden werden können, lassen sich diesbezüglich nur sehr vage Aussagen treffen. Manche traumatisierte Menschen wirken im alltäglichen Leben angepasst und unauffällig, bei anderen beeinflusst das Erlebte alle Funktionen des Ich (Grubrich-Simitis 1979). Gemeinsam ist vielen Betroffenen, dass sie über die traumatischen Erfahrungen kaum oder nicht sprechen können. Entweder, weil sie keine klaren Erinnerungen haben und die Gefühle nicht mit Vorstellungen verbunden werden können oder, weil die Thematisierung des Erlebten die Gefahr von inneren Zusammenbrüchen verstärken würde. Das heißt, in ersterem Fall geht die Symbolisierungsfähigkeit gegenüber den traumatischen Erfahrungen, manchmal auch gegenüber einem großen Teil des Erlebens verloren. Im zweiten Fall fehlen subjektiv gute Objektrepräsentanzen, vor deren Spiegel eine Thematisierung des Erlebten kathartische Wirkung haben könnte (Henningsen 2003; Büse-Kastner/ Mauthe-Schonig 2006; Grubrich-Simitis 2007).

Es lassen sich demnach drei wesentliche Aspekte psychoanalytischer Traumatheorie formulieren: Erstens eine Offenheit gegenüber den potenziell traumatischen äußeren Ereignissen, die die individuellen Bedeutungszuschreibungen und Verarbeitungsstrategien beachtet. Dabei sollte die interindividuell traumatisierende Wirkung von »Extremsituationen« (Bettelheim 1982) jedoch nicht aus dem Blick geraten. Zweitens das untrennbare Zusammenwirken von außen und innen, das sich nur mithilfe von Einzelfallbetrachtungen entschlüsseln lässt. Und drittens individuell verschiedene, jedoch als Varianten auch allgemein formulierbare innerpsychische Reaktionsweisen auf traumatisierende lebensgeschichtliche Erfahrungen.

2.2.2.2 Die Varietät des Traumabegriffs in der Psychoanalyse

Von Freud zur Objektbeziehungstheorie

Der Ursprung psychoanalytischer Traumatheorie findet sich bei S. Freud (1920, 1926). Die Neurosen seiner Patientinnen und Patienten sah er ursprünglich in real erlebten, primär sexuell aufgeladenen Traumata begründet. Die Erkenntnis des fehlenden realen Bezuges einiger der Verführungsgeschichten führte Freud zur Triebtheorie. Freud war, so Grubrich-Simitis (2007), zeitlebens bemüht, Trauma- und Triebtheorie in Einklang zu bringen. Auch die transgenerationale Dimension realer Traumatisierung wurde von Freud bedacht: Wenn auch auf ein eher mythologisches Ur-Ereignis (Kastration und Vatermord) zurückgeführt, sah Freud die Bedingung pathologischer Entwicklungen auch in den aus dem realen Ereignis tradierten Erinnerungen (S. Freud 1915).

Ein Trauma sei, so Freud in »Jenseits des Lustprinzips« (1920), ein reizschutzdurchbrechendes Ereignis, das zu einer Überschwemmung des seelischen Apparats führe. Den »Scharnierbegriff« (Grubrich-Simitis 2007, S. 647) zwischen äußerem Ereignis (Trauma) und innerer Überflutung (Trieb) bildet die Konzeption des Wiederholungszwangs. Dieser kann durch neuerliche äußere Reize, aber auch durch Erregung von innen ausgelöst werden. Weil es nicht erinnert werden könne, müsse traumatisches Erleben in anderen Lebenssituationen wiederholt werden. In der Wiederholung versuche das Ich, die Reizeinwirkung zu bändigen und den Ablauf der Situation selbst zu steuern.

Deutlicher auf der interpersonalen Beziehungsebene verankert wird traumatisches Ereignis und Erleben in der Objektbeziehungstheorie. Im Besonderen haben demnach Vertrauensbrüche, schwerwiegende Enttäuschungen und gestörte Kommunikationsabläufe traumatisierendes Potenzial (Bohleber 2000). Die Identifikation mit dem Aggressor wird von der Objektbeziehungstheorie als mögliche, aber misslungene Bewältigungsstrategie von traumatisierten Menschen beschrieben (Ferenczi 1932). Das Trauma werde mit der Identifikation zu einer innerpsychischen Realität und kann nicht mehr abgewehrt werden. Besonders schwerwiegende Folgen haben Traumatisierungen in Objektbeziehungen insofern dann, wenn der Aggressor dieselbe Person ist, die man zum Schutz benötigt, so zum Beispiel ein Elternteil. Im vorliegenden Zusammenhang muss vor allem an notwendige Identifikationen mit dem Aggressor im Kontext von Krieg und Gewalt gedacht werden (vgl. Kapitel 3.2).

Die Mutter-Kind-Beziehung gewinnt für die Traumaforschung im Rahmen der Objektbeziehungstheorie nach dem Zweiten Weltkrieg verstärkt an Bedeutung. Dauerhaft oder wiederkehrend versagende Entwicklungsumstände werden als potenziell traumatisch erkannt

(Dornes 2004; Winnicott 1992). Die traumatisierende und pathologische Kraft kann unter anderem in der Vermeidung von taktiler und kinästhetischer Intimität sowie von Blickkontakten zwischen Mutter und Kind liegen. Das Kind erlebt seine eigenen Impulse und Wünsche nach Nähe als gefährlich und wird durch die Reaktionen der Mutter in seinen Fantasien bestärkt (Solnit/Kris 1967). Ebenso wie Vernachlässigungen und Beziehungsstörungen führt eine lange Trennung von der Mutter zu qualitativen Störungen in der Entwicklung des Kindes. Schwerwiegende Retardierungen bei in der Illegalität aufgewachsenen Kindern führten Paul und Herberg (1967) auf einen tief greifenden Mangel an physischen und psychischen Anreizen zurück.

Theoretisch gefasst wurde dieser Zugang von Khan (1977) als *Kumulatives Trauma*. Im Mittelpunkt des Konzepts steht das Versagen der mütterlichen Reizschutzfunktion über einen längeren Zeitraum, wobei jede einzelne Durchbrechung des Reizschutzes nicht traumatisch wirkt. Die Summe der Versagungen beeinträchtigt den Entwicklungsprozess jedoch massiv. In diesem »pathogenen Wechselspiel« (ebd., S. 64) zwischen Mutter und Kind ist letztlich ein massiv gestörtes Erleben, Verhalten und mangelndes trianguliertes Denken angelegt (Dammasch 2008; Katzenbach/Ruth 2008).

Die neuere Objektbeziehungstheorie betont die Beziehung von Selbst und inneren Objekten. Im Fall der Traumatisierung breche die innere Dyade zwischen diesen beiden zusammen und der empathische Schutzschild des primären Objekts verschwinde. Aufgrund der Überwältigung durch die traumatische Erfahrung ist eine Symbolisierung nicht möglich. Dem Erlebten und Erleben kann somit keine Bedeutung zugeschrieben werden (Bohleber 2000). Die nicht vorhandene psychische Repräsentanz der Traumatisierung führt zu einem körpernahen Erleben der Traumata (zum Beispiel durch Schmerzen oder Schweißausbrüche) und zu diffusen Spannungszuständen der Person (Diepold 1998). Nicht nur, aber in besonderer Weise bei Traumatisierungen, die entwicklungspsychologisch vor Ausprägung der Symbolisierungsfähigkeit geschehen sind, wird das Trauma dabei zu einem Aspekt des Selbst und steuert viele Teile des Erlebens und Handelns (Fischer/Riedesser 1998).

Die Bedeutung der Holocaust-Forschung
In vielerlei Hinsicht kann die Forschung zu den Schicksalen der Über-

lebenden des Holocausts als richtungweisend für eine zeitgemäße Traumakonzeption gelten. Sie ist von spezifischer Bedeutung für das Verständnis von Trauma im Kontext von Migration und Flucht (Lorenzer 1966; Herzka et al. 1989). Im Zuge der klinischen und außerklinischen Forschung etablierte sich das Bewusstsein, dass die schwerwiegenden innerpsychischen sowie transgenerationalen Folgen unter diesen extremen Belastungsumständen weitgehend unabhängig von der prätraumatischen Persönlichkeit sind (Bohleber 2000). Für solche äußeren Bedingungen und ihre fast unvermeidlichen inneren Reaktionsmodi prägte Grubrich-Simitis (1979) den Begriff »Extremtraumatisierung«. Wesentliche Folgen von Extremtraumatisierungen sind, wenn auch nicht generalisiert, so doch weitgehend interindividuell gültig: eine Auslöschung der Individualität sowie eine notwendige Regression auf eine frühe Entwicklungsphase, da die Unterwerfung als einzige Chance erscheint, zu überleben. Dies sind Folgen einer massiven Beeinträchtigung der Ich-Funktionen. Bergmann (1996) geht deshalb nicht von einer *Regression* im Zuge der Traumatisierung, sondern von einer *Zerstörung* der seelischen Struktur aus. Hoch prägend ist für viele Holocaust-Überlebende darüber hinaus ein von Niederland (1980) so bezeichnetes »Überlebenden-Syndrom«. Existenzielle, jedoch nicht beantwortbare Fragen bestimmen das Leben der Opfer: Warum habe ich überlebt, obwohl meine ganze Familie umgebracht wurde? Teile der Symptomatik solcher Überlebensschuld sind ein seelisches Überwältigt- und Verringertsein, ein Beherrschtsein der Gedankenwelt durch existenzielle Fragen sowie schwere und plötzlich einsetzende Angst- und Erregungszustände.

Nicht nur die Extrembelastungen in Konzentrationslagern und auf Todesmärschen haben die beschriebenen Folgen. Die Holocaust-Forschung zeigt auch, dass fortdauernde Belastungen wie das Leben in verschiedenen geheimen Unterkünften, die dauerhafte Trennung von den Eltern oder die ständig präsente Angst ebenso langfristige und schwerwiegende psychische Beeinträchtigungen zur Folge haben (Grubrich-Simitis 1979; Grünberg 2001, 2007; Niederland 1980).

Solcherart Belastungen, die sich in qualitativ verschiedenen Phasen der Verfolgung manifestieren, verweisen auf das für die vorliegende Arbeit grundlegende Konzept der *Sequenziellen Traumatisierung*. Es bietet über das oben genannte Traumaverständnis hinaus einen eigenen theoretischen Bezugsrahmen (Keilson 1979). Ich komme im folgenden Kapitel darauf zurück.

Zur psychoanalytischen Holocaust-Forschung gehören wesentlich auch die Untersuchungen zum Schicksal der nachfolgenden Generationen der Verfolgungsopfer. Hierbei ist einerseits an die Auswirkungen allgemein geringer empathischer Fähigkeiten vieler der Eltern zu denken, die lebenslang mit ihren eigenen Traumatisierungen auskommen müssen. Einige israelische Autorinnen und Autoren haben dies literarisch aufgearbeitet (Appelfeld 2007). Andererseits müssen die Kinder mit spezifischen, in aller Regel unbewusst vermittelten Aufträgen leben, die wesentlich durch die Traumatisierungen der Eltern bestimmt werden.

Kestenberg (1974) spricht von einer *Transposition*, wobei den Kindern unbewusst die Aufgabe zufällt, die traumatischen Erfahrungen der Eltern zu verarbeiten. Die von Stierlin (1978) so bezeichnete *Delegation* wird als eine spezifische Erlaubnis interpretiert, bis zu einem bestimmten Punkt aus dem elterlichen Umkreis herauszutreten, stets jedoch ein hohes Maß an Loyalität zu bewahren. Niederland (1980) benennt die *Mission*, die Kinder schwer traumatisierter Verfolgter zu erfüllen haben, als ein Merkmal des Überlebenden-Syndroms. Diese kann verschiedene nonverbal vermittelte Aufträge beinhalten, die sich auf die Zeit der Verfolgung beziehen. Trotz unterschiedlicher Schwerpunktsetzung ist den Konzepten im Grundsatz vieles gemeinsam: Die Kinder tragen die Last der Sicherung des psychischen und unbewusst auch des physischen Überlebens der Familie. Die Auftragsvergabe an die Kinder wird dabei als unbewusster Prozess verstanden, der den in der Verfolgung notwendigen Mechanismen folgt. So müssen oft elementarste körperliche Bedürfnisse in den Mittelpunkt gestellt werden (Grubrich-Simitis 1979; Herzka et al. 1989). Deswegen verbleibt den Kindern oft nur wenig Raum für eine eigene Identitätsentwicklung (Stierlin 1978). Die Kinder können die auf sie übertragenen Fantasien nicht als fremd identifizieren, da kein ausreichender Spielraum für Individuation vorhanden ist. Die Ausweitung des Letzteren würde bei den Eltern verinnerlichte Vernichtungsängste wieder aktualisieren (Bohleber 2000). Das Trauma der Eltern wird somit zum organisierenden Faktor im Leben der Kinder. Die unbewussten Aufträge der Eltern an die Kinder stehen dabei an vielen Stellen miteinander in Konflikt und können zur Disloyalität mit einem Elternteil zwingen (Bergmann 1982; Stierlin 1978). So können zum Beispiel die Aussendung,

39

um erfolgreich zu sein (und die Familie im Fall der erneuten Verfolgung retten zu können) und die Mission, immer fest an die Familie gebunden zu sein, als unvereinbar empfunden werden. Das Ergebnis des Lebens in der eigenen und in der traumatisierten Realität der Eltern und die hinzukommende *Double-Bind-Situation* durch konträre Erwartungen führt bei vielen Nachkommen von Holocaust-Überlebenden zu einer fragmentierten Ausbildung der Identität (Bohleber 2000).

Das Konzept der *Delegation* und die verwandten Vorstellungen entstanden im Rahmen der Forschung mit Familien, deren Mitglieder den Holocaust überlebt hatten und die heute mehrheitlich in Israel und den USA wohnen. Es kann aber davon ausgegangen werden, dass die Kinder von Familien Verfolgter auch in anderen historischen Kontexten mit spezifischen Aufträgen konfrontiert werden, so erforscht bei Familien chilenischer Migrantinnen und Migranten, die vor der Militärdiktatur fliehen mussten (P. Bründl 1998; Díaz 1995).

Trauma und Kultur

Einige Überlegungen zur Kulturgebundenheit der hier vorgelegten Traumaverständnisse müssen abschließend ergänzt werden. Die Konzeptionen spiegeln in vielerlei Hinsicht kaum die kulturelle Vielfalt der Bedeutungssysteme, aus denen die Opfer stammen, wider. Sie sind im Wesentlichen westlich-individuell orientiert (Joannidis 2006; Young 1997). Am deutlichsten wird dies im Konzept der PTBS. Hierbei ist erstens die Fokussierung auf das Individuum, zweitens die Annahme der inter- und transkulturellen Gültigkeit von psychischen Vorgängen kritisch zu hinterfragen (Bracken 1993). Joannidis (2006) kommt zu dem Schluss, dass die Verwendung in den Aufnahmeländern von Flüchtlingen unvermeidlich, die Nutzung der Kategorie PTBS in den Herkunftsländern jedoch fragwürdig sei. D. Becker (2003, 2006) hält das Konzept des PTBS für die Beschreibung der gleichzeitigen sozialpolitischen und innerpsychischen Realität von Trauma für gänzlich unbrauchbar.

Auch psychoanalytische Theoriebildung kann nur dann interkulturelle Geltung beanspruchen, wenn sie ausreichend Offenheit für kulturell verschiedene Dimensionen bestimmter äußerer Ereignisse und individueller Belastung beinhaltet (Egger 2003; Henningsen 2003). Subjektiven Bedeutungszuschreibungen (zum Beispiel seitens der Flüchtlinge) muss deshalb das Primat vor (theorielastigen) Deutungsversuchen Dritter gewährt werden (Bohleber 2007). Auch der Einbezug der Gegenübertragung verlangt dringend eine spezifische Form der Reflexivität, wenn Therapeutin/Therapeut und Klientin/Klient aus unterschiedlichen kulturellen Bezugssystemen stammen. Ebenso muss sich eine interkulturell sensible Psychoanalyse verstärkt den kulturspezifischen Bewältigungsstrategien zuwenden. Dies kann auch eine Vernachlässigung individuellen Erinnerns und Durcharbeitens und eine Hinwendung zu gruppenbezogenen Bewältigungsstrategien bedeuten (Perren-Klingler 1995).

2.2.3 Sequenzielle Traumatisierung

2.2.3.1 Der Ursprung: Drei Sequenzen der Verfolgung jüdischer Kinder

Die von H. Keilson 1979 veröffentlichte Konzeption der *Sequenziellen Traumatisierung* greift Aspekte psychoanalytischer Traumatheorie auf, bietet jedoch einen eigenen Zugang zum Zusammenhang von traumatisierenden sozialen Erfahrungen und individuellem Erleben. Keilson (1979, S. 1) begründet den konzeptionellen Neuanfang mit folgender Tatsache:

> »Sehr bald erwies es sich, daß viele der bisher in der Arbeit mit Kindern und Jugendlichen gewonnenen Einsichten und viele der bisher gültigen Maßstäbe nicht mehr ausreichten, um das breite Spektrum der sich hier manifestierenden Verhaltens- und Entwicklungsstörungen in seinem kumulativ-traumatischen Zusammenhang zu erfassen.«

Die Konzeption ist anschlussfähig an die Traumatheorie der Objektbeziehungsforschung. Dies gilt insofern, als dass Traumata ihren Ausgangspunkt in zwischenmenschlichen Beziehungen und politischen Rahmenbedingungen haben, sich gleichsam auch in Interaktionen stets neu manifestieren. Spezifisch gibt es eine Verwandtschaft zum *Kumulativen Trauma* (Khan 1977). Während dieses jedoch vorrangig auf dyadische Interaktionsmuster, zumindest aber im engen Beziehungskontext stattfindende Traumatisierungen fokussiert, greift Keilson einen größeren sozialen und politischen Zusammenhang auf, der das Bedingungsfeld für individuell traumatisches Erleben bildet. *Sequenzielle Traumatisierung* meint demnach »einen Prozess, in dem die Beschreibung einer sich verändernden traumatischen Situation der Rahmen ist, der festlegt, wie wir Trauma verstehen« (Becker 2006, S. 188). Der Begriff der *extremen Belastungssituation* bleibt deshalb nicht beschränkt auf die Phase der akuten Verfolgung oder der Flucht, sondern muss immer auf den gesamten traumatischen Prozess bezogen werden. Eine konzeptionelle Neuerung besteht darüber hinaus in der Annahme einer unabänderlichen Interaktion der Belastungssequenzen als innerpsychischer Prozess. Das heißt, die psychischen Folgen sozialer Traumatisierungen können stets nur vor dem Hintergrund der vorhergehenden, verinnerlichten Belastungssequenzen beschrieben werden.

Keilsons Follow-up-Studie zum Schicksal jüdischer Kriegswaisen untersucht die Langzeitfolgen der Belastungen vor, während und nach der Verfolgung durch die Nationalsozialisten. In dieser auf langjähriger therapeutischer Arbeit basierenden Untersuchung entwickelt er drei Sequenzen, die für die Betroffenen extreme Belastungen mit sich bringen:

Erste Sequenz – vor Beginn der direkten Verfolgung: Die familiäre Situation ist schwer belastet durch erzwungene Trennungen und Angriffe auf die soziale und psychische Integrität.

Zweite Sequenz – die direkte Verfolgung: Die Kinder sind extremer Belastung durch Deportation, ebenso aber durch langfristige Trennungen, das Leben in Verstecken und in sogenannter Illegalität ausgesetzt. Das Leben jüdischer Kinder in nichtjüdischen Pflegefamilien, in denen die Kinder eine neue Identität annehmen müssen, wird als hochgradig traumatisierende soziale Erfahrung erfasst.

Dritte Sequenz – nach der Verfolgung: Die Betroffenen erleiden erneute Belastungen durch Verlassen der Pflegefamilien. Bei wiedervereinigten Familien treten vielfältige Interaktionsstörungen auf. Diese haben ihre Ursache oft in massiven Schuldgefühlen der Erwachsenen, nicht genug für die Kinder getan zu haben. Es treten Verschiebe- und Idealisierungsprozesse in Bezug auf die ersten beiden Phasen der Verfolgung auf. Ein zentraler, traumatischer Aspekt ist die Regelung der Vormundschaft, bei welcher von den Kindern Aktivität nach oftmals jahrelanger erzwungener Passivität gefordert wird (Keilson 1979, S. 61–73).

Die Rahmenkonzeption *Sequenzielle Traumatisierung* ist also in einem spezifischen historischen Zusammenhang verankert und beschreibt die Belastungen für eine bestimmte Gruppe von Opfern. Dies sind junge jüdische Überlebende in den Niederlanden, viele von ihnen lebten während der Besatzung durch die Nationalsozialisten in christlichen Pflegefamilien. Der Kontext der Entstehung bedeutet jedoch nicht, dass das Konzept nicht auch in anderen gesellschaftlichen und historischen Zusammenhängen Anwendung finden könnte. Es zwingt jedoch dazu, die sozialen Erfahrungen genau zu analysieren, um sie als Folie für das Verständnis der individuellen Belastung nutzen zu können. Das konkrete Zusammenwirken sozialpolitischer und innerpsychischer Faktoren, die den traumatischen Prozess beschreiben, muss entsprechend erarbeitet werden.

Die Konzeption beschreibt vorrangig die sozialen Erfahrungen in verschiedenen Sequenzen. Jede Sequenz ist durch spezifische psychische Herausforderungen und Belastungen gekennzeichnet. Zweifelsohne kann hier eingewandt werden, dass anhand der von Keilson beschriebenen Sequenzen die innerpsychischen Prozesse nicht ausreichend nachvollzogen werden können. Diese werden jedoch ohnehin nur vor dem Spiegel des subjektiven Erlebens und des Einfühlens durch Beziehungspartnerinnen und -partner verständlich. Vor dem Hintergrund gemeinsamer psychosozialer Erfahrungen (hier etwa für die Gruppe jüdischer Kriegswaisen in den Niederlanden) kann individuelles Erleben besser eingeordnet, in einigen Aspekten für diese Gruppe auch generalisiert werden. Keilsons Verdienst ist es, einen Rahmen geschaffen zu haben, vor dem langfristige äußere Prozesse als subjektiv traumatisierend verstanden werden können.

2.2.3.2 Die Erweiterung: Sechs Sequenzen und variabler Anwendungsbereich

D. Becker hat das Konzept der *Sequenziellen Traumatisierung* erweitert. Vor dem Hintergrund seiner eigenen langjährigen Erfahrungen mit schwer traumatisierten politisch Verfolgten in Chile entwickelte er ein »Grobraster der traumatischen Sequenzen in einem gegebenen sozialen Kontext« (Becker 2006, S. 190):

Sequenz eins – vor Beginn des traumatischen Prozesses: Beschreibung des »normalen« Lebensprozesses der Betroffenen. Kenn-

43

zeichnung der (traumatischen) Vorbedingungen, etwa Krieg in den letzten 50 Jahren oder extreme Armut.

Sequenz zwei – Beginn der Verfolgung: Eskalierung des Konflikts, aber noch keine unmittelbare Bedrohung.

Sequenz drei – akute Verfolgung – der direkte Terror: existenzielle, traumatische Erfahrung (Verhaftung, Folter, Mord). Der genaue Moment des traumatischen Zusammenbruchs ist nicht einfach zu bestimmen.

Sequenz vier – akute Verfolgung – Chronifizierung: »Wartephasen« zwischen Sequenzen der akuten Verfolgung; der Terror entfaltet seine volle psychologische Wirkung.

Sequenz fünf – Zeit des Übergangs: Erste Visionen der Zukunft werden möglich, die Unabänderlichkeit der Vergangenheit muss jedoch anerkannt werden. Es ist eine Zeit des Umbruchs und der persönlichen Krisen. Lange Phasen des Übergangs haben eine verunsichernde, traumatische Wirkung.

Sequenz sechs – nach der Verfolgung: Die eigentliche Bedrohung besteht nicht mehr; der traumatische Prozess endet jedoch nicht. Analog zu Keilsons dritter Sequenz entwickelt sich hier je nach Betreuung der Opfer und der Form der gesellschaftlichen Aufarbeitung eine langfristige individuelle und soziale Pathologie (D. Becker 2006, S. 190–192).

Auch hier bildet der Kontext politischer Verfolgung während der Pinochet-Diktatur in Chile eine spezifische Folie für das Verstehen der traumatisierenden sozialen Zusammenhänge, ohne jedoch einen exklusiven Anwendungsbereich zu bilden. Zwangsmigration kann ein Teil der hier beschriebenen Sequenzen sein. Dies gilt zum Beispiel dann, wenn politisch Verfolgte ins Exil gezwungen werden und später einen Neubeginn in der Heimat bewältigen müssen.

Zwangsmigration ist jedoch ein spezifischer und über mehrere Belastungsphasen andauernder Prozess. Er kann deshalb, inhaltlich verschieden, chronologisch und hinsichtlich der innerpsychischen Wirkung jedoch vergleichbar, auch in einem separaten Schema mit ebenso sechs Sequenzen dargestellt werden. Dieses ebenfalls von D. Becker (2006, S. 192) entwickelte Raster bildet den Rahmen des Verstehens für die Einzelfalldarstellungen dieser Arbeit.

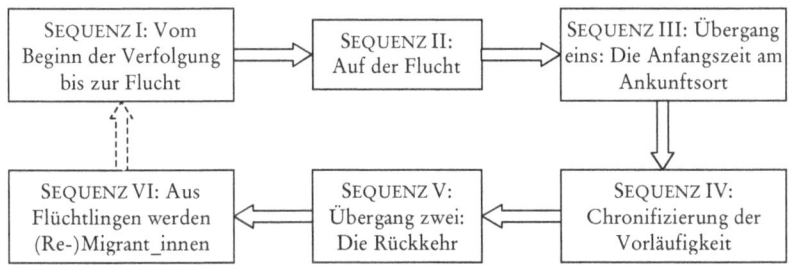

Abbildung 1: Sechs potenziell traumatische Sequenzen im Kontext von Flucht und Zwangsmigration (nach Becker 2006, S. 192)

Sequenz eins ist gekennzeichnet durch ein verzweifeltes Aufgeben (zum Beispiel der Heimatgefühle oder des politischen Kampfes) und den Wunsch, sich und die Familie zu retten. Für viele (gerade junge) Flüchtlinge ist diese Sequenz auch gekennzeichnet durch das Bewusstwerden der Trennung von den primären Bezugspersonen und der Trauer um den verlorenen Halt der Familie.

Sequenz zwei ist durch Erfahrungen der überwältigenden Angst geprägt; oft verbunden mit einem eingeschränkten Überblick über die Entwicklungen, nicht selten mit Lebensgefahr. Viele Flüchtlinge erleben existenzielle Abhängigkeiten von Fluchthelfern oder Polizeikräften, denen sie sich vielfach unterwerfen müssen.

Sequenz drei kennzeichnet die Anfangszeit am Ankunftsort. Dieser garantiert meist keine wirkliche Sicherheit. Existenzielle Überforderung durch die vielen zu klärenden Probleme gilt als häufiges Kennzeichen dieser ersten Zeit. Nach und nach beginnt die Auseinandersetzung mit erlittenen Verletzungen.

Sequenz vier erzwingt Passivität und fordert (politisch) gleichzeitig Aktivität. Dies gilt besonders für Flüchtlinge im Status der Duldung. Einige Flüchtlinge agieren aufgrund der prägenden Erfahrung der Vorläufigkeit derart, dass sie die Bindungen an das Heimatland besonders stark aufrechterhalten, innerpsychisch und sozial deswegen kaum in der neuen Heimat ankommen. Andere realisieren die Unmöglichkeit der Rückkehr, wobei dies vielfach als Bruch mit dem Mutterland erlebt wird.

In *Sequenz fünf* ist wesentlich zwischen freiwilliger und erzwungener Rückkehr zu unterscheiden. Erzwungene Rückkehr (zum

Beispiel durch Abschiebung) muss aufgrund der damit verbundenen Ängste und der extremen Fremdbestimmung als schwerwiegende Sequenz des traumatischen Prozesses verstanden werden. Aber auch die freiwillige Rückkehr verläuft nur selten problemfrei und ist oft verbunden mit großen familiären Widersprüchen. Dies gilt zum Beispiel, wenn Eltern ins Ursprungsland zurückkehrenden möchten, die Kinder jedoch in der neuen Heimat verwurzelt sind.

Eine Variante von *Sequenz sechs* ist die Remigration in die ursprüngliche Heimat, wobei das Exil Teil der Lebenserfahrung bleibt. Die Heimat (und die Exilantinnen und Exilanten) haben sich deutlich verändert, Gefühle der Fremdheit nach der Rückkehr sind meist unvermeidlich. Die zweite Variante stellt der Verbleib in der Aufnahmegesellschaft dar. Das Gelingen von Integration ist wesentlich vom Zusammenwirken aus gesellschaftlichen und politischen Rahmenbedingungen und innerpsychischen Prozessen der Migrantinnen und Migranten abhängig. Viele Flüchtlinge bleiben die unerwünschten *Fremden* und somit innerpsychisch heimatlos (vgl. Bauman 1995).

Der hiermit vorgestellte psychosoziale Rahmen betont die verteilten Verantwortlichkeiten für gelingende und scheiternde Migrationsprozesse mit dem besonderen Blick auf Unfreiwilligkeit in allen Phasen der Migration. Der Kontext der Entstehung erlittener Traumata wird damit nicht ausschließlich in eine ferne, als böse und fremd abzuwertende Welt des Terrors und Kriegs projiziert. Zu einem guten Teil befindet er sich im alltäglichen Leben von Menschen mit Zwangsmigrationshintergrund in den Aufnahmeländern. Die Nutzung der Konzeption und ihre Anwendung für individuell beschreibbare Prozesse sequenzieller Traumatisierung setzt eine Reflexionsfähigkeit gegenüber den Macht- und Ohnmachtsstrukturen, an denen die Beziehungspartnerinnen und -partner selbst beteiligt sind, voraus (Peltzer 1995).

Ein Verstehen traumatischer Realität ist dementsprechend wesentlich ein Einfühlen in die subjektiven Zerstörungen, die sich aus sequenziellen sozialen Extrembelastungen ergeben. Objektive historische und gegenwärtige soziale Umstände sowie subjektive Bedeutungszuschreibungen bilden in ihrer untrennbaren Interaktion deshalb immer die Grundlagen derart orientierten psychoanalytischen Verstehens. Auch die dritte

Verstehensebene, die Gegenübertragung, bezieht sich auf die bekannten historischen Tatsachen und kann nicht losgelöst von diesen interpretiert werden (vgl. Bohleber 2007).

Die Konzeption *Sequenzielle Traumatisierung* bildet deshalb den geeigneten Rahmen zum Verständnis der subjektiven Realitäten zwangsmigrierter Jugendlicher. Sie verleugnet nicht die sehr große Bedeutung hoch belastender Erfahrungen, zieht gleichsam aber keine vereinfachend-linearen Schlüsse. Die theoretische Weiterentwicklung eines Traumaverständnisses für die Gruppe zwangsmigrierter Jugendlicher in Kapitel drei bezieht sich deshalb ebenso auf die hier beschriebene Rahmenkonzeption wie die Falldarstellungen in Kapitel fünf.

Es bleibt zu betonen, dass auch ein differenziert beschreibendes Modell nicht pauschal die subjektiven Wirklichkeiten Betroffener erfassen kann. Dies ist nur für Individuen möglich und muss mithilfe affektiver Teilhabe an den Lebensrealitäten der Jugendlichen geschehen. Jedoch kann ein Rahmenkonzept sequenzieller Traumatisierung in der Adoleszenz im Kontext von Zwangsmigration als Ausgangspunkt für das individuelle Verstehen von Lebensrealitäten von Schülerinnen und Schülern dienen.

3. Zwangsmigration und Sequenzielle Traumatisierung in der Adoleszenz

3.1 Einführende Aspekte

Die Konzeption der *Sequenziellen Traumatisierung* hat, so konnte gezeigt werden, eine herausragende Bedeutung für das Verständnis des Erlebens und Verhaltens bei langfristigen schweren Belastungssituationen. Menschen mit Zwangsmigrationshintergrund sind vielfach als besonders traumavulnerable Gruppe beschrieben worden (Ardjomandi/ Streek 2002; Bürgin 1995; Peltzer 1995; v.d. Stein 2006). Vielerlei Fallstudien weisen zudem deutlich auf das Zusammenwirken ursprünglicher Extrembelastungen und akuter sowie chronischer Stressoren im Exil für die Ausprägung traumatischen Erlebens hin (Egger 2003; Henningsen 2003). Im Sinne der Konzeption *Sequenzielle Traumatisierung* ist die dabei häufig genutzte Terminologie von *Traumatisierung* einerseits und *Retraumatisierung* andererseits unscharf. Die sequenziell auftretenden Extrembelastungen, aus deren Interaktion sich das traumatisch beeinflusste oder dominierte Erleben herleiten lässt, können meist nicht trennscharf in originäre und wiedergekehrte traumatische soziale Erfahrungen unterteilt werden. So kann ein Verlust- oder Angsterleben im Herkunftsland zum Beispiel erst durch rassistische Verfolgung im Aufnahmeland traumatischen Charakter erhalten. Auch die Symptomatik entwickelt oft erst im Zuge der Chronifizierung des Belastungserlebens ihre eigentliche psychologische Wirkung (Becker 2003; 2006; Keilson 1979).

Bei der Beschreibung »typischer« potenziell traumatischer lebensgeschichtlicher Erfahrungen für adoleszente, zwangsmigrierte Jugendliche ist angesichts der großen individuellen Unterschiede Zurückhaltung geboten. Die entsprechenden Bedingungsfelder sind jedoch für die genannte Gruppe durchaus ähnlich:

Gewalt, Krieg und Flucht: Die Untersuchungen und Konzeptualisierungen zu realen Traumata im Kontext von Krieg, Verfolgung und Zwangsmigration knüpfen an die breite und differenzierte Forschung zum Schicksal der Überlebenden des Holocausts an (Grünberg 2001, 2007; Valent 2002). Die direkten und transgenerationalen Auswirkungen auf Kinder und Jugendliche werden dabei vielfach mitbedacht (Stiftung für Kinder 1995; Walter 1995). Das sequenziell-interaktive Wirken der diesbezüglichen Extrembelastungen ist dabei jedoch konzeptionell noch unzureichend erfasst worden. In Kapitel 3.2 werden deswegen verschiedene Aspekte der kurz- und langfristigen Auswirkungen von Gewalt- und Kriegserfahrungen sowie diejenigen der unmittelbaren Zwangsmigration auf die Kinder und Jugendlichen beschrieben.

Aufenthaltsrechtliche Bestimmungen: Der integrierende Blickwinkel der Konzeption *Sequenzielle Traumatisierung* bedingt die Einbeziehung politischer Rahmenbedingungen in die Analyse individueller traumatischer Prozesse. Spezifische Bedeutung hat hierbei das Aufenthaltsrecht. Welch massiv traumatisierendes Potenzial es in seiner derzeitigen Form hat, wird in Kapitel 3.3 dargestellt.

Familiäre Belastungen: Die familiäre Interaktion in Familien mit Zwangsmigrationshintergrund steht im Blickfeld verschiedenster Untersuchungen (Bräutigam 2000; Kizilhan 2001). Die entsprechende Gewichtung des dortigen Interaktionsgefüges für den Verlauf des traumatischen Prozesses hat zweifelsohne große Berechtigung, da es sowohl Bedingung als auch Akteur der Bearbeitung oder Chronifizierung von traumatischem Erleben sein kann. Die familiäre Situation zwangsmigrierter Kinder und Jugendlicher wird deshalb ausführlich in Kapitel 3.4 behandelt. Ein Schwerpunkt liegt hierbei auf den transgenerationalen Aspekten von Traumatisierungen bei Zwangsmigrationen.

Schulische Situation: Die schulische Situation der betroffenen Jugendlichen ist massiv von den sequenziell traumatisierenden

Rahmenbedingungen vor, während und nach der Zwangsmigration abhängig. Sie sollte deswegen als weitere Handlungsträgerin in einem sequenziell traumatischen Prozess aufgefasst werden. Dies gilt aus zweierlei Gründen: Traumatisierte Jugendliche bringen erstens ihre lebensgeschichtlichen Belastungen in die schulische Interaktion ein. Das heißt, ihre verbalen und nonverbalen Kommunikationsbeiträge werden maßgeblich durch die traumatischen Vorerfahrungen beeinflusst (Finger-Trescher 1987; Büttner 1991). Die Formen der Verleugnung, Thematisierung oder Bearbeitung traumatischen Erlebens im schulischen Kontext sind zweitens maßgeblich für die Ausprägung, Entwicklung und Bewältigbarkeit *Sequenzieller Traumatisierung* verantwortlich. Zentrale Aspekte der schulischen Erlebens- und Erfahrungswelt der betroffenen Adoleszenten werden in Kapitel 3.5 dargestellt. Zusätzlich werden auch in allen anderen Unterkapiteln Zusammenhänge der jeweiligen Belastungserfahrungen mit der schulischen Situation der Jugendlichen thematisiert.

Die Auswirkungen traumatisierender Lebenserfahrungen auf das Leben, Lernen und Verhalten sind nur aus der Gesamtperspektive, das heißt spezifisch, aus der Interaktion der Belastungssequenzen nachzuvollziehen. Einige potenziell traumatische Erfahrungen sind bestimmten Sequenzen der Migration zuzurechnen (Gewalt und Krieg, unsicherer Aufenthaltsstatus), andere (familiäre Interaktionsstörungen, schulische Situation) nehmen verschiedene Formen an, bilden jedoch sequenzübergreifende Belastungen. Die in diesem Kapitel vorgestellten Erlebens- und Erfahrungsbereiche zwangsmigrierter Adoleszenter sind deshalb nicht als bloße Konkretisierung des Sechs-Sequenzen-Modells D. Beckers (2006) für diese Personengruppe zu verstehen. Stattdessen müssen die Interaktion der Belastungen und auch ihre unterschiedlichen Bedeutungen in verschiedenen Sequenzen neu erschlossen und diskutiert werden.

Die Perspektive *Sequenzieller Traumatisierung* im Kontext von Zwangsmigration geht demnach über das Kumulative schwieriger Erfahrungen, die sich zu traumatischem Leid summieren, hinaus. In der Interaktion der verschiedenen Belastungssequenzen können auch vordergründig nicht erkennbar problematische Erfahrungen traumatische

Qualität annehmen. So weisen hohe Leistungsanforderungen in Schule und Elternhaus nicht zwangsläufig traumatische Qualität auf. Dort, wo sie ein wesentlicher Bestandteil des Verleugnens der Vergangenheit und der fantasierten Überlebenssicherung sind, müssen sie jedoch als Wirkfaktor im traumatischen Prozess mitbedacht werden. Es gilt demnach, dass dann, wenn scheinbar neutrale Herausforderungen auf eine unbewältigte traumatische Sequenz zurückverweisen, auch sie traumatisches Potenzial tragen (Lennertz 2004; Paul/Herberg 1967).

Im Mittelpunkt des hier vorgelegten Modells der *Sequenziellen Traumatisierung* stehen Kinder und Jugendliche, die selbst Erfahrungen mit Flucht, Vertreibung oder Krieg gemacht haben. Dies geschieht in dem Bewusstsein, dass auch freiwillig Emigrierende spezifischen Belastungserfahrungen ausgesetzt sind, die sich zu einem individuell traumatischen Erleben verdichten können (Erdheim 2003; Grinberg/Grinberg 1990; Lazar 2002). Für ein Verständnis verinnerlichter traumatischer Erfahrungen ist es jedoch hilfreich, grundlegende Differenzen nicht zu übersehen (Herzka et al. 1989). Auch im Residenzland geborene Jugendliche, deren Eltern zwangsmigrieren mussten, sind vielfach massiv von der traumatischen Interaktion in ihren Familien und hoch gestörten äußeren Lebensbedingungen beeinträchtigt. Der konzeptionelle Rahmen zur Beschreibung eines traumatischen Prozesses kann dem von selbst zwangsmigrierten Kindern und Jugendlichen durchaus ähnlich sein. Dabei müssten wesentliche Aspekte jedoch anders gewichtet werden. Aus Gründen der notwendigen Fokussierung bleiben die theoretischen Darstellungen und die qualitative Untersuchung deshalb auf in Kriegs- und Krisengebieten geborene Jugendliche beschränkt.

3.2 Der Beginn traumatischen Erlebens: Gewalt, Krieg und Flucht

Kinder und Jugendliche sind in weiten Teilen der Welt mit einem hohen Maß an destruktiver Gewalt konfrontiert. Die Grenze zwischen (organisierter) Gewalt und (Bürger-)Krieg ist dabei oft fließend. Beide sind durch ähnliche soziale Phänomene und schwierigste innerpsychische Verarbeitungsprozesse gekennzeichnet.

Um das Ausmaß dabei erlittenen Leids ermessen zu können, muss es katalogisiert werden. In zweierlei Hinsicht ist dies möglich: Erstens als soziale Erfahrungen, die auf das Individuum einwirkten und einwirken und zweitens als Symptomatiken, die mit den lebensgeschichtlichen Erfahrungen in Verbindung stehen (Becker 2006a; Keilson 1979; v.d. Veer 1995).

Kindheit und Adoleszenz im Kontext von Gewalt und Krieg sind, und dies ist oft die schwerwiegendste soziale Erfahrung, durch den Verlust eines Elternteils und die Zerstörung des sozialen Beziehungsnetzes geprägt. Neben den familiären Beziehungen werden vielfach auch jene zur Peergroup zerstört, teils, weil Kriegshandlungen neue ethnische Spannungen hervorrufen, teils, weil Menschen vor der Gewalt flüchten (Walter 1995, S. 46). Kinder und Jugendliche werden Opfer von Gewalthandlungen, besonders viele Mädchen und junge Frauen werden vergewaltigt. Nicht nur das Erleiden oder Bezeugen von Gewalthandlungen, hierzu gehören auch Bombardierungen, müssen als potenziell traumatische Erfahrungen katalogisiert werden. Auch die oft erzwungene Teilhabe an Kriegshandlungen erleben viele der Kinder und Jugendlichen als hochgradig belastend. Schließlich sind auch mangelnde Gesundheitsversorgung und Unterernährung traumatisierende Erfahrungen, die im Zusammenhang mit Gewalt und Krieg besonders häufig vorkommen (Macksoud 1993, S. 626).

Nach Bräutigam (2000) sind zwei grundlegende Reaktionskomplexe von Kindern und Jugendlichen auf Krieg, Gewalt und Vertreibung zu unterscheiden: Erstens eine übermächtige Hilflosigkeit und Angst, die sich chronifizieren und unspezifisch eine große Anzahl von Lebensbereichen dominieren kann. Derartige Angstzustände sind vielfach mit einer umfassenden Re-Infantilisierung verbunden, wobei orale Bedürfnisse regressiv an Bedeutung wiedergewinnen (Peltzer 1995). Angstträume sind als Heilungsversuche gegenüber den traumatischen Erlebnissen zu interpretieren. Kinder, die Intrusionen der traumatischen Erinnerungen ohne schützende innere und äußere Objekte erleben, nehmen sich in diesen Wiederholungen als besonders hilflos und psychisch überschwemmt wahr. Da die traumatischen Erfahrungen jedoch nicht nur im Traum, sondern oft ganz real wiederholenden Charakter tragen (wie zum Beispiel im Libanon), müssen derartige Heilungsversuche misslingen (Macksoud 1993). Die Kinder und Jugendlichen müssen stattdessen mit primitiveren Abwehrversuchen reagieren, um nicht gänzlich von den Ängsten überschwemmt zu werden.

Zweitens bedingt das Überleben von Krieg und Gewalt eine starke Tendenz zur Identifikation mit dem Aggressor. Wesentliche Ich-Funktionen werden dabei an die Täterinnen und Täter übertragen. Eine notwendige Dissoziation von Gefühlsleben und äußeren Erfahrungen einerseits und die Ausbildung von aggressiven Über-Ich-Strukturen andererseits sind innerpsychische Folgen einer Identifikation mit dem Verursacher der Traumatisierungen (Esguerra 1995; Rodriguez-Rabanal 1995a; Straker et al. 1995). Eine solche Identifikation kann massive Schuldgefühle hervorrufen, löst vor allem aber eine Selbstentwertung aus, die bis zur gänzlichen psychischen Fragmentierung führen kann. Die Wahrnehmung des eigenen Ichs muss minderwertig sein, so lang sie nicht gänzlich von den Aggressionsfantasien besetzt ist. Vielfältige selbst- und fremddestruktive Handlungsmuster in der Adoleszenz sind eine mögliche und häufige Folge dieser hochgradig gestörten Erlebenswelt (Straker et al. 1995; Streek-Fischer 2006). Die Identifikation mit dem Aggressor bedingt auch einen Entwicklungsstillstand, da die Kinder in wesentlichen Teilen von ihrer ursprünglichen Identität entfremdet leben (Walter 1995). Regressive, gleichzeitig auf Aggression ausgerichtete Persönlichkeitsorganisationen prägen das individuelle Erleben der Kinder und Jugendlichen, sind damit aber auch existenzieller Bestandteil von gesellschaftlichem Hass und Teil der Kriegsführung.

Die beiden scheinbar gegensätzlichen Symptomatiken sind innerpsychisch eng miteinander verknüpft. Die übermächtige Angst fordert gerade die Identifikation mit dem Aggressor heraus. Depression und Teilhabe an fremder Aggression entsprechen beide einer Tendenz zur nicht altersgemäßen Regression (Bittner 1996).

Die Symptomatiken unterliegen demnach der Wechselwirkung sozialer Erfahrungen mit individuellen Verarbeitungsmustern (Groninger et al. 2003). Traumatische äußere Erfahrungen treffen auf Kinder und Jugendliche mit traumaunabhängigen individuellen Vorgeschichten, auf verschieden starke Widerstandskraft (Resilienz) und auf einen kulturellen Rahmen, der die Bearbeitung beeinträchtigt oder erleichtert (Walter 1995; Speck-Hamdan 1999).

Eine Katalogisierung von Bedingungen und Formen von Traumatisierung bei Krieg und Gewalt kann nicht gelingen, wenn wesentliche Unterschiede unbeachtet bleiben. Die Beobachtungen A. Freuds (1980), dass die Erfahrungen der Bombennächte in London für die Kinder kein traumatisch-überwältigendes Potenzial hatten, müssen im Zusammenhang mit dem Schutz durch die Mütter gesehen werden, den diese Kinder gleichzeitig erlebten. Die Bombardierungen blieben für die Kinder so zwar eine als gefährlich erlebte, nicht jedoch alle Lebenszusammenhänge infrage stellende Erfahrung. Macksoud (1992) hingegen verweist auf das Beispiel des Libanon, wo Kinder neben Bombardierungen auch direkt gewalttätige Handlungen gegen Beziehungspersonen, Vertreibungen und, damit verbunden, existenzielle materielle Not erlebten. Die Unvorhersehbarkeit und das Wiederkehrende der Kriegshandlungen führten demnach auch zu kumulativen Effekten in den Symptomatiken (ebd., S. 626). Einige dieser Aspekte stimmen insofern mit den englischen Beobachtungen A. Freuds überein, als dass insbesondere der Ortswechsel und der (vorübergehende) Verlust der elterlichen Schutzpersonen als besonders gravierend und traumatisch erlebt werden.

Ausufernder Gewalt und Kriegshandlungen geht fast immer eine Vorstufe gesellschaftlicher Krise voraus, die bereits traumatisierendes Potenzial in sich trägt. Soziale Fragmentierung, damit einhergehende Brüche in den Bindungen der Kinder und Jugendlichen und notwendige pathologische Frühreifung bilden das Bedingungsfeld für die folgenden akuten Gewaltausbrüche (Rodriguez-Rabanal 1990). Die oft bereits transgenerational verinnerlichten, gewaltdurchdrungenen Strukturen bilden die Saat, in der sich der Hass schnell Raum verschafft. Die sozialen Beziehungen sind in diesem Kontext durch ein radikales Macht-Ohnmacht-Gefälle geprägt. Ein derartiger Zustand geht fließend oder plötzlich in Kriegs- oder kriegsähnliche Handlungen über.

Auch die post-kriegerische Phase, die vielfach gleichbedeutend mit der postmigratorischen Phase ist, bringt massive Belastungen mit sich. In Anlehnung an Keilson (1979) und D. Becker (2006) müssen die lebensfeindlichen Bedingungen, unter denen Kinder und Jugendliche infolge bewaffneter Konflikte leben, als potenziell traumatisierend betrachtet werden:

Drei Aspekte seien genannt, die die fortgesetzte schwere Belastung beschreiben:

Erstens: Die gewalttätig aufgeladene gesellschaftliche Situation ändert sich nach Kriegsende nicht grundlegend. Hass und Gewalt finden ihren Niederschlag in den Familien und Gemeinden.

Zweitens: Nach Ende der akuten Krise findet eine Konzentration auf das Notwendigste statt, im Exil hat dies eine besondere Bedeutung. Notwendige Trauerprozesse werden in diesem Kontext massiv gestört.

Drittens: Den Kindern und Adoleszenten fehlen nach Ende der Kriegs- und Krisensituation Kategorien, die ihnen helfen könnten, neues Vertrauen zu fassen. Da die Verantwortlichen für die Gewalt nur selten benannt, noch seltener verurteilt werden, ist das Vertrauen in die Gemeinschaft meist gestört (Melzak 1995).

Gesellschaftlich dominante Gewalt, Kriege und postkriegerische soziale Zerstörungen lösen stets aufs Neue Zwangsmigrationswellen aus, die nur in seltenen Fällen internationale Beachtung finden. Die vulnerablen Gruppen der Bevölkerung, dazu gehören Frauen, Kinder und Jugendliche, müssen besonders häufig fliehen.

Zwangsmigrierte Kinder und Jugendliche mit Kriegs- und Gewalterfahrungen bringen die massiven Verunsicherungen, die sich nicht zuletzt im Bindungsverhalten ausdrücken, auch in die Schule mit (Lennertz 2004; Walter 1995). Die Vermeidung des eigentlichen Gefühlslebens und der Bindungswünsche sind zwei der in den pädagogischen Kontext eingebrachten Folgen traumatischen Erlebens. Betroffene Jugendliche werden deshalb teils als unnahbar, teils als aggressiv-ausagierend beschrieben. In diesem spezifischen Kontext sind beide Symptomatiken in besonderer Weise miteinander verbunden: Jugendliche mit derart massiven Gewalt- und Kriegserfahrungen ziehen sich zurück, können bei entsprechenden Auslösern jedoch hochgradig aggressiv reagieren. Damit arbeiten zu können, bedingt dringend ein lebensgeschichtlich orientiertes Verstehen in der Schule, das individuelle und gruppenbezogene pädagogische Präventionen und Interventionen nach sich ziehen muss.

3.3 Ein Neuanfang in Unsicherheit? Zum traumatischen Potenzial des Aufenthaltsrechts

Aufenthaltsrechtliche Bestimmungen, hier konkretisiert an den derzeit gültigen in der Bundesrepublik Deutschland, stellen ein eigenes Bedingungsfeld *Sequenzieller Traumatisierung* dar. Sie manifestieren einen sozialen Rahmen, der wesentlich für die krisenhafte oder bewältigende

Ausprägung der Sequenzen drei (Anfangszeit am Ankunftsort) und vier (Chronifizierung der Vorläufigkeit) verantwortlich ist. Die Unterbringung in Wohnheimen und der Verlauf des Asylverfahrens sind dabei zwei wichtige sozio-politische Bedingungen, die das Erleben der jungen zwangsmigrierten Menschen und ihrer Familien prägen. Die individuelle Bedeutung dieser Bedingungsfelder ist vor dem Hintergrund verschiedener Vorerfahrungen und Verarbeitungsstrategien unterschiedlich. Jedoch werden sie interindividuell als belastend und damit als die innere und äußere Integration hemmend beschrieben.

Flüchtlinge und Asylsuchende werden nach ihrer Ankunft in aller Regel in Aufnahmeeinrichtungen untergebracht. Vom Gesetzgeber ist die Regelaufenthaltszeit in den Erstaufnahmeeinrichtungen auf einen Zeitrahmen von sechs Wochen bis zu drei Monaten festgelegt (AsylVfG §47: BM der Justiz 2007). Diese Aufenthaltszeit wird in sehr vielen Fällen massiv überschritten. Asylsuchende, denen mangelnde Mitarbeit bei ihren Asylverfahren vorgeworfen wird, werden zudem nicht selten in die Erstaufnahmestellen zurückverlegt (Flüchtlingsrat Berlin 2007). Auch über diesen Zeitraum hinaus leben viele Asylsuchende, darunter auch die Kinder und Jugendlichen, die mit einer Familie eingereist sind, in Gemeinschaftsunterkünften. Die Möglichkeit, in einer eigenen Wohnung zu wohnen, ist gesetzlich geregelt, unterliegt aber den Bedingungen des örtlichen Wohnungsmarktes (AsylVfG §53: BM der Justiz 2007).

Die traumatisch geprägten Selbst- und Objektrepräsentanzen in der Biografie vieler Asylsuchender und Flüchtlinge finden ihre Fortsetzung in derartigen strukturellen und zwischenmenschlichen Bedingungen. Diese tragen zutiefst regressiven und oft unmenschlichen Charakter. Die extreme Abhängigkeit von den Entscheidungsträgerinnen und -trägern in den Heimen und Ämtern steht subjektiv vielfach in einer Kontinuität mit verinnerlichten Erfahrungen der Machtlosigkeit gegenüber politischen Autoritäten, Schleppern und Grenzschutzbehörden in den ersten zwei Sequenzen der Migration. Reale Diskriminierungen in Wohnheimen sind Teil einer Wiederholung und Aktivierung verinnerlichter Erfahrungen, die sich in der Selbstrepräsentanz des »Außenseiters und Exilanten« (Said 1994, S. 31), der von den etablierten Ordnungen abgewiesen wird, verdichten.

Das kaum durchdachte und schwierige Zusammenleben verschiedener Flüchtlinge auf engstem Raum erfordert nicht selten primitive Abwehrstrategien der Verleugnung oder Spaltung. Gerade dort, wo Menschen aus Bevölkerungsgruppen, die im Ursprungsland in kriegerische Auseinandersetzungen verwickelt waren, zusammenleben, reaktiviert die Enge im Heim massive Ängste. Die Dissoziation des Traumatischen von der sonstigen Erfahrungswelt, die sich in der Verleugnung der belastenden Ereignisse oder in der Spaltung in gute und verfolgende Objekte äußern kann, ist dann vielfach die einzige psychische Reaktionsmöglichkeit (Egger 2003; Podlech 2005). Die damit verbundene seelische Verarmung und Regression fördert die Konzentration auf das notwendige Überleben; für Trauer und Perspektivenentwicklung fehlen gleichermaßen soziale und innerpsychische Rahmenbedingungen (Henningsen 2003). Dissoziationen wirken zwar kurzfristig angstreduzierend, langfristig aber fördern sie die Entwicklung von nicht-integrierenden, passiven Persönlichkeitsstrukturen.

Ein Flüchtling aus dem Irak erzählt: »Eines dieser Wohnheime hatte einen ganz engen Flur und sehr kleine Zimmer, man hatte das Gefühl, eingesperrt zu sein. Die Zimmer waren wie Zellen, sechs oder sieben Leute lebten in einem Raum« (Ahmed 2006, S. 111).

Die traumatische innere Dynamik der hier benannten Aspekte der Einengung und des Eingesperrtseins lässt sich aus der Vorgeschichte des Asylsuchenden allein genauso wenig erklären wie nur aus dem realen aktuellen Erleben. Nur das Sequenzielle dieser zentralen lebensgeschichtlichen Erfahrung verdeutlicht die traumatische Bedeutung des Wohnens unter derartigen Umständen. Der notwendige Raum, auf dem schwierigste Vorerfahrungen bearbeitet werden können, wird den Neuankömmlingen verweigert. »Raum« ist hier durchaus wörtlich zu verstehen, als unerlässliche Privatsphäre, die Asylsuchenden und Flüchtlingen vorenthalten wird, aber auch symbolisch als nicht vorhandene Sicherheit und »Mütterlichkeit« (Egger 2003, S. 141), die eine Entfaltung der Persönlichkeit erlauben würde.

Die hier skizzierten Erfahrungswelten teilen zwangsmigrierte Kinder und Jugendliche mit ihren Eltern. Unbegleitete, minderjährige Flüchtlinge werden in Clearingstellen untergebracht, in denen ihre persönliche und aufenthaltsrechtliche Situation geklärt werden soll. Hierbei sollen kinder- und jugendspezifische Aspekte Berücksichtigung finden (Riedelsheimer/ Wiesinger 2004). Die Lebensbedingungen in der Clearingstelle allerdings unterscheiden sich nicht zwangsläufig von denen allgemeiner Erstaufnahmestellen. Der Druck auf die Jugendlichen, nichts falsch machen zu dürfen, da dies ihre Chancen auf ein langfristiges Bleiberecht mindert, ist potenzieller Bestandteil eines traumatischen Prozesses.

Der Verlauf des eigentlichen Asylverfahrens steht dem Wissen der Traumaforschung in vielerlei Hinsicht diametral entgegen. Die (dem äußeren Schein nach) mangelnde emotionale Beteiligung von Asylsuchenden während des Verfahrens wird oft im Sinne einer asyltaktischen Inszenierung von Verfolgung und Not bewertet (Henningsen 2003). Nicht mehr Erinnerbares und Widersprüchlichkeiten in der Erzählung, demnach traumasymptomatisch leicht nachvollziehbare Erlebens- und Verarbeitungsmodi, belegten folglich die Unglaubwürdigkeit der lebensgeschichtlichen Darstellung und somit der Person. In der subjektiven Wahrnehmung vieler Asylsuchender geht insofern das Grundgefühl dafür verloren, von Entscheidungsträgerinnen und -trägern als das gesehen zu werden, was sie gemäß ihrem Selbstbild von ihrer Umwelt erwarten (Egger 2003). Ein Gefühl der Hilflosigkeit und des Ausgeliefertseins ist die fast logische Folge solcher Beziehungsdynamiken.

Eine spezifische Problematik liegt in der Diagnose einer schweren *posttraumatischen Belastungsstörung*. Nur eine solche, nach ICD–10 gültige Krankheitsbestimmung kann in vielen Fällen das Bleiberecht sichern, sie gefährdet gleichermaßen jeden therapeutischen Prozess. Denn der temporäre Schutz vor Abschiebung erlischt, sobald die im Asylverfahren gescheiterten Menschen als psychisch stabil eingeschätzt werden und somit ihr Leben wieder selbstständig gestalten könnten.

Die unsicheren Gegenwarts- und Zukunftsperspektiven, die sich in der zwangsweisen Heimunterbringung sowie in der Form des Asylverfahrens manifestieren, bilden demnach ein wichtiges Bedingungsfeld für die Chronifizierung traumatischen Erlebens. Zur Verinnerlichung gestörter Selbstrepräsentanzen trägt auch der Status der Duldung bei. Seine individuelle Bedeutung wird in mehreren der Einzelfalldarstellungen (Kapitel fünf) herausgearbeitet.

3.4 Massive Beeinträchtigungen in allen Sequenzen: Zur familiären Situation

Erzwungene Migrationsprozesse beinhalten eine große Anzahl von Belastungen für Familien und die sie fundierenden Beziehungen. Die

Voraussetzungen der Zwangsmigration einerseits und ihre psychosozialen Auswirkungen andererseits bilden demnach das Bedingungsgefüge traumatisierter familiärer Interaktion (King 2005). Unter Beachtung des Primats individueller Erfahrungswelt lassen sich häufig wiederkehrende familiäre Erlebensbereiche und entsprechende Verarbeitungswege zwangsmigrierter Kinder und Jugendlicher beschreiben:

Verlusterfahrungen, besonders jene von Elternteilen, stellen eine vielfach geteilte Erfahrungswelt zwangsmigrierter Jugendlicher dar. Da die Verluste in einer besonderen lebensgeschichtlichen Situation geschehen, müssen auch die psychischen Auswirkungen im Kontext des Gesamterlebens bei Zwangsmigrationen betrachtet werden (Kap. 3.4.1).

Familiäre Interaktionsstörungen und Rollendiffusionen im Aufnahmeland bilden ein weiteres Bedingungsfeld des Erlebens der Jugendlichen. Besondere Bedeutung hat dabei die Unaussprechlichkeit der lebensgeschichtlichen Erfahrungen innerhalb der Familien (Kap. 3.4.2).

Die Interaktion ist jedoch nicht nur von den selbst erlebten, sondern auch von *transgenerationalen Traumatisierungen* abhängig. Innerpsychisch interagieren diese mit eigenen Erfahrungen und erschweren deshalb vielfach Symbolisierungsprozesse (Kap. 3.4.3).

Eine spezifische Erfahrungswelt haben *unbegleitete, minderjährige Flüchtlinge*, bei denen die familiären Bezugspersonen nicht real, sondern nur noch innerpsychisch repräsentiert sind (Kap. 3.4.4).

Die damit genannten vier Aspekte werden in der Folge ausführlicher dargestellt.

3.4.1   Trennung und Verlust von primären Bezugspersonen

Eines der zentralen Kennzeichen von Zwangsmigrationen ist die Aufspaltung der Familien. Meist migrieren einzelne Familienmitglieder, andere bleiben zurück. Armut und Umweltkatastrophen zwingen Familien dazu, einzelne Mitglieder ins Exil zu schicken. Kriege und politische Verfolgung erlauben ebenso meist keine gemeinsame Flucht als Familie (Almqvist 1997; Jordan 2000). Verlusterfahrungen, die, wie zu zeigen sein wird, kennzeichnend für alle Sequenzen der Zwangsmigration sind, stellen dementsprechend einen wesentlichen Teil der lebensgeschichtlichen Erfahrungen zwangsmigrierter Menschen dar. Gerade für Kinder und Jugendliche bedeutet die Zwangsmigration damit meist ein »Herausgerissenwerden aus [dem] [...] sozialen und kulturellen Beziehungsnetz« (Herzka et al. 1989, S. 18).

Besonders schwer wiegt der Verlust eines oder beider Elternteile, der fast immer plötzlich geschieht und dem keine Veränderung der Beziehung vorausgeht (Melzak 1995). Rodriguez Rabanal (1995, S. 127) spricht in diesem Zusammenhang von einem »lethal flight from infancy to adulthood«, zu dem die heranwachsenden Flüchtlinge gezwungen werden. Im Verlassensein entwickeln viele der Kinder und Jugendlichen eine »compensatory omnipotence« (ebd., S. 129), die sie (zumindest vordergründig) vor Ängsten und Hilflosigkeit schützen kann. Da sie, ihren verbalen und zum Teil auch nonverbalen Beziehungsäußerungen entsprechend, nicht als hilfsbedürftig erscheinen, sind sie stets in besonderer Weise gefährdet, gänzlich allein mit ihren Belastungen zu verbleiben.

Kinder und Jugendliche, die ihre Eltern infolge von Krieg und Gewaltexzessen verlieren, leiden vielfach in besonderer Weise unter den Auswirkungen. Hochgradig angstbesetzte Erlebnismodi können nicht mehr auf Bezugspersonen projiziert werden, da diese physisch oder psychisch nicht mehr zur Verfügung stehen. Eine auf *Containment* und somit auf Aufrechterhaltung des Denkens zielende familiäre Bindung ist demnach oft nicht mehr möglich (Bion 1990). Stattdessen ziehen sich viele der betroffenen Kinder und Jugendlichen zurück oder müssen sich mit den Aggressoren identifizieren, in der nicht-symbolisierbaren Hoffnung, so die Bindung an die Eltern aufrechterhalten zu können (Esguerra 1995; Melzak 1995). Die Bemühungen um die Wiederherstellung der Bindung prägen das Leben der Betroffenen dauerhaft, nicht selten lebenslang. Je länger diese Bemühungen jedoch erfolglos sind, desto größer ist die Wahrscheinlichkeit, dass die Funktion des Beziehungsaufbaus beeinträchtigt wird.

Auch die Bindungsfähigkeit übermäßig autonom erscheinender Kinder (»adult-kids«, Rodriguez Rabanal 1995, S. 127) und Jugendlicher ist deutlich beeinträchtigt. Ohne die »Prägeform« (Spitz 1967, S. 310) haltender primärer Bindungen, die zu festen Repräsentanzen führt, fehlt den Betroffenen vielfach die Kompetenz, selbst nachhaltige Beziehungen herzustellen. Jede reale Beziehung, die keinem in der äußeren Realität verankerten Ziel dient, stattdessen Bindung im engeren Sinn beschreibt, gefährdet die Fantasie der Ungebundenheit und Unabhängigkeit. Derartige Beziehungen verstärkten den Schmerz der Verlassenheit durch die primären Bezugspersonen und könnten verleugnete Hassgefühle gegen diese reaktivieren (Bürgin 1995; Endres/Moisl 1998). Ein scheinbares Vergessen der Eltern oder eine Erschaffung eines fantasierten, möglicherweise omnipotenten Elternteils können als traumakompensatorische Schemata interpretiert werden, die sich gegen eine Wiederholung der Trennungserfahrung richten (A. Freud 1980). Dies schützt die Kinder vor dem unmittelbaren Erleben von Einsamkeit und dem Hass gegen die Eltern, die sie verlassen haben. Gleichzeitig führen die beschriebenen langfristigen Reaktionen zu einer Dissoziation des Ichs, weil wichtige Bestandteile der Erfahrungswelt abgeschnitten werden (Fischer/Riedesser 1998; Grubrich-Simitis 1979; Paul/Herberg 1967).

Der Bindungswunsch ist in derartigen Fällen stark angstbesetzt, muss demnach radikal abgewehrt werden. Nicht symbolisierbare Verlusterfahrungen werden aggressiv ausagiert, zum Beispiel dann, wenn sich die ehemals kindlichen Opfer in Täter »verwandeln«, eigene Kinder oder als schwächer erlebte Menschen misshandeln (Esguerra 1995). Wenn keine verlässlichen Objektbeziehungen vorhanden sind, kann sich der Aggressionstrieb nicht in psychisch und sozial verträglicher Weise entfalten und richtet sich in rein destruktiver Art gegen die eigene Person oder andere Menschen. Er agiert einen wirkmächtigen Impuls der Rache, der durch die hoch angstauslösenden Bindungsabbrüche provoziert wurde (Bowlby 1951, S. 12).

Dort, wo Trauerarbeit möglich ist, weil die Verlusterfahrung symbolisiert werden kann, stehen vielfach die sozialen Erfahrungen der Zwangsmigration dagegen. Weder sind die Beziehungen zu den verbleibenden Bezugspersonen ausreichend stabil, da oft der Kampf ums Überleben im Mittelpunkt aller Bemühungen stehen muss, noch wird stets ausreichend mit den Kindern über den Verlust gesprochen, mit vielfältigen Folgen: »Wenn ein Elternteil Angst vor Gefühlen hat, werden die Kinder ihre Gefühle verbergen. Wenn ein Elternteil Schweigen bevorzugt, werden die Kinder früher oder später ihre Fragen einstellen« (Bowlby 2006, S. 258). Statt schützender, helfender äußerer und innerer Objekte erleben die Kinder Bezugspersonen, die mit der aktuellen Situation selbst überfordert sind. So müssen die Kinder neben ihren eigenen Traumatisierungen auch die Traumata ihrer Eltern ertragen (Bräutigam 2000). Der Verlust kann nicht betrauert, nicht durchgearbeitet werden, weil die Personen fehlen, die dafür infrage kommen würden (Bar-On 1995).

Die entwicklungstheoretischen Bezugspunkte sind hier eindeutig in der frühen Kindheit verankert. Demnach bleibt die spezifische Bedeutung von Trennungserfahrungen für Jugendliche noch unscharf. Zunächst gilt, dass Möglichkeiten der Bewältigung bereits in der Kindheit festgelegt werden und insofern Auswirkungen auf die Coping-Prozesse Jugendlicher gegenüber Verlusterfahrungen haben (Dammasch 2006; Göppel 1997; Werner 1999). Dies kann jedoch nicht zu dem Schluss führen, dass sicher gebundene Kinder als zwangsmigrierende Jugendliche plötzliche Verlusterfahrungen bewältigen könnten, ohne schwerwiegende Krisen zu erleiden. Das gilt in besonderer Weise, weil das Abgeschnitten-Werden von primären Bezugspersonen hier mit dem Verlust der Bedeutung bisheriger Lebenserfahrung, der verinnerlichten Normen und Werte und damit einem gewichtigen Teil der Identität einhergeht (Herzka et al. 1989).

Erwachsene Bezugspersonen hätten in dieser Erlebenssequenz demnach in dreifacher Hinsicht Bedeutung für die Jugendlichen: Erstens zur Ausgestaltung der Prozesse von Distanzierung und Nähe, zweitens zum *Containment* als Unterstützung bei der Verarbeitung der Erlebnisse von Verfolgung oder Krieg und drittens zur Bewältigung der neuen Herausforderungen im aufnehmenden Land (Becker 2006a). Das Fehlen des inneren und äußeren Raums kann zu psychischen Arbeitsmodellen führen, nach denen die Herausforderungen des Exils in erster Linie als Quellen der Angst wahrgenommen werden (Nguyen/Malapert 1988).

Neue Reize (zum Beispiel in der Schule) werden auf der Grundlage der verinnerlichten Trennungs- und Verlusterfahrungen eher als Bedrohung wahrgenommen (Streek-Fischer 2006). Pädagoginnen und Pädagogen können zwar neue, wichtige Bezugspersonen werden und zu innerer Strukturierung beitragen, jedoch bestehen in der Beziehungsgestaltung analog zum oben Beschriebenen erhebliche Schwierigkeiten, weil vertrauensvolle Bindungen als beängstigend erlebt werden können (Büse-Kastner/Mauthe-Schoning 2006; Rodriguez Rabanal 1990, 1995a). Die angebotene Beziehung ist, da nicht ausreichend reflektierbar, deshalb ständig in der Gefahr, als unzureichend qualifiziert und von destruktiven Impulsen bedrängt zu werden (v. Freyberg/Wolff 2005, 2006). Aus Sicht

63

der Schule ist insofern der Mut gefordert, sich den Ausdrucksweisen der Jugendlichen zu stellen und den Bewusstwerdungsprozess gegenüber traumatischen Erfahrungen zu unterstützen (Fivush 1998; Harten 2006). Dies kann den Weg für eine bessere kognitive und sozial-emotionale Entwicklung des Kindes beziehungsweise des/der Jugendlichen öffnen.

3.4.2   Interaktionsstörung und Rollendiffusion

Gesellschaftliche Krisensituationen und krisenhafte familiäre Entwicklungen gehen nicht selten eine fatale Partnerschaft miteinander ein. Politische Verfolgung von Familienmitgliedern, Kriegshandlungen oder omnipräsente Gewalt führen deshalb fast immer auch zu Belastungen für die familiäre Interaktion (Becker 1992; Walter 1995; Volkan 2003). Bereits die erste Sequenz von Zwangsmigrationen birgt für Kinder und Jugendliche deshalb ein hohes Maß an traumatischem Potenzial, da sie in besonderer Weise auf den haltenden familiären Rahmen angewiesen wären. Hinsichtlich der zweiten Sequenz, der Zwangsmigration im engeren Sinne, kann es kaum fundierte Aussagen zu Beziehungserfahrungen und Störungen der familiären Interaktion geben (Lennertz 2004). Zweifelsohne stehen hier auch andere, vitale Notwendigkeiten im Vordergrund. Eine Reihe von Rahmenbedingungen dieser Sequenz, nicht zuletzt die extreme Abhängigkeit von Schleppern und Grenzschutzpolizei, muss jedoch als hochgradig belastend für die familiäre Kommunikation beschrieben werden. Unter diesen Bedingungen kann der haltende familiäre Rahmen oft nicht mehr aufrechterhalten werden. Viele Eltern sind nicht dazu in der Lage, dringend benötigte Hilfs-Ich-Funktionen für ihre Kinder in extrem belasteter Situation zu übernehmen. Es findet eine Not-Individuation statt, die weitgehend pathologische Züge trägt.

Es gilt demnach, dass die familiären Interaktionsstörungen ihr Bedingungsfeld teilweise bereits in der ersten und zweiten Sequenz der Zwangsmigration haben. Chronifizierungen der familiären Störungen sowie der individuellen Symptomatiken zeigen sich jedoch vielfach erst ab der dritten Sequenz, demnach im Aufnahmeland. Zu den hier prägenden, mit den Belastungen der ersten und zweiten Sequenz interagierenden Rahmenbedingungen zunächst einige Vorbemerkungen:

Zwangsmigrierte Kinder, Jugendliche und Erwachsene erleben eine Entfremdung von ihren kulturellen und identitätsstiftenden Erfahrungen mit Menschen und natürlicher Umgebung. Sie müssen anerkennen, so viel besteht als Gemeinsamkeit aller Migrantinnen und Migranten, dass Beziehungen und Alltagshandlungen im neuen Umfeld andere, den Neuankömmlingen noch fremde Bedeutungen zugeschrieben werden (Schiffauer 2002; E. Zimmermann 1995). Darüber hinaus aber verändert sich die familiäre Interaktion im Kontext von Zwangsmigration noch weitergehend: Das Weiterleben nach erlittener Folter, Verfolgung oder überlebten Kriegshandlungen stellt alle Lebenszusammenhänge in einen neuen Bedeutungskontext, in dem sich Betroffene oft schwer zurechtfinden (Scheifele 2003). Von den Neuankömmlingen werden Versuche erwartet, sich möglichst schnell an die Umgebung anzupassen. Stattdessen dominieren innerpsychisch jedoch existenzielle Fragen nach dem Sinn und der Bedeutung des Lebens nach den Extremerfahrungen. Die im ursprungskulturellen Kontext stattfindende Entmenschlichung und der Schock des kulturellen Neuen bei großer Unsicherheit über die eigene aktuelle und zukünftige Lebenssituation aktiviert Gefühle des Abgeschnittenseins von guten Selbst- und Objekterfahrungen (Garza-Guerrero 1974). Die Lebensleistungen einerseits und die Erfahrungen im Zusammenhang mit der Verfolgung andererseits finden nur selten Anerkennung. Im Asylverfahren wird das Erlebte oft infrage gestellt, das Unaussprechliche der Traumatisierung möglicherweise sogar als Beleg für ungerechtfertigte Asyl-Antragstellung genommen. Ehemals politisch Verfolgte müssen in vielen Fällen erleben, dass ihre politische Betätigung auch im Exil nicht erwünscht ist (Grinberg/Grinberg 1990; Becker 1992).

Das Abgeschnittensein von wesentlichen Identitätsanteilen unterstützt die Entwicklung von Schamgefühlen; die neue Symbolwelt und Sprache können unbewusst als bedrohlich erlebt und deshalb vielfach nicht als relevante Selbstaspekte angenommen werden. Gerade vor dem Hintergrund ambivalenter Gefühle gegenüber der Herkunftskultur, und diese haben viele der ethnisch, politisch oder religiös verfolgten Menschen, fällt es schwer, neue Identitätsaspekte innerpsychisch mit alten zu integrieren (Erdheim 2003). In dieser behinderten Identitätsfindung begründet sind die besonderen Schwierigkeiten, die einige der zwangsmigrierten Menschen beim Erlernen der neuen Sprache haben. Auch die gegenteilige

Erfahrung ist jedoch vorstellbar: Wenn die Muttersprache Verfolgung und Entwürdigung repräsentiert, kann sie Ekel und Scham auslösen (Freedman 1997). Manche zwangsmigrierten Menschen wenden sich deshalb fast manisch der neuen Sprache zu, spalten jedoch in ähnlicher Art und Weise wie diejenigen, die gänzlich in der Herkunftssprache verwurzelt bleiben. Sie erleben einen Konflikt der Sprachlosigkeit in der einen oder anderen Art, der einer Wiederholung der kindlichen Sprachlosigkeit entspricht (Grinberg/Grinberg 1990).

Die damit nur skizzierten Herausforderungen und Belastungen des Exils gelten soweit für Kinder, Jugendliche und Erwachsene. Sie werden deswegen Teil der familiären Interaktion, die sich massiv verändern muss und sowohl durch die Verletzungen der Vergangenheit als auch durch die unsichere, angstauslösende Situation der Gegenwart geprägt ist.

Viele relevante Interaktionsaspekte bleiben in den Familien unausgesprochen, weil sie in keiner der beiden Sprachen mehr affektiv-sprachlich besetzt werden können. Die »Sprachwurzellosigkeit« (Keilson 1986, zit. nach Freedman 1997, S. 71) führt zur Entsymbolisierung besonders von affektiv besetzten Inhalten der Kommunikation, demnach auch der Beziehungsaspekte innerhalb der Familie.

Die beschriebene Konflikthaftigkeit ähnelt für die Kinder einer familiären *Double-Bind-Situation*, bei der die Orientierung an einem kulturellen System jeweils Gefühle der Entwertung dem anderen gegenüber beinhaltet. Dies hat häufig inkonsistente und für die persönliche Entwicklung schädliche Handlungskonsequenzen zur Folge: Die Jugendlichen schwanken zwischen Entwertung und Idealisierung beider Bezugssysteme (v. d. Stein 2006). In vielen Familien lassen sich die kulturellen Systeme tatsächlich einem der Elternteile zuordnen. Dies ist etwa der Fall, wenn nur ein Elternteil die neue Sprache erlernt und Kontakte zur Mehrheitsgesellschaft entwickelt, der andere Elternteil hingegen die alten Bräuche im häuslichen Umfeld aufrechterhält. So gewinnt eine stärkere Orientierung an der Herkunfts- oder der Residenzkultur eine reale familienbezogene Beziehungsbedeutung (King 2005). Die Kinder sind demnach Schuld- und Schamgefühlen ausgesetzt, meist ohne deren Herkunft jedoch symbolisieren zu können.

Weitere Konflikte ergeben sich aus der Familiendynamik, die sich angesichts der großen Schwierigkeiten der Eltern, im Aufnahmeland anzukommen, massiv ändert. Den Kindern fehlen geeignete Rollenvorbilder und grenzensetzende Instanzen, da sie ihre Eltern als schwach und hilflos erleben; letztere erleben Prozesse der Scham, Minderwertigkeit und Entwurzelung, die oft in einen Rückzug in die eigene *in-group* der Menschen gleicher Herkunft münden (Ardjomandi/Streek 2002; v.d. Veer 1995). In dieser schwierigen Situation versuchen die Kinder, ihre Eltern zu entlasten. Einige von ihnen verheimlichen ihre eigene psychische Belastung und wollen (unbewusst) stattdessen stellvertretend für die Eltern deren Traumata verarbeiten (Almqvist 1997; Bräutigam 2000; Melzak 1995). Da sie vordergründig nicht von Verfolgung betroffen waren, es ihnen also »gut gehe«, bleiben depressive Verstimmungen und aggressive Durchbrüche der Belastung vielfach schambesetzt.

Viele Kinder und Jugendliche erlernen, trotz der vielfältigen psychosozialen Hindernisse, die neue Sprache leichter als ihre Eltern. Eine familiale Rollendiffusion ist eine häufige Folge. Dies bedingt für die Kinder und Jugendlichen einen Konflikt zwischen machtvoller Parentifizierung bei gleichzeitiger fester Einbindung in die Familie (v.d. Stein 2006). Letztere ergibt sich wesentlich aus nonverbalen familiären Delegationen. Hierzu im nächsten Kapitel mehr. Parentifizierung geht einher mit Gefühlen der Verlassenheit und der Hilflosigkeit, die im Kontext der Anforderungen neuer Entwicklungsphasen wieder aufbrechen (J. Bründl 2005). Die Übernahme elterlicher Erlebniswelten führt zu Verarbeitungsmustern, die pathologische Formen annehmen können. In der Adoleszenz ist es für diese Jugendlichen ungleich schwerer als für Gleichaltrige aus nichttraumatisierten Familiensystemen, Zukunftsperspektiven zu entwickeln. Ihnen fehlen schützende äußere Objekte in Lebensphasen des Umbruchs. Statt die eigene Zukunft zu planen oder zu fantasieren, müssen sie die Basis für das Überleben der Eltern sichern (Herzka et al. 1989; Kestenberg 1982). Die Entwicklung dieser Kinder ist demnach häufig sowohl von sehr früher Reifung als auch von Regression geprägt (Macksoud 1993). Frühe Reifung zeigt sich in der Übernahme von Aufgaben, die traditionell Erwachsenen vorbehalten sind. Nicht-Loslösung von familiären Fantasien und Erwartungen ist ein Symptom der Regression. Bräutigam (2000) und Joannidis (2006) meinen, dass eine solch frühe Reifung nicht nur als pathologisch, sondern auch als besondere Leistung des Individuums betrachtet werden sollte. Unter Maßgabe der unbedingt notwendigen Anerkennung der Traumatisierung als Disempowerment kann eine solche ergänzende Perspektive hilfreich für die Entwicklung von Zukunftsperspektiven sein (Becker 2006, S. 182). Dominiert jene Sicht auf frühe Reifung jedoch unreflektiert und werden Aspekte der Ohmacht missachtet, bildet diese Perspektive einen Teil des Bedingungsfeldes *Sequenzieller Traumatisierung*.

Die hier beschriebene Konflikthaftigkeit des familiären Geschehens spiegelt sich in der schulischen Situation der Kinder und Jugendlichen wider. Spezifisch ist eine Beschäftigung der Schülerinnen und Schüler mit nicht-altersadäquaten Problematiken. Diese ergeben sich zu einem Teil aus der Parentifizierung, zum anderen Teil aus ihrer eigenen Unsicherheit in Gegenwart und Zukunft. Soziale Krisen, etwa drohende Abschiebungen, gefährden die innere Stabilität zusätzlich. Die Konzentration auf schulische Inhalte dürfte deswegen in vielen Fällen beeinträchtigt sein. Allerdings kann Schule auch einen wichtigen Übergangsraum darstellen. In diesem müssen einerseits illusionäre Erfahrungen ermöglicht werden, die der Wiederentwicklung von Fantasie in großen äußeren und inneren Zwängen dienen (Becker 2006). Ebenso fördert die Schule die Konfrontation mit der äußeren, individuellen Realität. Eine solche, individuumszentrierte Auseinandersetzung mit Belastungen, Chancen und Perspektiven hat in der familialen Interaktion angesichts der dominierenden Kraft der Traumatisierung oft wenig Raum.

3.4.3 Transgenerationale Aspekte von Traumatisierung bei Zwangsmigration

Die familiäre Interaktion im Kontext von Zwangsmigration wird maßgeblich durch die lebensgeschichtlichen Erfahrungen mitgeprägt, die die Eltern ihren Kindern verschweigen. Dies geschieht, so die Eltern selbst Zugang zu den Verletzungen der Vergangenheit haben, meist in der Absicht, die Kinder nicht mit den traumatischen Erlebnissen zu konfrontieren. Unterliegen die traumarelevanten Affekte hingegen bei den Eltern selbst der Dissoziation, dominieren sie den familiären Diskurs als entsymbolisierte Grunderfahrungen. Die Kinder nehmen in beiden Fällen gerade die unausgesprochenen Erfahrungen der Eltern in sich auf:

»These hidden structures (let me call them ›putative facts‹) have a paradoxical relationship to discourse. They are not framed in our mind in any

meaningful way, yet they effect our thoughts, feelings and behaviors. [...]
The more severe the silenced issues, the more rigid will be the boundary
between what can be discussed and the less ›leakage‹ of signals to be found
in the discourse« (Bar-On 1995, S. 63f.).

Die in vielerlei klinischen Behandlungen belegte Tatsache der Übertragung traumatischer Lebenswelt auf die nächste Generation betont,
wie stark der Einfluss der tabuisierten (beziehungsweise auch durch die
Eltern nicht mehr symbolisierbaren) Erfahrungs- und Erlebensmuster
auf die Seins- und Handlungswelt der Kinder ist. Die emotionale Bindung der Kinder an ihre Eltern bringt sie der unbewussten Ausstrahlung von relevanten Affekten sehr nahe. Die gleichzeitig beeinträchtigte
Mentalisierungsfunktion bei familiärer Traumatisierung erschwert zusätzlich eine Distanzierung von den unbewusst vermittelten Affektzuständen (Fonagy et al. 2008).

Die familiäre Organisation über spezifische, traumabezogene Affektzustände kann als gemeinsame Abwehrorganisation verstanden
werden (P. Bründl 1998, S. 98). Denn die Notwendigkeit der Trennung
des Gefühlslebens von den realen sozialen Erfahrungen betrifft in einer
solchen Interaktionsstörung nicht nur die ursprünglich traumatisierten
Menschen, demnach die Eltern. Manchmal noch wirkmächtiger agiert
die dissoziative Kraft bei den Kindern, die keine eigenen Möglichkeiten
der Symbolisierung ihres Erlebens haben. Zur Entwicklung der Objektkonstanz gehört in traumatisierten Interaktionsmodi insofern auch die
Übernahme elterlicher Werte und Lebensdeutungen, die jedoch weder
Eltern noch Kinder in Worte fassen können (ebd.). In diesem Prozess aufkommende bedrohliche Affekte der Kinder können dann nicht *contained*
werden, da die Eltern sie selbst abwehren müssen (Bar-On 1995).

Dort, wo Vergangenheit dem Bewusstsein nicht zugänglich gemacht
werden kann, muss sie sich im Verhalten ausdrücken. Dies erscheint
dann vielfach unangemessen, da es einer eigentlich fremden Realität
entspringt, zum Beispiel der Zeit politischer Verfolgung oder der Bedrohung während der Flucht. Pädagogisch gesprochen: Das Erleben und
Verhalten der Kinder und Jugendlichen ist nur über die Entschlüsselung
der verbotenen, gleichsam dominanten familiären Themen zu verstehen
(Bräutigam 2000; Walter 1995). Eine derartige *Transposition* (Kestenberg
1974, 1982) elterlicher Realität in das Leben der Kinder findet ihren

Ausdruck vielfach in vier Verhaltensgeboten: Erstens in der erwünschten Konzentration auf zweckdienliche Tätigkeiten, verbunden mit geringer Introspektion. Zweitens im Gebot, Wut und Aggression zu unterdrücken, da solche Emotionen in der verinnerlichten Erlebenswelt der Eltern fatale Folgen haben können. Drittens in der Forderung, eigene Bedürfnisse zu verleugnen und viertens in der Vermeidung von autonomiefördernden Handlungen (Herzka et al. 1989, S. 49–55).

In der Sichtweise *Sequenzieller Traumatisierung* besteht die *Transposition* jedoch nicht isoliert von den Geschehnissen der weiteren Sequenzen der Verfolgung und der Zwangsmigration. Dies kann am Beispiel der Vermeidung von Wut und Aggression verdeutlicht werden: Diese ist nicht nur Notwendigkeit zur Überlebenssicherung während der unmittelbaren Verfolgung. Solcherart Verleugnungen innerer Modi werden durch die massiven Anforderungen, die der Neuanfang im Aufnahmeland bedeutet, oftmals zusätzlich unterstützt. Noch weitergehend: Die subjektive Gefährdung, die ein Ausagieren von Wut und Aggression darstellt, reinszeniert sich zudem in allen Sequenzen der Zwangsmigration. Auch während der Flucht oder im Rahmen des Asylverfahrens scheint die Zurückstellung aller aggressiven inneren Anteile oft die einzige Rettung zu bieten. Gerade die *Chronifizierung der Vorläufigkeit* (Sequenz vier) im Aufnahmeland bildet das Bedingungsfeld, das die Reduktion von Leben auf zweckdienliche Tätigkeiten unter Verleugnung innerer Modi notwendig erscheinen lässt. Dies geschieht zwar vor dem Hintergrund der zurückliegenden lebensgeschichtlichen Erlebnisse, kann jedoch kaum ohne die aktuelle soziale Erfahrungswelt verstanden werden.

Damit gewinnen die Tabus, die sich in familiären *Transpositionen* oder *Delegationen* (Stierlin 1978) Raum verschaffen, durchaus auch Bedeutung im aktuellen Lebenskontext. Ihre Verankerung im Hier und Jetzt macht die Entschlüsselung der in den früheren Sequenzen liegenden Traumatisierungen oft noch komplizierter.

Der historische Zusammenhang in der Entwicklung der zugrunde liegenden Konzeptionen hat eine herausragende Bedeutung der Extremtraumatisierungen zum Beispiel in Konzentrationslagern nahegelegt. Die aktuelle Realität der zweiten Generation war den massiven Übertragungen der traumatischen Erfahrungswelt auf die nachfolgenden Generationen dann vermutlich tatsächlich untergeordnet.

Die Annahme eines solchen Interaktionsverlaufs ohne Bezug zur sozialen Erfahrung der Gegenwart muss im Kontext von *Sequenzieller Traumatisierung* und Zwangsmigration allerdings kritisch hinterfragt werden. In jedem Fall darf die (unzweifelhaft bedeutsame) Entschlüsselung der historisch bedingten unbewussten familiären Dynamik nicht zur Vernachlässigung der realen Bedingungen der Gegenwart führen.

3.4.4 Allein mit den Belastungen: minderjährige, unbegleitete Flüchtlinge

Familiäre Interaktion findet auch dort statt, wo die wichtigsten Bezugspersonen physisch nicht erreichbar sind. Sei es als innerer Dialog mit den Eltern und Geschwistern, sei es, weil auch der fantasierte Kontakt einem Tabu unterliegt und in anderen Interaktionszusammenhängen ausagiert wird (Esguerra 1995).

Minderjährige, unbegleitete Flüchtlinge sind aus verschiedenen Gründen allein migriert. Manchmal sind die Eltern umgekommen, in anderen Fällen werden die jungen Menschen von ihren Familien allein nach Europa entsandt. Aufgrund der restriktiven Einwanderungspolitik der Europäischen Union erreichen nur wenige von ihnen ihre Zielländer in Europa. Die Situation dieser Jugendlichen ist jedoch in einigen Aspekten sehr spezifisch, eine Beschäftigung mit dieser Personengruppe demnach trotz der zurückgehenden Gesamtzahl erhellend. Die Anzahl der unbegleiteten, minderjährigen Flüchtlinge in Deutschland wird auf 5.000–10.000 geschätzt (Jordan 2000). Vonseiten des UNHCR gibt es keine detaillierten Angaben über die Größe dieser Gruppe. Lediglich wird darauf verwiesen, dass 46% aller statistisch erfassten Flüchtlinge (etwa 20 Millionen Menschen) unter 18 Jahre alt seien (UNHCR 2008). Wie viele davon jedoch ohne die Begleitung volljähriger Familienmitglieder flüchten, ist unklar.

Alle Sequenzen der Zwangsmigration sind für die jugendlichen Flüchtlinge von hoch belastenden, vielfach intersubjektiv traumatisierenden Erfahrungen geprägt. Auch für die minderjährigen, unbegleiteten Flüchtlinge müssen die sozialen Erfahrungen deshalb genau erfasst werden, um die subjektiven Realitäten verstehen zu können.

Die Ohnmacht, die Kinder und Jugendliche in Kriegs- und Gewaltsituationen erleben, kann massive Prozesse der Derealisierung auslösen.

Das heißt, die Grenzen zwischen Fantasie und Realität sind in diesem Kontext oft nicht mehr aufrechtzuerhalten (Walter 1995). Flüchtende Jugendliche bleiben mit ihren Erfahrungen allein, sie müssen den »Verlust der Bezugspersonen, des Freundeskreises und der gewohnten Umgebung« (Jordan 2000, S. 27) ertragen. Bereits die erste Sequenz der Zwangsmigration bedeutet für die unbegleiteten Jugendlichen demnach nicht selten eine schwere Belastungserfahrung. Auch ihr Fluchtweg ist aufgrund mangelnder Alternativen sehr häufig durch traumatische Erlebnisse gekennzeichnet. Nur wenige minderjährige, unbegleitete Flüchtlinge reisen legalisiert in die Zielländer ein, viele haben lange Reisen per Bus, Boot, LKW und zu Fuß hinter sich. Die perimigratorischen Extremerfahrungen erzwingen aggressive oder regressive Reaktionen. Die Erfahrung des Disempowerments, die Jugendliche als Objekte des Handelns lokaler und staatlicher Stellen in Drittländern sowie an den Europäischen Außengrenzen erleben, fördert regressive Erlebens- und Verhaltensmuster, erworbene Symbolisierungskompetenzen können verloren gehen (Diepold 1998).

Auch die Sequenz des Neuanfangs im Aufnahmeland ist vielfach durch hoch unsichere Beziehungsmodi und größte Unsicherheiten im Hinblick auf Gegenwarts- und Zukunftsperspektiven geprägt (Lennertz 2004; Podlech 2005). Die Trennung von den primären Bezugspersonen stellt angesichts der großen Herausforderungen stets eine spezifische und unausweichliche Extrembelastung dar. Der innere Dialog mit den Eltern und nahen Beziehungspersonen des gewohnten kulturellen Raumes ist so oft kaum aufrechtzuerhalten. Denn die traumatische Erlebenswelt bedingt Schutzmechanismen gegen die Erinnerung an die primären Objekte (Diepold 1998). Schuldzuschreibungen und notwendige Identifikationen mit den Aggressoren sind häufige innerpsychisch notwendige Reaktionen. Die Dissoziation von Gefühlen und realen Erfahrungen dient der Nicht-Konfrontation mit der eigenen Überflutung und Überforderung. Dem entsprechen lose Bindungsmuster auch im Exil, die als Reinszenierungen von verinnerlichten Bindungserfahrungen zu verstehen sind (Lennertz 2004).

Die lebensgeschichtliche Phase der Trennung in der Adoleszenz kann demnach nicht in einem notwendigen Wechselspiel aus Nähe und Distanz bewältigt werden. Stattdessen dominieren Spaltungen in idealisierte und entwertete Objekte. Je überfordernder die Herausforderungen des Alltags empfunden werden, desto geringer sind die Chancen auf eine gelungene neue innerpsychische Integration in der vierten Sequenz (Minde 1988). Altersangemessene und kulturell-sensible Formen der Trauer ermöglichen die Bearbeitung der Vorerfahrungen (Podlech 2005). Eine solche ist vielfach davon abhängig, ob sich die Betroffenen als Gestaltende ihres eigenen Lebens wahrnehmen (Egger 2003). Das fremdbestimmte Leben in Massenunterkünften, Bildungs- und Arbeitsrestriktionen und die Residenzpflicht gefährden den Wiederaufbau eines inneren Kohärenzgefühls jedoch massiv. Peltzer (1993, S. 119) spricht in diesem Zusammenhang von einer Form der »Erlernten Hilflosigkeit«. Die Sequenz vier ist somit typisches Ausdrucksfeld für die traumabezogenen Symptomatiken, da die Selbst- und Objekterfahrungen der Jugendlichen in dieser Phase vielfach wiederholenden, keinen heilenden Charakter haben (Becker 2006; Neumann 1995). Die Personen, mit denen die Jugendlichen in Kontakt kommen, haben nicht selten fast grenzenlose Macht über deren Leben (z. B. die psychologischen Gutachter, die über eine Anerkennung der Verfolgung mitentscheiden).

Die pädagogischen Fachkräfte, die ernsthaft bemüht um das Schicksal der Jugendlichen sind, werden oft in einen Kreislauf von destruktiven sozialen Bedingungen und ebenso destruktiven Inszenierungen der Jugendlichen verstrickt, der relativ schnell in einem Gefühl des Ausgebranntseins münden kann. Mitarbeiterinnen und Mitarbeiter in Organisationen der Jugendhilfe erleben die Bindungslosigkeit und Desorientierung vieler der jungen Zwangsmigrierten als besondere Herausforderung (Almqvist 1997). Kraushofer (2004, S. 173) spricht davon, dass ein Einfühlen in die Erlebensmodi dieser Jugendlichen einem Eintritt in eine Welt »voller feindlicher oder zerstörter Objekte« entsprechen wurde. Eine Bearbeitung der Vorerfahrungen, die mit der oft feindlich und fremd erlebten Umwelt der Gegenwart interagieren, benötigt also unzweifelhaft Rahmenbedingungen, die als haltend, ausreichend sicher und Schutz gewährend erlebt werden (Ding 2009).

Vor dem Hintergrund des hiermit Skizzierten kann begründet davon ausgegangen werden, dass spezifische Beeinträchtigungen im psychosozialen als auch im kognitiven Bereich häufige Symptome von Zwangsmigrationen bei unbegleiteten, minderjährigen Flüchtlingen sind. Kennzeichnend für viele der Jugendlichen dürfte ein großer Bindungswunsch gegenüber Lehrenden in der Schule sein. Dieser Bindungswunsch kann jedoch entweder gar nicht zum Ausdruck gebracht werden, da er vor dem Hintergrund der Vorerfahrungen abgewehrt werden muss, oder wird kurzzeitig dargestellt und dann für alle Beteiligten schmerzhaft abgebrochen (Baulig 2003; Büse-Kastner/Mauthe-Schonig 2006).

3.5 Schulische Situation zwangsmigrierter Kinder und Jugendlicher

3.5.1 Politische Rahmenbedingungen

Der Besuch der Schule im Aufnahmeland bedeutet für Jugendliche mit dem Erfahrungshintergrund Verfolgung und Zwangsmigration ein enorm wichtiges und strukturierendes Element in ihrem Leben (Neumann 1995).

Für Kinder und Jugendliche mit einer Aufenthaltsgestattung oder im Status der Duldung ist der Schulbesuch in den meisten Fällen gesichert. Trotz gesetzlicher Fortschritte in den letzten Jahren gibt es in einigen Bundesländern jedoch weiterhin unklare Vorschriften. Eine Schulpflicht für Kinder und Jugendliche mit unsicherem Aufenthaltsstatus ist dabei nicht immer festgeschrieben. Obwohl ein Schulbesuchsrecht besteht, kann der Besuch in diesen Fällen daran scheitern, dass mit Verweis auf die fehlende Schulpflicht materielle Leistungen (etwa der Transport vom Wohnheim zur nächstgelegenen Schule) verweigert werden (Terre des hommes 2005, S. 4). Nur die generelle Ausdehnung der Schulpflicht für Kinder und Jugendliche ohne gesicherten Aufenthaltsstatus verpflichtet demnach Eltern und Behörden dazu, den Schulbesuch dieser Personengruppe zu realisieren.

Gänzlich anders ist die Situation für Kinder und Jugendliche, die ohne gültige Papiere in Deutschland leben. Sie haben oft keine Möglichkeit des Schulbesuchs. Bis auf wenige Ausnahmen in einzelnen Bundesländern sind Kinder, deren Familien keinerlei Aufenthaltsstatus in Deutschland besitzen, nicht von der Schulpflicht erfasst (ebd., S. 9). Nach §87 AufenthG müssen auch Bildungsinstitutionen die zuständige Ausländerbehörde informieren, »wenn sie vom Aufenthalt eines Ausländers, der keinen Aufenthaltstitel besitzt« (BM Justiz 2004, S. 62), erfahren. Dennoch gab es in der Vergangenheit viele Schulen, die in Deutschland lebende

Kinder und Jugendliche ohne gültige Papiere aufgenommen haben. Die für alle aufgenommenen Kinder verbindliche Registrierung in einem Schulregister, wie 2006 in Hamburg eingeführt, dürfte die von sofortiger Abschiebung bedrohten Eltern und die einer potenziellen Strafverfolgung ausgesetzten Schulleiterinnen und Schulleiter jedoch davon abhalten, betroffene Kinder in einer Schule anzumelden (Cremer 2006).

Problematisch ist die Situation auch für Jugendliche, die das Alter der Schulpflicht überschritten haben, jedoch nur eine kurze oder keine Schulbesuchszeit im Herkunftsland oder in Deutschland aufweisen. Für sie besteht keine amtliche Verpflichtung mehr, ihnen den Schulbesuch zu ermöglichen.

3.5.2 Zwangsmigration und Störung – institutions- und individuumszentrierte Erklärungsmuster

Kinder und Jugendliche mit gravierenden seelischen Verletzungen, die ihr Bedingungsfeld in Zwangsmigrationen haben, versuchen in allen Schultypen ihr Leben zu meistern. Überproportional oft lernen sie jedoch in Haupt- und Sonderschulen. Auch für die größere Gruppe der Lernenden mit Migrationshintergrund gilt, dass sie in den Förderschwerpunkten Lernen sowie emotionale-soziale Entwicklung deutlich überrepräsentiert ist (Kornmann 2003, S. 81–83). Dieser statistisch klaren Aussage stehen jedoch kaum hilfreiche Erklärungsansätze zur Seite. »Ihre [der statistisch-quantitativen Erhebungen] Ergebnisse [leisten] ethnisierenden, stereotypisierenden und diskriminierenden Zuschreibungen Vorschub« (ebd., S. 85).

Ein im deutschen Raum noch wenig etabliertes Erklärungsmodell für schulische Benachteiligungen im Kontext von Migration, das der *Institutionellen Diskriminierung* (Gomolla/Radtke 2002; Steiner-Khamsi 1998), beschreibt das Bedingungsfeld für derartige Entwicklungen im Gegensatz dazu als Teil der schulischen Dynamik. In der Logik der *Institutionellen Diskriminierung* werden die durch die Schule selbst hergestellten Unterschiede einer bestimmten Gruppe und deren vorgeblicher kultureller Eigenheit zugeschrieben und negativ bewertet (Flam/Schönefeld 2007). Der seitens der Institution immer noch vielfach vorherrschende Ausweg, die schulische Aussonderung des störenden Schülers/der störenden

Schülerin (meist verbunden mit der Zuschreibung eines sonderpädago-gischen Förderbedarfs), ruft inzwischen eine große Anzahl an kritischen Reaktionen hervor. Die Kritik richtet sich dabei primär gegen die soziale Selektion, die durch die schulische Aussonderung zementiert wird. Dies gilt in besonderer Weise für Kinder und Jugendliche mit Migrationshin-tergrund (Hinz 1993; Ucar 1996).

Die Betrachtung institutionalisierter Formen der Ausgrenzung hilft, soziale Benachteiligungen aufzuspüren und gesellschaftliche Zuschrei-bungs- und Stigmatisierungsprozesse ins Blickfeld der Aufmerksamkeit zu rücken (vgl. auch Bauman 1995; Goffman 1967). Eine Konzentration auf institutionalisierte Benachteilungen befreit »die Individuen von der Bürde der ihnen zugeschriebenen Defizite« (Apitzsch 2003, S. 71).

Gleichzeitig aber führt eine solche Polarisierung in eine Sackgasse, in der die subjektiven Realitäten der Lernenden und die Macht der Reinsze-nierungen, die sich in der Schule zeigt, zu wenig ernst genommen werden (Ahrbeck 2006; Münch 1984). Wird die Verantwortung für gestörte Entwicklungs- und Interaktionsprozesse ausschließlich im Versagen der Institutionen und speziell der Schule gesucht, werden zwangsläufig zentrale Aspekte der inneren Realität der betroffenen Schülerinnen und Schüler vernachlässigt.

Es gibt neben dem institutionszentrierten Modell der *Institutionellen Diskriminierung* eine Reihe von auf das Individuum und seine sozialen Beziehungen fokussierenden Erklärungsmuster für gestörtes Erleben und störendes Verhalten. Die herrschende Konkurrenz der wissenschaftlichen Fachrichtungen muss hier nicht ausführlich dargestellt werden, da sie in der einschlägigen Literatur vielfach aufgearbeitet worden ist (Myschker 2002; Gerspach 1998, 2006). Die psychologischen und soziologischen Verständnisse haben nicht generell an Bedeutung verloren (Ahrbeck 2004). Traditionelle, an konservative psychiatrische Lehren anknüpfende medizinische Modelle müssen unter Einbezug der Ergebnisse von Hirn-forschung und Epigenetik jedoch als veraltet bezeichnet werden (Bower/ Sivers 1998; Hüther 2006).

Angesichts des vielfältigen Bedingungsfeldes für gestörtes Erleben und Verhalten im Kontext von Zwangsmigration erscheint sowohl die pauschale Kritik an sozialen Institutionen als auch eine (kulturalistisch gefärbte) Etikettierung der Individuen eher als Verleugnung der tatsäch-lichen Problematik (Schmitt 2004).

Zur sinnvollen Beschreibung schulischer Marginalisierung bedarf es demnach der Erfassung des Zusammenwirkens äußerer sozialer Erfahrungen und subjektiver Verarbeitungsstrategien. Die sozialen Extremerfahrungen und hochgradig beeinträchtigten inneren Verarbeitungsmodi, die ein Trauma definieren, sind bislang jedoch kaum als Grundlage pädagogischen Handelns erkannt worden. Dies gilt besonders für Traumatisierungen im Kontext von Zwangsmigrationen.

Richtig verstanden kann die Sonderpädagogik als diesbezügliche Leitwissenschaft unabhängig von der Frage ihres institutionellen Wirkens dazu beitragen, traumatisierten, als schwierig empfundenen Kindern und Jugendlichen eine schulische Karriere zu ermöglichen, die ihren individuellen Voraussetzungen entspricht. Pädagogisches Verstehen bietet dabei einen wesentlich besser geeigneten Zugang zur Erfahrungswelt der Individuen, als dies ein medizinisch-psychiatrisches Verständnis leisten kann. Aus der Analyse der schulischen Strukturen und Beziehungsdynamiken, die sowohl gelungene als auch scheiternde Entwicklungen mitbedingen, lassen sich Schlüsse ziehen, welche institutionellen, fachlichen und psychosozialen Veränderungen zu einer erfolgreichen Schulkarriere führen können. Einige Vorschläge werden dazu im Abschlusskapitel dieses Buches vorgelegt.

3.5.3   Zwangsmigration und Lernen

Ausgehend von dem oben Beschriebenen können wesentliche Spezifika für die Lernsituation zwangsmigrierter, traumatisierter Jugendlicher beschrieben werden. Hierbei müssen demnach immer individuelle, interpersonelle und institutionelle Aspekte erfasst werden, um sinnhafte Aussagen über Lernmöglichkeiten dieser Gruppe treffen zu können.

Schule kann der ideale Ort für die Verinnerlichung des sprachlichen und sonstigen kulturellen Bedeutungssystems der neuen Umgebung sein: Die Kombination aus einem notwendigen Moratorium (zum Beispiel in Form von Vorbereitungsklassen) und gleichzeitiger Beziehungsaufnahme zu einheimischen Schülerinnen und Schülern (frühzeitiger gemeinsamer Unterricht in einzelnen Fächern, individuell-zügige Einschulung in die Regelklasse) entspricht vielfach den spezifischen Bedürfnissen zwangsmigrierter Schülerinnen und Schüler (vgl. auch Schmitt 2004).

Beispiele erfolgreicher Bildungsverläufe geben Anhaltspunkte zu notwendigen Rahmenbedingungen und Beziehungsdynamiken: Wo Bildungsangebote erfolgreich angenommen und bewältigt werden, ist dies meist eine Folge gelungener Zusammenarbeit engagierter Lehrerinnen und Lehrer mit den Eltern in entsprechenden flexiblen und haltenden Institutionen. Hiermit verbunden ist die Aufnahme äußerer Gestaltungselemente in der Schule, die auf die gemischt-ethnische Zusammensetzung der Lernenden hinweisen (Auernheimer 2001). Individuelle Berichte bezeugen, dass dann auch unter schwierigen äußeren Bedingungen eine soziale Integration und gute Lernerfolge möglich sind (Delen/Nafilo 2006).

Dennoch muss es auch pädagogische Aufgabe sein, Scheitern nachvollziehbar zu machen. Schulisches Scheitern folgt einem psychosozialen Prozess, der auf der individuellen, interpersonalen und institutionellen Ebene durch Mangel und Abwehrkonstellationen geprägt wird. Diese interagieren miteinander und verstärken sich vielfach (vgl. Mentzos 1988).

Unter der einseitigen Maßgabe einer kognitiv orientierten Förderung gerät aus dem Blick, dass die Lernmöglichkeiten durch eine Vielzahl von miteinander interagierenden Komponenten geprägt werden. Dies gilt für alle Heranwachsenden. Die psychosozialen Bedingungen des Lernens zwangsmigrierter Kinder und Jugendlicher unterscheiden sich jedoch in wesentlichen Aspekten von denen Mitlernender ohne entsprechenden Erfahrungshorizont (Auernheimer 1988; Flam 2007).

Ein erster von drei hier nur zu skizzierenden Aspekten bezieht sich auf die kurzfristigen Folgen der Migration: Diese zerstört, zumindest partiell, den »potentiellen Raum« (Winnicott 1992) zwischen einem Individuum und der Umwelt. Dies gilt noch stärker für Kinder und Jugendliche als für Erwachsene, da die Möglichkeiten, die Umwelt kognitiv aufzunehmen, für sie noch eingeschränkt sind (Grinberg/Grinberg 1990). Ein Selbst-Bewusstsein muss am neuen Ort erst wieder entwickelt werden. Ein derartiger Prozess wird dann vielfach misslingen, wenn auch die innerfamiliären Beziehungen stark erschüttert werden, so meist im Kontext von Zwangsmigrationen (Apitzsch 2003; Scheifele 2003). Viele Kinder nehmen dabei wahr, wie hilflos ihre eigenen Eltern auf die neue Situation reagieren; die Identitätsbildung der Kinder, die in Familien mit plötzlich veränderten Hierarchieverhältnissen aufwachsen, ist nachhaltig beeinträchtigt (Herzka et al. 1989). Der doppelte Verlust – der gewohnten elterlichen Objekte und des potenziellen Raumes, in dem Interaktion stattfindet –, wirkt sich in besonderer Weise auf die Lernkapazitäten aus. Die Möglichkeiten des kreativen Denkens und der aktiven Interaktion zwischen zwei Menschen müssen erst wieder hergestellt werden. Dies gelingt unterschiedlich gut.

Ein zweiter Gesichtspunkt ist die Orientierung der Kinder und Jugendlichen zwischen zwei verschiedenen kulturellen Bezugssystemen: Heranwachsende mit Migrationshintergrund empfinden vielfach den Zwang, sich zwischen den elterlichen und den schulischen Normen zu entscheiden. Dies muss nicht, aber kann einen ernsthaften Loyalitätskonflikt auslösen (Apitzsch 2003; Schiffauer 2002). Der Loyalitätskonflikt wird verschärft, wenn die elterlichen Aufträge selbst ambivalent sind: So können die Kinder einerseits den Auftrag erhalten, die Familie in die Ankunftsgesellschaft zu integrieren, andererseits sollen sie die Herkunftskultur der Eltern möglichst gut leben (Stierlin 1978). Die daraus resultierenden Feindseligkeiten gegen die Eltern, aber auch ein starkes Misstrauen gegen die neue Heimat stellen für viele Kinder und Jugendliche entscheidende Hindernisse für zielgerichtetes, intrinsisch motiviertes Lernen da (Grinberg/Grinberg 1990). Hier reinszenieren sich auf interpersoneller und institutioneller Ebene Spaltungsvorgänge, die das Erleben der Kinder und Jugendlichen selbst prägen. Sie haben deswegen stabilisierende und verstärkende Funktion in Bezug auf bereits vorhandene innerpsychische Konflikte und ausagierte Störungen (v. Freyberg/Wolff 2005).

Ein dritter, wichtiger Aspekt bezieht sich auf die Sprachkenntnis: Schülerinnen und Schüler mit Migrationshintergrund sind in aller Regel mehrsprachig, große Varianzen bestehen jedoch in der Beherrschung der Mutter- wie auch der Residenzsprache. Eine Integration beider sprachlicher und damit symbolischer Interaktionssysteme wird in der Schule kaum gefördert: »[A]ber fest steht, dass im gegenwärtigen Erscheinungsbild der Schule die besonderen Sprachfähigkeiten Zugewanderter, vor allem ihre Formen von Mehrsprachigkeit, nicht zu den ausschlaggebenden Leistungsbereichen zählen« (Gogolin 2003, S. 39).

Der institutionalisierte Monolingualismus (abgesehen von den in der Schule gelehrten Fremdsprachen) hat Auswirkungen nicht nur auf alle Lernbereiche, sondern ist wesentlich für das Misslingen psychosozialer

Entwicklung mitverantwortlich. »Die monolinguale und monokulturelle Prägung von Schule und Unterricht« (Dietrich 2001, S. 69) ist ein häufiges Hindernis auf dem Weg zur Teilhabe von Schülerinnen und Schülern mit Migrationshintergrund und ihren Eltern. Diesen Komplex ausführlich darzustellen, würde zu weit führen; hierzu gibt es auch ausreichend Forschungsliteratur (u. a. Auernheimer 2001; Dietrich 2001; Gogolin 2003).

Daneben und gleichsam mit dem oben Skizzierten verwoben, gibt es eine Reihe innerpsychischer Gründe, die das Erlernen der deutschen Sprache erschweren, wobei sich Zwangsmigrationen in ihren Auswirkungen hierbei von freiwilligen Migrationen deutlich unterscheiden. Generell fällt es Kindern zwar leichter als ihren Eltern, die neue Sprache zu erlernen (mit oft schwerwiegenden Folgen für die familiäre Rollenverteilung, vgl. Kap. 3.4.2), aber bei ihnen gilt auch, dass es verstärkt zu Schuldgefühlen kommt, etwa gegenüber den Eltern und gegenüber der als *Mutterland* empfundenen Ur-Heimat, wenn die neue Sprache die alte verdrängt, statt zu ergänzen (Grinberg/Grinberg 1990, vgl. Kapitel 3.4.2).

Mit einer neuen Sprache ist immer ein neues Symbolsystem verbunden. Gelingt es nicht, beide Systeme produktiv zu nutzen, kommt es verstärkt zu Vieldeutigkeiten und Widersprüchen. Misslungene Zweisprachigkeit bedingt demnach psychische Entwurzelung und kann zu sozialer Entfremdung führen (Winter-Heider 2009). Der Rückzug auf die Muttersprache der Eltern kann einen (inadäquaten) Lösungsversuch insofern darstellen, als dass er einen eigenen Raum aufrechterhält, der nicht aufgegeben werden soll (Scheifele 2003; Schmitt 2004). Ein solcher Rückzug ist darüber hinaus zumindest vorübergehend angstmindernd, da er nicht verlangt, zwischen zwei Sprachen und damit Bedeutungssystemen hin- und herzuwechseln (Nguyen/Malapert 1988).

Es bleibt anzumerken, dass diese Prozesse für Kinder und Jugendliche mit eigenen Zwangsmigrationserfahrungen gelten, aber auch für die Kinder und Enkel der Migrantinnen und Migranten.

Schulbesuch kann deshalb auch bedeuten: eine Überforderung für das Kind oder den Jugendlichen/die Jugendliche, die Verinnerlichung sich wiederholender, unsicherer Beziehungsmodi durch vielerlei Wechsel, das Erleben von Anders-Sein und Ausgrenzung (Delen/Nafilo 2006; Freire/Pacull 1995; v. Freyberg/Wolff 2005). Die Beurteilung schulischen Erfolgs kann sich jedoch niemals nur an den erbrachten Leistungen orientieren.

Eine ganze Reihe der äußerlich angepassten jungen zwangsmigrierten Menschen ist auf der Leistungsebene erfolgreich. Dies kann, wie in den Einzelfalldarstellungen zu zeigen sein wird, jedoch durchaus mit einer massiven inneren Zerstörung einhergehen, diese sogar verstärken, wenn der schulische Druck zu groß ist. Schulische Integration muss deshalb stets als doppelte, als äußere im Sinne von Bildungserfolg und als innere im Sinne psychischer Stabilisierung, verstanden werden.

3.5.4 Zwangsmigration, Erleben und Verhalten

Letztgenannter Aspekt verweist bereits auf die Verantwortung der Schule für die psychische Gesamtentwicklung zwangsmigrierter Jugendlicher. Der Schulbesuch erfüllt insofern auch hinsichtlich des Erlebens und Verhaltens bedeutsame Funktionen. Zum einen kann die Schule den Jugendlichen einen neuen Erfahrungsraum bieten, der positive Beziehungen ermöglicht und dem Tagesablauf eine Ordnung gibt. Zum anderen befreit der Schulbesuch Kinder und Jugendliche zumindest für einige Stunden am Tag von der belastenden Situation in überfüllten, oftmals durch unterschwellige oder manifeste Aggressivität gekennzeichneten Lebenssituation in Wohnheimen (Schmitt 2004; Neumann 1995).

Viele der zwangsmigrierten, mit traumatischen Erfahrungen belasteten Jugendlichen finden im Beziehungsgeschehen in der Schule jedoch keinen entlastenden Raum im Sinne des *Containments*. Hierzu würde es einer pädagogischen Situation bedürfen, in der die Bezugspersonen der beeinträchtigten Jugendlichen die aggressiven und störenden Impulse aushalten können und so den Zwang zur Wiederholung zumindest abschwächen (v. Freyberg/Wolff 2005). Das Fehlen eines solchen Raumes hat vielfach zur Folge, dass sich die Jugendlichen durch das Ausagieren depressiver oder aggressiver Verhaltensweisen vor übermächtigen, angstauslösenden inneren Bildern schützen müssen. Beide Grundformen des vielfach als störend empfundenen Verhaltens (aggressiv-ausagierend und depressiv-zurückgezogen) müssen demnach als mögliche Konsequenz hoch belastender Lebenserfahrungen erfasst und in den pädagogischen Diskurs einbezogen werden. Geschieht dies nicht, besteht die Gefahr eines unbewusst inszenierten destruktiven Zusammenspiels der Jugendlichen, der pädagogischen Fachkräfte und der Institutionen (v. Freyberg/ Wolff 2005; Kraushofer 2004). In einem solchen Zusammenspiel werden unreflektiert die ungünstigen Beziehungserfahrungen wiederholt, was zu Brüchen und gegenseitigen Entwertungen führen muss.

V. Freyberg/Wolff (2005, 2006) und Ahlheim (2005) legen überzeugend dar, in welchem Maß das institutionelle Versagen der Systeme Schule und Jugendhilfe und die Beziehungsdynamik, in die (auch viele gut meinende) Lehrerinnen und Lehrer und sogenannte schwierige Jugendliche miteinander geraten, negativ interagieren. Unverarbeitete traumatische Prozesse, die zudem meist nicht abgeschlossen sind, sondern denen in Form institutioneller Barrieren und destruktiver Interaktionsstrukturen weitere Sequenzen hinzugefügt werden, sind in diesen Dynamiken von besonderer Relevanz: In vielen Fällen wird passiv Erlebtes in aktiv Zugefügtes, demnach aggressiv nach außen Agiertes, umgewandelt (Leuzinger-Bohleber 2006). Ein solcher Zusammenhang ist in Fallanalysen oft analysiert worden (Cohen 2004; v. Freyberg/Wolff 2005, 2006; Heinemann 2003).

Ähnlich schwierig ist die schulische Situation für Kinder und Jugendliche, die depressiv sind, deren innere Konflikte sich in Passivität und Zurückgezogenheit ausdrücken (Bittner 1996). Lennertz (2004) weist darauf hin, dass die (vordergründig) nicht auffälligen zwangsmigrierten Kinder und Jugendlichen im pädagogischen Alltag oft übersehen werden. Sie vollbringen jedoch größte Assimilationsleistungen. Solche reinen Assimilationsleistungen, bei denen die bisherige Identität ausgelöscht oder verleugnet werden muss, lösen massive Stressbelastungen aus und können zu pathologisch relevanten Störungsbildern führen (Berry 1988). Eine mögliche Folge kann die generelle Vermeidung eigener Gefühle sein: Die traumatisierten Eltern sollen entlastet, das eigene Gefühl der Überforderung (und das der Bezugspersonen, wenn sie vom Ausmaß der Zerstörung erführen) in jedem Fall vermieden werden. Unausgesprochen dürfte dieses Anliegen mit den Wünschen vieler Pädagoginnen und Pädagogen positiv korrelieren, die die innere Welt der Jugendlichen zumindest unbewusst ebenso als bedrohlich erleben (Kraushofer 2004).

Die Beziehungsdynamiken sind in beiden Fällen von Übertragungsprozessen gekennzeichnet, in denen Pädagoginnen und Pädagogen sowie Lernende in destruktive Prozesse verwickelt werden, die einem Kampf um Macht und Anerkennung gleichen. Statt reflektierter Wahrnehmung der Gegenübertragung, die die »Wünsche, Vorbehalte oder Ängste, aber auch die erahnten Erwartungen seines Gegenübers« (v. Freyberg/Wolff 2006, S. 26) erspürt und pädagogisch entsprechend handlungsfähig macht, führen die in diesem Bereich viel zu geringen Qualifikationen der meisten Lehrerinnen und Lehrer zum Phänomen des zwar gut meinenden, aber »hilflosen Helfers« (Schmidbauer 1977).

Wo Scheitern stattfindet, wird, wie oben beschrieben, häufig den Jugendlichen die alleinige Schuld zugewiesen. Darüber hinaus werden schulische Rahmenbedingungen, etwa übergroße Klassen und häufiger Wechsel der Bezugspersonen, für das Scheitern verantwortlich gemacht.

Beide Begründungen sind auf der sachlichen Ebene nicht falsch: Es gibt Jugendliche, bei denen auch reflektierte pädagogische Arbeit vor einer sehr schwierigen Aufgabe steht und es gibt vielfach schulische Bedingungen, die jeder gelungenen Beziehungsarbeit diametral entgegenstehen. Beide Erklärungszugänge entsprechen aber auch der Abwehr der eigenen Gegenübertragungsgefühle. Die eigene Ohnmacht oder der eigene Hass gegenüber dem *Störer*, der *Störerin* finden kaum Eingang in die Berichte über gescheiterte Schulkarrieren. Das Bild von allmächtigen Professionellen, die auf jede Situation die adäquate Antwort wissen, ist mitverantwortlich für die Notwendigkeit solcher Abwehrprozesse. Verstärkt werden derartige Reaktionsformen durch den mangelnden Raum für Reflexion, im Besonderen für Supervision (Büse-Kastner/ Mauthe-Schonig 2006; Figdor 2006; Gerspach 1998).

Die Schule erfüllt deshalb oft nicht die Funktion eines Schutzraumes vor einer als feindselig und fremd erlebten äußeren Welt. Der vorhandene Handlungsspielraum, den Pädagoginnen und Pädagogen trotz organisatorischer Zwänge haben, wird vielfach negiert. Die Konzentration auf kognitiv-regelgeleitetes Spracherlernen fördert bei traumatisierten Kindern und Jugendlichen eher die Verdrängung, als dass sie zur Auseinandersetzung mit Vorerfahrungen anregt. Die oben dargestellten institutionellen Hindernisse und die sich entwickelnden, nicht reflektierten Beziehungsdynamiken führen vielfach dazu, dass Lehrerinnen und Lehrer nicht als verlässliche Bezugspersonen erlebt werden. Die Ausbildung von guten inneren Objekten in der neuen Heimat wird dementsprechend massiv erschwert (Schmitt 2004).

Im Kontext eines traumatischen Prozesses bietet die Schule damit oft *ein* Bedingungsfeld für fehlende innere und äußere Integration in den Sequenzen drei bis sechs. Darüber hinaus ist sie, insofern die traumatische Erfahrungswelt nicht als pädagogisch relevantes Problem erkannt wird, Teil einer *Chronifizierung der Vorläufigkeit* (Sequenz vier). Das gilt insofern, als dass die beschriebenen psychischen Prozesse unbearbeitet bleiben.

Die eher verleugnende Grundhaltung der Schule gegenüber traumatischer Erfahrungswelt manifestiert das traumatische Erleben als Kernbestandteil der inneren Welt der Jugendlichen. Die potenziell kathartische Funktion von Schule bleibt damit allzu oft ungenutzt.

Vor dem Hintergrund der diesbezüglichen besonderen Problemlage zwangsmigrierter Jugendlicher erscheint eine an subjektiven Realitäten ausgerichtete Forschung dringend notwendig. Aus dieser können, so die berechtigte Hoffnung, angepasste Förderangebote für pädagogische Arbeit abgeleitet werden.

Im folgenden Kapitel wird deshalb die Konzeption eines solchen Forschungsprojekts vorgestellt, die Kapitel fünf und sechs dienen der Darstellung der Ergebnisse.

TEIL II:
Qualitative Untersuchung

4. Das Forschungsdesign: ein tiefenhermeneutisch-qualitativer Zugang

4.1 Lebensgeschichtliche Konflikte als Thema der Forschung

Jugendliche mit Zwangsmigrationshintergrund stellen eine zwar beachtete, meist jedoch vorschnell stereotypisierte Gruppe Lernender dar. Die Aufmerksamkeit der (Bildungs-)Öffentlichkeit erregen dabei vor allem Jugendliche mit dissozialem und delinquentem Verhalten. So wurde die vorgeblich besonders hohe Aggressivität zwangsmigrierter Jungen mitverantwortlich für die Einführung von Sicherheitspersonal an einigen Berliner Schulen gemacht. Zurückgezogene, depressive und scheinangepasste Lernende werden sowohl in der Forschung als auch im Klassenzimmer *übersehen*, was durchaus im Wortsinn verstanden werden kann (Auernheimer 1988, 2001; D. Zimmermann 2009). Die inneren Realitäten der Jugendlichen finden im Kontext von Schule und Lernen – und dazu gehört auch die pädagogische Forschung und Lehre – allzu selten Beachtung.

Mithilfe exemplarischer Falldarstellungen sowie der reflektierten Einbeziehung des Forschungsverlaufs kann eine bisher weitgehend unbeachtete Sichtweise auf die lebensgeschichtlichen Erfahrungen und inneren Erlebensmodi der zwangsmigrierten Jugendlichen erreicht werden (vgl. Datler 1995; Fischer 1995).

Die vorliegende Untersuchung zielt demnach auf das Verständnis vergangener und aktueller subjektiver Realitäten der Jugendlichen und ihrer Widerspiegelung in sozialen Interaktionen. Der Analyse von Kommunikations- und Interaktionssequenzen kommt eine herausgehobene Bedeutung zu. Mithilfe der »Rekonstruktion der subjektiven Sichtweisen und Deutungsmuster« (Flick et al. 2000, S. 20) werden Rückschlüsse auf die inneren Bedeutsamkeiten, Ängste und Ziele der Individuen angestrebt. Der vergangene und aktuale Interaktions- und Handlungskontext der Interviewten wird dabei als konstitutiv für die subjektive Konstruktion der Wirklichkeit mitbeachtet und nicht von dieser isoliert.

Das Ziel des Verstehens von Sinnzuschreibungen und Interpretationsleistungen der handelnden Subjekte erfordert ein Nachvollziehen komplexer Bedingungen menschlichen Erlebens und Handelns. Einzelaussagen können demnach nur im Kontext ihres Entstehens und in der Zusammenstellung mit anderen Aussagen ihre Sinnhaftigkeit entwickeln (Bohnsack 2003). Nur so können die wechselseitigen Zusammenhänge von sozialen Rahmenbedingungen und innerpsychischen Erlebensmodi erfasst werden.

Der Datenerhebung wird ein kommunikativer und dialogischer Charakter zugeschrieben, der damit auch Anteil an der »Re-Konstruktion der sozialen Konstruktion der Wirklichkeit« (ebd., S. 21) hat. Der Reflexivität des Forschers kommt in der Untersuchung deshalb eine zentrale Bedeutung zu.

Die Durchführung und Zielstellung der vorliegenden qualitativen Untersuchung grenzt sich demnach in vielerlei Hinsicht von den Grundlagen quantitativer Studien ab. Eine klare Isolierung von Ursachen und Wirkungen sowie die möglichst komplette Ausschaltung von Subjektivität aufseiten der Untersuchenden und Untersuchten stehen dem hier vorliegenden Forschungsinteresse diametral entgegen. So existieren zwar eine Reihe großer quantitativer Studien zur PTBS-Prävalenz, deren Aussagekraft hinsichtlich der spezifischen Problemlage, Bedürfnisse und Ressourcen der Zielgruppe jedoch hochgradig fragwürdig ist (vgl. de Jong et al. 2000; Perkonigg et al. 2005).

Der detaillierte theoretische Rahmen, der im ersten Teil der Arbeit dargestellt wurde, dient dem Forschungsprozess; das heißt, Vorannahmen werden als ausdrücklich notwendig für das tiefer gehende Verständnis der inneren Realitäten der Jugendlichen verstanden. Die Nutzung und Weiterentwicklung des Konzepts der *Sequenziellen Traumatisierung* stellt demnach eine hilfreiche und den Forschungsprozess strukturierende Vorannahme über das Erleben vieler betroffener Jugendlicher dar. Gleichermaßen bewahrt die Forschung sich ein großes Maß an Offenheit, da nicht die Prüfung der Theorie das Ziel der Untersuchung ist, sondern vielmehr eine erweiterte, fundierte Konzeptbildung.

Mit der Trauma-Kategorie als solche, von D. Becker (2006, S. 177) als »wissenschaftliches Konstrukt« bezeichnet, kann individuelles Erleben stets nur unzureichend abgebildet werden. Dient sie jedoch als Folie des Verstehens mit einer deutlichen Orientierung auf individuelle psychosoziale Modi, erfüllt sie ihren Zweck. Sie verhindert dann eine Beliebigkeit in der Beschreibung und lässt die Konstruktion einer durch gemeinsame Lebenserfahrung geprägten Gruppe Lernender zu.

Damit versteht sich die vorliegende Untersuchung als Teil von kasuistisch orientierter psychoanalytisch-pädagogischer Forschung, deren Beitrag zur Entwicklung adäquater pädagogischer Konzepte wesentlich in der Falldarstellung und -problemlösung besteht (Datler 1995; Leber et al. 1989; Heinemann 2003). Das Konzept der *Sequenziellen Traumatisierung* bildet ein sicheres Fundament für das methodische Vorgehen und trägt damit wesentlich zum Charakter der Untersuchung als theoriegeleitete Fallstudie bei.

Neben der Beachtung des manifesten Gehalts der zugrunde liegenden Interviewtranskriptionen[1] kommt der Interpretation des latenten Sinns, der unbewussten Dimension des Textes sowie der Interviewsituation eine spezifische Bedeutung zu (Leithäuser/Volmerg 1979). Im gegebenen Zusammenhang zielt die Interpretation darauf, die inneren Bedeutsamkeiten, notwendigen Abwehrstrukturen und implizit ausgedrückten Wünsche und Fantasien aufzudecken.

4.2 Das Szenische Verstehen

4.2.1 Szenisches Verstehen als ganzheitliches Verstehen

Das Ziel einer Aufdeckung innerer Bedeutsamkeiten verlangt einen entsprechenden Verstehensmodus. Das Konzept des *Szenischen Verste-*

---

1 Die Interviewtranskriptionen sind als PDF-Download auf der Webseite des Psychosozial-Verlags (www.psychosozial-verlag.de), direkt auf der Seite des Buches, abrufbar.

hens erlaubt es, sowohl den manifesten Textgehalt als auch verdeckte Inszenierungen in die Fallanalysen einzubeziehen.

Das *Szenische Verstehen* ist eine der Grundformen psychoanalytisch orientierter Hermeneutik. Von Trescher (1987, 1990) wird es als psychoanalytisches Verstehen schlechthin dargestellt (vgl. Petrik 1992). Es kann darüber hinaus angenommen werden, dass es die Offenheit des Konzepts in besonderem Maße zulässt, »auch außerhalb des Sessel-Couch-Settings« (Datler 2005, S. 104) angewandt zu werden. Über den hermeneutischwissenschaftlichen Kontext hinaus kann *Szenisches Verstehen* in pädagogischen und therapeutischen Prozessen als Basis für zielgerichtetes Handeln in den Grundformen *Halten* und *Zumuten* gelten.

Hinsichtlich des eigentlichen Verstehens lassen sich eine Reihe von Unklarheiten und Meinungsverschiedenheiten aufzeigen. Diese sind teilweise im Charakter des jeweils vorliegenden Settings, nicht zuletzt aber auch in differierenden Grundauffassungen über psychoanalytisches Verstehen generell begründet. Ich komme in den Kapiteln 4.2.2 und 4.2.3 darauf zurück.

Relative Klarheit herrscht hingegen über die innerpsychischen und interpersonellen Prozesse, die ein Verstehen in der *Szene*, also der aktuellen Beziehungssituation, ermöglichen:

Grundlegende beziehungsweise prägende Erlebensbereiche, spezifisch die Beziehungserfahrungen, werden in aktuellen Lebenszusammenhängen unbewusst reinszeniert. Eine starke Disposition zur unbewussten Reinszenierung haben unverarbeitete, besonders traumatische lebensgeschichtliche Erfahrungen. Aus dem Verständnis des Zusammenhangs unterschiedlicher Teil-Inszenierungen lassen sich zentrale Lebensthemen herausarbeiten. »Es sind die Interaktionsmuster, die es erlauben, die unterschiedlichsten Erlebnisse als Ausprägung einer und derselben szenischen Anordnung zu erkennen« (Lorenzer 1973, S. 144). Eine einzelne Szene sei insofern noch bedingt aussagekräftig, je verdichteter die Vorstellungen werden, desto klarer wird ihre Interpretation: »[Z]u Beginn kann die ›Szene‹ vieles bedeuten, am Ende vieles nicht mehr« (ebd., S. 148).

Gerade auch widersprüchliche Bedeutungen, etwa zwischen dem manifesten und dem verborgenen Gehalt einer Aussage, können auf dieser Grundlage herausgearbeitet werden. Indem die in unterschiedlichen Sinnzusammenhängen dargestellten Inszenierungen als zu einer Grundthematik gehörig begriffen werden, eröffnet sich die Möglichkeit, das Erleben und Verhalten einer Person als bedeutsam im Hinblick auf seine Lebenssituation zu begreifen (Heinrich 1994).

Zum Verständnis zentraler Lebensthematiken werden nach Argelander (1992) drei verschiedene Informationsquellen benötigt: Erstens die objektiven Informationen, die wesentlich aus biografischen Fakten bestehen, zweitens die subjektiven Informationen, bei denen die individuellen Bedeutungszuschreibungen der Person im Mittelpunkt stehen. Und drittens werden szenische Informationen benötigt, wobei das eigene Erleben der Professionellen in der aktuellen Szene Aufschluss über zentrale Erlebensweisen des Gegenübers liefern soll.

Bis zum hier beschriebenen Punkt gibt es in der Forschungsliteratur zum *Szenischen Verstehen* wenig Dissens. In der Frage der Bedeutsamkeit der drei Verstehens- bzw. Informationsbereiche bestehen jedoch erhebliche Unterschiede. Ein Teil dieser Unklarheiten dürfte darin begründet liegen, dass *Szenisches Verstehen* von Lorenzer nicht als fundiertes Handlungskonzept ausgeführt wird, sondern als theoretische Beschreibung eines stets neuen, auf die Fähigkeiten des Analytikers/der Analytikerin vertrauenden Interaktionsprozesses (Datler 2005).

Da die diesbezüglich unterschiedlichen Schwerpunktsetzungen hoch relevant im Hinblick auf die Möglichkeit sind, *Szenisches Verstehen* in der Analyse von Interviewtranskriptionen anzuwenden, sollen im Folgenden die zwei relevanten Positionen kurz dargestellt werden.

4.2.2 Der klassisch-therapeutische Zugang: das Primat der Gegenübertragung

Datler (1995), Leber et al. (1989) sowie Trescher (1990) räumen der Reflexion der Gegenübertragungsgefühle als Verstehensmodus die tragende Position im Interpretationsprozess ein. Sie interpretieren *Szenisches Verstehen* insofern in einem engeren Sinne als Deutung der aktuellen Beziehung und der ihr zugrunde liegenden Situation. Das Wissen um die äußeren lebensgeschichtlichen Belastungen nimmt hier eine dienende Rolle ein. *Szenisches Verstehen* (i. d. S. also die Deutung der Gegenübertragungsgefühle) sei der Zielpunkt eines Verstehensprozesses. Ob es sich bei diesem Zielpunkt aber um die Deutung einer originalen Situation oder um die Entschlüsselung von Szenen handelt, die ihre Bedeutung aus sequenziell wiederkehrenden Erlebensmodi gewinnen, bleibt auch innerhalb dieses Ansatzes umstritten (vgl. Datler 2005). Nach Bohleber (2000) verbleibt eine derart verstandene Psychoanalyse zu stark fixiert auf Übertragung und Gegenübertragung und damit auf die aktuelle Beziehungssituation. Wichtige von außen und innen stammende lebensgeschichtliche Traumatisierungen geraten deshalb leicht aus dem Fokus.

Wie Petrik (1992) in einem kritischen Beitrag zu den theoretischen Ansätzen von Leber und Trescher zeigt, wird das Paradigma des Primats der Gegenübertragung in einer Falldarstellung aus dem Kindergarten (Trescher 1990, S. 135–138, ebenso bei Leber et al. 1989) nicht durchgehalten. Zumindest sind es nicht die aktuelle Szene und deutlich fassbares Evidenzerleben der beteiligten Kindergartenerzieherinnen, die zur Deutung herangezogen werden. Die Deutungen des kindlichen Erlebens werden (ohne, dass die Autoren selbst an der Szene beteiligt waren) aus einer nachträglichen Beschreibung hergeleitet. In einem anderen Fallbeispiel Treschers (1990, S. 138–143) aus dem Jugendwohnheim wird, so kann interpretiert werden, gerade die unbedingte Notwendigkeit des gleichberechtigten Zusammenwirkens der drei Informationsebenen deutlich. Eine Hierarchisierung des *logischen, psychologischen* und im engeren Sinn *szenischen Verstehens* erscheint schlecht nachvollziehbar. Ob eine solche möglicherweise die Spezifik psychoanalytischen Verstehens hervorheben und so den Nimbus des Besonderen bewahren soll, kann hier nicht beurteilt werden, stellt aber eine Möglichkeit der Deutung dieses etwas konstruierten wissenschaftlichen Diskurses dar. Eine überstarke Betonung der Gegenübertragungsgefühle als Verstehensmodus seitens der beteiligten Autoren dürfte zu einem Bedeutungsverlust von psychoanalytischem Denken im pädagogischen Alltag führen. Dies widerspricht den umfassenden Informations- und Reflexionsmöglichkeiten der beteiligten Professionellen in der unmittelbaren pädagogischen Situation.

4.2.3 Der pädagogische Zugang: die Interaktion dreier Informationsebenen

Viele der psychoanalytisch orientierten pädagogischen Arbeiten räumen der Reflexion der Gegenübertragung demnach zwar einen wichtigen Stellenwert ein, nutzen biografische Fakten und die Interpretation subjektiver Bedeutsamkeiten des Schülers/der Schülerin jedoch ebenso als relevante Grundlage des Verstehens. Hierzu sei ein Abschnitt aus Clos (1992, S. 21f.) zitiert:

>»Ich unterstelle, daß ich für die Kinder ein weitgehend ›gutes Objekt‹ darstelle. Ich hatte aber die zwei Tage zuvor überraschend gefehlt. Bin ich als Vertreterin des ›Guten‹ nicht anwesend, so ist entsprechend der Erfahrung eines sehr kleinen Kindes nicht einfach nichts oder niemand oder ein neutraler Vertretungslehrer anwesend, sondern das ›böse Objekt‹, das verfolgende, blutsaugende, zerstörende. [...] Dieses ›böse Objekt‹ ergibt sich zum Teil auch aus der Projektion des eigenen ohnmächtigen Hasses, den das Verlassenwerden in diesen Kindern auslöst. Meine plötzliche Abwesenheit hat bei der Mehrzahl der früh gestörten Kinder die Furcht wachgerufen, sie hätten mich möglicherweise zerstört [...]. So wie man sich dann fühlt – entwertet, entmachtet, beschämt und vor allem wütend, fühlen sich wahrscheinlich auch die Kinder, wenn sie verlassen werden.«

Zur Gewinnung eines möglichst sicheren Verständnisses der Konfliktsituation werden drei Informationsebenen genutzt: das Wissen um die frühen Störungen der betroffenen Kinder (objektive biografische Informationen), Interpretationen über die inneren Bedeutsamkeiten, die ein Fehlen der Lehrerin in den Kindern auslöst, die auf einer Kenntnis von gestörten Entwicklungsprozessen beruhen (subjektive Informationen) und die Reflexion der eigenen Gegenübertragungsgefühle von Entmachtung, Scham und Wut (szenische Informationen). Alle drei Informationsebenen bedingen einander und kennzeichnen in ihrer Kombination das *Szenische Verstehen*. Mit dem Ziel einer tatsächlichen Implementierung psychoanalytischen Verstehens und Handelns im pädagogischen Alltag ist die gleichberechtigte Nutzung der drei Verstehensebenen dringend nötig, erstens, weil die Professionellen hier keine ausgebildeten Analytikerinnen und Analytiker sind, und zweitens, weil pädagogische Handlungsorientierung eine derartige Fokussierung auf eigenes Evidenzerleben kaum zulässt. In der Kombination, als Infragestellung oder Verstärkung der lebensgeschichtlichen und psychologischen Informationen, ist es jedoch hoch hilfreich.

Ein ähnlicher Zugang kennzeichnet die Anwendung des *Szenischen Verstehens* in der (pädagogischen) Supervision (Büse-Kastner/Mauthe-Schonig 2006; Figdor 2006). Die miteinander verschränkte Nutzung der drei Informationsebenen entspricht der oben zitierten Falldarstellung. Die Wahrnehmung und Reflexion der Gegenübertragung ist hier jedoch nur über einen weiteren Vermittlungsschritt (über den Bericht der Supervisandinnen und Supervisanden) möglich. Ähnlich verhält es sich im Falle der Auswertung von Interviewtranskriptionen nach dem Konzept des *Szenischen Verstehens*: Während der Interviewer auf unmittelbare Gegenübertragungsgefühle in der Interaktion mit dem/der Jugendlichen zurückgreifen kann, sind die anderen Mitglieder der Forschungsgruppe quasi sekundär Beteiligte, in dem sie sich beim Lesen der Transkription in die Erlebenswelt des/der Jugendlichen einzufühlen versuchen.

Die verschiedenen Schwerpunktsetzungen beim *Szenischen Verstehen* zeigen recht deutlich, dass es sich nicht um ein stringent einzuhaltendes Konzept, sondern um die Grundlegung eines Verstehenszugangs handelt. *Szenisches Verstehen* ist damit in verschiedenen Zusammenhängen anwendbar, sofern alle drei genannten Verstehensebenen beachtet und in ihrer Interaktion miteinander genutzt werden.

Stets gilt es dabei, die eigenen Sichtweisen kritisch zu hinterfragen beziehungsweise Deutungen auf Grundlage einer kritischen Selbstreflexion zu beschreiben. Der Interpret/die Interpretin bleibt immer im Erfahrungsraum seiner eigenen Kultur verwurzelt. Interpretationen sind deshalb nur auf der Grundlage des eigenen kulturellen Bedeutungssystems möglich. In besonderer Weise muss deshalb für den vorliegenden Zusammenhang betont werden, dass die herausgearbeitete Rekonstruktion nicht identisch mit dem Unbewussten des/der Interviewten ist. Stattdessen bietet sie aber eine Aussage darüber, wie sich die relevanten Lebensthemen in der Interaktion im hiesigen kulturellen Umfeld zur Geltung bringen. Datler (2005) verweist darauf, dass eine Deutung niemals Spiegelung der inneren Welt der Klientinnen und Klienten sein kann. Stattdessen wird subjektive Wirklichkeit im Interaktionsprozess zwischen Pädagogen und Therapeutinnen einerseits und Klientinnen und Klienten andererseits neu konstruiert.

4.3 Das themenzentrierte Interview

Es ist sowohl aus dem Alltagswissen als auch aus der sozialpsychologischen Forschung heraus offensichtlich, dass eine solche Studie nur zu sinnvollen und tragfähigen Aussagen führt, wenn die Interviews in einer haltenden, vertrauensvollen Atmosphäre stattfinden und eine natürliche Vertrauensbarriere überwunden werden kann (Leithäuser/ Volmerg 1979, 1988). Dies ist angesichts der Vorerfahrungen der hier Interviewten von besonderer Relevanz und stellt gleichzeitig eine spezifische Herausforderung dar. Eine solche Atmosphäre kann nur hergestellt werden, wenn sich Forscher und Interviewte vor dem eigentlichen Interview kennenlernen und ein Verständnis für die Ziele und Methoden des Vorhabens durch die Interviewten vorliegt. Die Form des Interviews orientiert sich am Gegenstand der Forschung. Den Gegenstand bildet hier die vielfach gestörte innere und äußere Welt zwangsmigrierter Jugendlicher, wobei das zugrunde liegende Bedingungsfeld dem Bewusstsein oft nur unzureichend zugänglich ist. Es gibt zur Situation der Jugendlichen einen relativ gefestigten Corpus an Vorannahmen. Dieser generiert sich einerseits aus dem in dieser Arbeit entwickelten theoretischen Modell einer *Sequenziellen Traumatisierung* bei Jugendlichen mit Zwangsmigrationshintergrund, andererseits aus Erfahrungen in der Anwendung traumaspezifischer Unterstützungsmaßnahmen in der klinisch-therapeutischen Arbeit. Die Vorannahmen dienen dem Forschungsprozess als Strukturierungshilfe (primär für die Leitfäden) und sind überprüf- und veränderbar (Hopf 2000; Schorn 2000).

Die hiermit genannten Voraussetzungen bedingen demnach eine Interviewform, die eine vertrauensvolle Interaktion zulässt und ein ergebnisoffenes, weil an subjektiven Realitäten ausgerichtetes Forschungssetting darstellt.

4.3.1 Auswahl des Untersuchungsinstruments

Das *Themenzentrierte Interview* erfüllt die oben genannten Bedingungen in besonderer Weise. Es ist methodisch eine Variante des teilstrukturierten Interviews. Dies gilt insofern, als dass auf Grundlage der Hypothesen und grundlegenden Fragestellungen ein Leitfaden entwickelt wird, der dazu dient, im Interview die relevanten Themen im Blick zu behalten (Hopf 2000; Schorn 2000). Insofern gibt es formal Parallelen zum bekannteren *Problemzentrierten Interview*: Es werden mithilfe des Leitfadens Stimuli festgelegt, die in der Reihenfolge und der Tiefe

der zu behandelnden Fragestellungen jedoch der aktuellen Interviewsituation angepasst werden (Reinders 2005). Das *Themenzentrierte Interview* zeichnet sich deshalb in besonderer Weise durch die Merkmale
qualitativer Forschung, Offenheit und Prozesshaftigkeit, aus. Die Hypothesen wie auch die Fragestellungen sind veränderlich und werden
keineswegs nur auf ihren Wahrheitsgehalt überprüft.

Inhaltlich orientiert sich das *Themenzentrierte Interview* am *Tiefen-
interview*. Aufgrund der traumaspezifischen Besonderheiten im Prozess
des Interviewens und der theoretischen Verankerung der Forschung in
der hermeneutischen Psychoanalyse müssen die latenten Sinngehalte
und die unbewussten Dimensionen des Texts stets mitbedacht werden
(Leithäuser/Volmerg 1979). Theoretisch wird deshalb auch zwischen den
Hermeneutischen Feldern I und *II* unterschieden, wobei der erste Teil
die Entstehung des Textes, also das eigentliche Interview beschreibt, der
zweite hingegen den Prozess der Auswertung (Schorn 2000, Absatz 5).
Das Verstehen des Textes (der Transkription) ist dementsprechend immer
auch ein Verstehen des Prozesses, der zu diesem Text geführt hat. Ein
solches Verstehen beschäftigt sich maßgeblich mit den Gegenübertragungsgefühlen des Interviewers (Lorenzer 1974).

4.3.2   Der Prozess der Erhebung

Das Interview findet in einer alltagsähnlichen Gesprächsatmosphäre
statt. Bereits vor dem Interview werden wichtige Aspekte zwischen
den Beteiligten geklärt. Existenzieller Bestandteil der Absprachen ist
der Verweis darauf, dass die Interviewten die Beantwortung einer Frage
jederzeit ablehnen können. Die Aspekte der Vertraulichkeit und Anonymisierung der Interviews werden in allen Vorgesprächen thematisiert. Sie entsprechen aber vor allem der durch formelle Absprachen
nicht zu ersetzenden Gesprächsatmosphäre, die einen haltenden und
schützenden Rahmen bereitstellen muss.

Leithäuser und Volmerg (1988, S. 251) nennen »Beteiligung« und
»Distanz« als grundlegende Haltungen eines Interviewers/einer Interviewerin während eines Erhebungsprozesses. Die Beteiligung ist eine
unabdingbare Voraussetzung zur Herstellung einer sicheren, gleichzeitig
dichten Atmosphäre für das Interview, vor deren Hintergrund die subjek-

tiven Erlebensberichte verstanden werden können. Sie entspricht einem Interesse an der Person und ermöglicht das Einfühlen in die subjektive Erlebniswelt des Gegenübers. Insofern ist die Themenzentrierung dieser Interviewform auch »keine Alternative zur Personenzentrierung« (ebd., S. 226). Beide Ausrichtungen müssen sich ergänzen. Während die Personenzentrierung die Voraussetzung zur Wahrnehmung der inneren Welt ist, erlaubt die Themenzentrierung die Fokussierung auf zentrale Inhalte des subjektiven Erfahrungshorizonts. Die innere Distanz hingegen ist es, die verschiedene Verstehenszugänge erst zulässt. Sie entspricht nicht einer Abwehr von negativen Gegenübertragungsgefühlen, sondern der kritischen Reflexion derselben. Sie gewinnt für das vorliegende Thema in besonderer Weise an Bedeutung, da die Inszenierungen, die zwischen lebensgeschichtlich vorbelasteten Jugendlichen und den Interviewenden entstehen, in besonderer Weise Abstand verlangen. Die reflektierte Einbeziehung der zwischenmenschlichen Interaktion in den Deutungsprozess ermöglicht eine tiefergehende Analyse des Geschehens (Münch 1984; Trescher 1990).

Als Interviewer deutscher Herkunft kann es vorkommen, dass man von Jugendlichen mit Zwangsmigrationshintergrund erstens als Mitglied einer ausgrenzenden Gemeinschaft wahrgenommen wird und zweitens aufgrund institutioneller Anbindung als Vertreter eines Amtes, mit denen viele der Interviewten negative Vorerfahrungen haben. Dieser Gegensatz zwischen dem notwendigen Vertrauensverhältnis und den negativen Übertragungsgefühlen aufgrund des privilegierten und mit Macht in Verbindung stehenden Status des Interviewers lässt sich nicht auflösen. Er kann jedoch sinnvoll in die Interpretation der Ergebnisse einbezogen werden, wenn er als *Szene*, die Anteile der subjektiven Realität der Interviewten repräsentiert, gedeutet wird (v. Freyberg/Wolff 2005, 2006). Dem Leitfaden folgend werden Fragen für das Interview vorgegeben, die analog zu den Kriterien der *Themenzentrierten Interaktion* »nicht zu eng und nicht zu weit« (Cohn 1976, S. 168) gefasst sein sollten. Die Strukturierung der Antwort und die Schwerpunkte, die gesetzt werden, werden dem/der Interviewten überlassen. Das Interview folgt insofern weitestmöglich dem Relevanz- und dem Regelsystem des/der Befragten (Bohnsack 2003). Der Interviewer/die Interviewerin kann in Gesprächssequenzen, die unklar erscheinen, die Antworten spiegeln und auf dieser Basis entsprechende Klärungs- und Vertiefungsfragen stellen (Schorn

2000). Dort, wo es sich um abgewehrte Inhalte handelt, müssen sich auch die Nachfragen an den *Szenen* orientieren, die von den Interviewten beschrieben werden. Interviewende müssen »die Sprachäußerungen und Gesten [...] wahrnehmen, um die Szene ›in seinem [ihrem] Kopf aufbauen‹ zu können« (Lorenzer 1974, S. 111). Auf der Basis der Szenen kann trauma- und kultursensibel auf die lebensgeschichtlich relevanten Themen eingegangen werden. Aus der Verdichtung und Interpretation der Szenen lassen sich die subjektiven Bedeutsamkeiten rekonstruieren.

Bedeutsamer Bestandteil des Erhebungsprozesses ist das Postskriptum, das möglichst unmittelbar nach dem Ende des Interviews geschrieben werden sollte. In diesem werden die Gedanken des Interviewers/der Interviewerin zur Atmosphäre, zu besonderen Vorkommnissen, zu nichtsprachlichen Äußerungen über das Thema und Besonderheiten der Interaktion zwischen den Beteiligten aufgeschrieben (Schorn 2000). Das Postskriptum dient insbesondere der Verschriftlichung von Gegenübertragungsgefühlen und ergänzt somit die Transkription um wichtige Aspekte der Interviewsituation. Nicht zuletzt durch die Kombination dieser zwei Datensätze können nichtsprachliche, abgewehrte Inhalte der Interaktion und der Beschäftigung mit dem Thema in die Interpretation einbezogen werden.

4.3.3   Fragestellungen

Die Auswahl der Fragestellungen sichert ebenfalls einerseits die haltende Atmosphäre des Interviews mit und soll anderseits die Erschließung objektiver, subjektiver und szenischer Daten ermöglichen. Die in den Leitfäden festgehaltenen Interviewbereiche sind so gewählt, dass sie die individuell-biografisch, familiär und aktuell-situativ mitbedingte subjektive Wirklichkeit möglichst genau erfassen. Bei den meisten Fragestellungen stehen die subjektiven Bedeutungszuschreibungen im Mittelpunkt des Interesses, Fragen nach den lebensgeschichtlichen Fakten nehmen hingegen eine dienende Rolle ein (vgl. Reinders 2005). Hierzu ist vor Beginn des jeweiligen Interviews eine Anpassung des Leitfadens an die Interviewten vonnöten, die die gegebene Lebenssituation möglichst genau berücksichtigt. Neben anderen sind die Dauer des Aufenthaltes in Deutschland, die vorhandene oder fehlende Einbindung in ein familiäres Netzwerk und die aktuelle Aufenthaltssituation Variablen, die die Struktur des Interviews massiv beeinflussen. Hinzu kommt das individuelle Bildungsniveau, das ebenso individuell angemessene Fragestellungen bedingt. Mithilfe der genauen Vorbereitung auf die einzelnen Interviewpartnerinnen und -partner wird angestrebt, das Interview einem intensiven, aber nicht-wissenschaftlichen Gespräch ähnlich zu gestalten (Schorn 2000).

In den Vorgesprächen wird zudem eine Übereinstimmung darüber erzielt, welche Themen für die Befragten tabuisiert sind[2]. Auf die diesbezüglichen Wünsche und Bedürfnisse der Teilnehmenden wird im Interview grundsätzlich Rücksicht genommen. Hiermit soll eine ungewollte Auseinandersetzung mit traumarelevanten Inhalten im Rahmen des Interviews, der keine adäquate Unterstützung folgen kann, vermieden werden. Jedoch können solche Tabuisierungen im Rahmen der nach jedem Interview angefertigten Postskripta thematisiert und damit in das *Szenische Verstehen* einbezogen werden.

Trotz dieser Vorbereitungen ist die Dynamik der Interaktion während des Interviews nicht vorhersehbar. In als schwierig wahrgenommenen Interviewsequenzen wird deshalb vielfach nicht nach Inhalten, sondern zunächst nach der Bereitschaft gefragt, über potenziell traumatische Inhalte zu sprechen. Dies entspricht einer kultur- und traumasensiblen Form der Thematisierung belastender lebensgeschichtlicher Thematiken.

Der Leitfaden wird so zu einem flexiblen Hilfsinstrument, das lediglich der Strukturierung des Interviews und, mit Abstrichen, der interindividuellen Vergleichbarkeit dient. Diese Herangehensweise erfüllt den Anspruch qualitativer Forschung (Reinders 2005). Dabei steht eine kleinere Anzahl geschlossener Fragen der Mehrheit der bedeutsameren halboffenen und offenen Fragetypen gegenüber. Nur sie haben das Potenzial, die lebensgeschichtliche Bedeutung bestimmter Ereignisse herauszuarbeiten. Gesichtspunkte, die die Interviewten einbringen, werden nach Möglichkeit aufgegriffen (Hopf 1995). Gerade unter der Maßgabe der Interpretation latenter und verborgener Sinngehalte erhalten diese »spontanen« Beiträge eine besondere Bedeutung, da sie szenische Informationen beinhalten, die mithilfe von festen Fragebereichen oft schlechter erfasst werden können.

---

2 Mit allen Teilnehmenden der Interviews wird mindestens ein ausführliches Vorgespräch geführt, in vielen Fällen auch mehrere.

Die Interviews der vorliegenden Studie gliedern sich in folgende fünf Fragebereiche:

Lernsituation/Sachbildung: Welche Bereiche schulischen Lernens werden mit positiven Attributen belegt, in welchen gibt es erhebliche Schwierigkeiten? Sind die Inhalte schulischen Lernens anschlussfähig an die spezifische Erfahrungswelt und die Zukunftspläne der/des Interviewten?

Psychosoziale Situation in der Schule: Welche Attribute werden den Beziehungen zu Lehrenden und zur Peer-Group zugeschrieben? Erlebt der/die Jugendliche ein Interesse der Bezugspersonen an seiner/ihrer inneren Realität? Nimmt er/sie sich als Mitglied einer Gemeinschaft oder eher als Fremder/Fremde wahr?

Erfahrungen im direkten Kontext der Migration: Welches Wissen oder Nicht-Wissen hat der/die Jugendliche über Gründe und Ablauf der Migration? Wie stehen damalige Wünsche und Fantasien mit den realen Lebenserfahrungen in Deutschland in Beziehung? Mit welchen Attributen wird die spezifische aktuelle Migrationssituation beschrieben?

Die Rollenerfahrungen innerhalb des Familiensystems: Welche innerfamiliären Strukturen stehen in Zusammenhang mit den traumatischen Erfahrungen der Migration? Wie erlebt der/die Jugendliche die Beziehungen zu den Eltern? Welche dominanten Erwartungen seitens der Eltern spürt der/die Jugendliche?

Aspekte des Selbstkonzepts: Welche prägenden Selbst- und Objekterfahrungen stehen in Zusammenhang mit dem Ursprungs- und dem Aufnahmeland? Welche Attribute schreibt er/sie den beiden kulturellen Bezugssystemen zu?

4.3.4   Der Prozess der Auswertung

Die Auswertung der Interviews bezieht sich auf eine Transkription, die auch paraverbale und, so sie zugänglich sind, nonverbale Inhalte festhält. Für den forschungspraktischen Ablauf der Auswertung eines themenzentrierten Interviews existieren verschiedene Vorschläge (u. a. Schorn 2000; Hopf 2000; Reinders 2005).

Gemeinsam ist den Vorschlägen die zentrale Bedeutung einer einfühlenden, möglichst wenig voreingenommenen Interpretation. Die Grundhaltungen in der Auswertung sind Offenheit gegenüber dem Fremden, die Relativierung eigener Deutungen und die Selbstreflexion (Helfferich 2005). Den subjektiven Sichtweisen der Interviewten wird eine zentrale Bedeutsamkeit zugesprochen. Aufgrund der Fachkenntnisse des Interviewers werden zwar *Szenen* (Lorenzer 1973, 1974) zusammengefügt und diese gedeutet; Deutungen werden jedoch nicht als intersubjektiv gültige Wahrheiten, sondern als »das im Verstehen des Textes rekonstruierte *gemeinsame Unbewußte im Verhältnis der Interpretationsgemeinschaft zum Text*« (Leithäuser/Volmerg 1988, S. 254; Hervorhebung im Original) verstanden.

Dies gelingt in der Regel besser in der Auswertung durch eine Forschendengruppe. Das »freie Assoziieren« (Lorenzer 1973, S. 138) in der Gruppe schafft insbesondere Räume, in denen latente und abgewehrte Inhalte symbolisiert und zielgerichtet zu Szenen zusammengefügt werden können (Leithäuser/Volmerg 1988; Schorn 2000). Nur in der Forschendengruppe ist zudem ein »metahermeneutischer Diskurs« (Leithäuser/Volmerg 1979, S. 7) über die getroffenen Aussagen möglich, in dem eigene Vorannahmen und Gegenübertragungsgefühle einer kritischen Überprüfung unterzogen werden. Interindividuell verschiedene Wahrnehmungen können dabei als sich ergänzend und hilfreich im Hinblick auf eine ganzheitliche Wahrnehmung der subjektiven Realität der Jugendlichen genutzt werden.

Zu diesem Zweck werden den Mitgliedern der Forschendengruppe, bestehend aus vier Studierenden und Professionellen der Sonderpädagogik, die Transkriptionen der Interviews jeweils vor einer Auswertungssitzung zugesandt. Die Auswertung der relevanten Szenen findet ohne weitere vorherige Rücksprache mit dem Interviewer statt.

Ergänzend zum Schwerpunkt des freien Assoziierens wird vom Interviewer stets ein Text aufbereitet, in dem die ihm relevant erscheinenden Antworten zu den Fragekomplexen enthalten sind. Dieser Text wird den anderen Mitgliedern der Gruppe im zweiten Teil der Auswertungstreffen vorgelegt. Die in diesem Text enthaltenen Themenfelder, die einen manifesten, einen latenten und einen verborgenen Gehalt aufweisen, werden der detaillierten Analyse und Interpretation unterzogen (vgl. Schorn 2000).

Bei der damit beschriebenen vertikalen Analyse der einzelnen Interviews stehen die Sichtweisen und Vorstellungen der Interviewten sowie die Dynamik des Interviews im Mittelpunkt des Interesses. Zusätzlich dazu werden in einem weiteren Auswertungsschritt mehrfach wiederkehrende Themenfelder aller Interviews einer gemeinsamen Analyse unterzogen. Dies führt zur Entwicklung und Vertiefung von intersubjektiv relevanten Themenfeldern und schärft die Aussagekraft der vertikalen Analyse (ebd.). Eine solche horizontale Analyse der in vielen Interviews wichtigen Themenfelder dient jedoch keinesfalls einer (aufgrund des Anspruchs qualitativer Forschung unmöglichen) Verallgemeinerung der Forschungsergebnisse. Jedoch schafft sie aufgrund der Heterogenität der Auswahlgruppe Anhaltspunkte zu möglichen Erlebensmodi, die von einem großen Anteil der Grundgesamtheit geteilt werden.

Über den Diskurs in der Forschendengruppe hinaus ist eine Absicherung des Auswertungsprozesses über eine externe Supervision notwendig und sinnvoll. Die Sichtweisen der beteiligten Forschenden können so einer Reflexion unterzogen, individuelle Verstrickungen weitestmöglich aufgelöst werden. Nicht zuletzt dient die Supervision auch einer Entlastung der Beteiligten in der Auseinandersetzung mit hochgradig belastenden lebensgeschichtlichen Erfahrungen.

Für diese Studie wurde Fallmaterial, hierzu gehörten wesentlich auch die in den Postskripta festgehaltenen Gegenübertragungsgefühle, sowohl in eine Gruppensupervision als auch in eine Einzelsupervision des Interviewers eingebracht.

4.3.5 Gütekriterien

Die *Angemessenheit* eines Untersuchungsinstruments, im vorliegenden Fall des *Themenzentrierten Interviews*, macht sich nicht zuletzt daran fest, ob es vor dem Hintergrund der zu untersuchenden Fragestellung geeignet erscheint oder dafür entwickelt worden ist (Bohnsack 2003). In diesem Sinne muss die Forschungsmethode eine hohe Kohärenz zum theoretischen Zugang aufweisen (Calderon Gómez 2009, Absatz 22). Dies ist hier der Fall, da die Traumathematik ein Untersuchungsinstrument verlangt, das die Beziehungsperspektive sowohl im Forschungsprozess als auch in der Auswertung in den Mittelpunkt stellt. Aufgrund der Fokussierung auf individuelle und latente bzw. abgewehrte Inhalte ist das *Themenzentrierte Interview* somit in besonderer Weise als Rahmen für die untersuchte Fragestellung geeignet. Schorn (2000, Absatz 20) nennt zusätzlich die Ermöglichung eines tragfähigen Arbeitsbündnisses zwischen den Interviewten und den Interviewenden als Kriterium, das die Angemessenheit einer Forschungsmethode mitbestimmt. Die Personenzentrierung der vorliegenden Studie, die sich unter anderem in den individuell angepassten Fragen, dem variablen sprachlichen Niveau und der Ermöglichung individueller Interviewsettings zeigt, schafft den Rahmen für ein solches Arbeitsbündnis.

Die *Relevanz* der Untersuchung lässt sich anhand zweier Teilkriterien beleuchten: ihrer Aussagekraft hinsichtlich einer bestehenden wissenschaftlichen Forschungslücke einerseits und ihrer Implikationen für weitere Forschungs- und Arbeitsfelder andererseits. Letztere lassen sich im Sinne qualitativer Forschung jedoch nicht aus einer statistischen Bedeutsamkeit der Untersuchung ermessen, sondern müssen von der Tiefe und Schärfe der Aussagekraft her beurteilt werden (Calderon Gómez 2009, Absatz 23). Die bestehende pädagogische Forschungslücke zu *Zwangsmigration und Trauma* kann mithilfe der Interviews und der anschließenden Auswertungen zumindest partiell geschlossen werden, da sie ein tiefergehendes, an der intensiven Einzelfallstudie orientiertes Verstehen der Erfahrungs- und Erlebenswelt zwangsmigrierter Jugendlicher ermöglichen. Die vorliegende qualitative Untersuchung erleichtert darüber hinaus weitergehende Konzeptualisierungen und die Entwicklung von Handlungsmustern in der pädagogischen Arbeit mit dieser Personengruppe. Hierzu trägt insbesondere die Herausarbeitung von interpersonell relevanten Themenfeldern und ihrer Bedeutungen bei.

Zwei Aspekte bestimmen die *Validität* eines Untersuchungsinstruments in der qualitativen Forschung: Erstens die Stringenz im Forschungsverlauf und zweitens die Transparenz der Interpretationsprozesse (ebd., Absatz 24). Erstere wird im Rahmen der vorliegenden Untersuchung erreicht, indem der Forschungsprozess immer die gleichen, in der Anlage der Untersuchung bereits geplanten Arbeitsschritte aufweist (Vorgespräch, Interview, Transkription, Aufarbeitung, Auswertung, Verschriftlichung). Der Prozess wird zusätzlich im Postskriptum dokumentiert und weist somit ein hohes Maß an Nachvollziehbarkeit auf (Schorn 2000). Da die Interpretationen mit Zitaten belegt werden, ist auch das *Hermeneutische Feld II* durch große Transparenz gekennzeichnet. Die zugrunde gelegten

Regeln der Auswertung werden zudem dargestellt (Kapitel 4.2 und 4.3.5). Leithäuser und Volmerg (1988, S. 255) weisen darauf hin, dass die Interpretationen *Szenischen Verstehens* zwar intuitiv sind, aber keineswegs regellos. Dennoch ist es im Sinne qualitativer Forschung gerade ein Gütekriterium, dass die Analysen und Interpretationen zwar intersubjektiv nachvollziehbar sind, jedoch auch andersartige Rückschlüsse zulassen.

Die Qualität des *Hermeneutischen Feldes II* ist darüber hinaus wesentlich abhängig von *Reflexionsfähigkeit* und *Bereitschaft zur Selbstkritik* des/der Forschenden (Calderon Gómez 2009, Absatz 25). Die Reflexionsfähigkeit betrifft insbesondere die Beziehung zwischen Interviewenden und Interviewten und schließt in dieser Untersuchung ausdrücklich die Analyse von Macht-Ohnmacht-Beziehungen mit ein. Sie wird im vorliegenden Fall in besonderem Maße durch die Auswertung in einer Gruppe gestärkt. Die Selbstkritik bezieht sich auf die Relativität der eigenen Deutungen, genauso aber auf die Begrenztheit der angewandten Forschungsmethode. Mit dem *Themenzentrierten Interview* können wesentliche Antworten auf die Frage nach subjektiven Realitäten der Gruppe zwangsmigrierter Jugendlicher gegeben werden. Wie in Kapitel acht darzustellen sein wird, bleiben jedoch einige Desiderate bestehen. Darüber hinaus ist die Methode schlechter zur Erfragung von subjektiven Realitäten sogenannter schwer erreichbarer Jugendlicher geeignet, was ein Grundproblem qualitativer Forschung darstellt (vgl. Kapitel 4.5.2).

4.4 Grundgesamtheit und Auswahl

4.4.1 Zur Definition der Grundgesamtheit

Die Grundgesamtheit der vorliegenden Studie stellen alle Jugendlichen mit Zwangsmigrationshintergrund zwischen 16 und 20 Jahren in Deutschland dar, die hier eine allgemeinbildende oder berufliche Schule besuchen. Die Tatsache der *Zwangsmigration* bedingt eine Reihe von Kriterien, wobei sich die hoch komplizierte Lebenssituation der Befragten meist aus der Interaktion der lebensgeschichtlichen Ereignisse miteinander ergibt (detaillierter in den Kapiteln zwei und drei): Ein zentrales Kriterium ist die Migration, deren Zwang aus Krieg oder Krisen in den Herkunftsländern oder -regionen resultiert, in anderen

Fällen jedoch auch in einer hochproblematischen familiären Situation begründet liegt. In jedem Fall wird die Migration von den Jugendlichen subjektiv als fremdbestimmt, nicht kontrollierbar und demzufolge als sehr belastend empfunden. In einigen Fällen kommt eine dramatische, teils von Lebensgefahr geprägte Fluchtgeschichte als weiterer lebensgeschichtlicher Erfahrungshorizont hinzu (vgl. Riedelsheimer/Wiesinger 2004). Weitere relevante Kennzeichen einer Zwangsmigration sind der bei allen Befragten aktuell oder bis vor Kurzem vorliegende unsichere Aufenthaltsstatus in Deutschland und eine damit verbundene Einschränkung in der schulischen und beruflichen Entwicklung. Ebenso zum Bedingungsfeld von Zwangsmigration gehört die von dieser wesentlich beeinflusste und damit gestörte familiäre Interaktion. Eine spezifische Ausprägung findet letzteres Kriterium bei unbegleiteten jugendlichen Flüchtlingen, insofern hier keine reale Interaktion mit den Familienangehörigen stattfindet, auf der innerpsychischen Ebene die primären Bezugspersonen jedoch in verschiedener Art und Weise repräsentiert sind.

4.4.2 Zusammensetzung der Gruppe und Auswahlprozess

Unter Beachtung der Bedeutung der intensiven Einzelfallstudie für die psychoanalytisch-pädagogische Forschung (Datler 2005), die Notwendigkeit der ausführlichen Auswertung in der Arbeitsgruppe sowie die Ressourcen des einzelnen Forschers wird ein Auswahlumfang von zwölf Interviewpartnerinnen und -partnern festgelegt. Hinzu kommen zwei Experteninterviews, deren Inhalte der Analyse und der Strukturierung der Interviews mit den Jugendlichen dienen, jedoch nicht selbst in den eigentlichen Auswertungsprozess einbezogen werden. Nach Merkens (2000) sowie Reinders (2005) stellt in der qualitativen Studie weniger die Größe der Auswahl ein Gütesiegel per se dar; stattdessen muss der vorliegende Fall facettenreich erfasst werden. Dies wird für die vorliegende Untersuchung erreicht, indem

a)   sieben Jungen und fünf Mädchen befragt werden. Die (unbeabsichtigt zustande gekommene) geringere Anzahl der Teilnehmerinnen kann als eine größere Abwehr weiblicher adoleszenter Flüchtlinge gegenüber einem Interview mit einem männlichen Untersucher gedeutet werden. Möglicherweise stehen Jungen mit traumatischen Erfahrungen auch stärker im Blickpunkt der Bezugspersonen (Gatekeeper);

b) etwa zur Hälfte Jugendliche nach dem Übergang in die berufliche Bildung (7) und vor diesem Übergang (5) interviewt werden. Dies scheint von besonderer Bedeutung, da die Möglichkeiten der Berufswahl aufgrund der Aufenthaltssituationen bei fast allen Teilnehmerinnen und Teilnehmern massiv eingeschränkt waren. Durch die angegebene Mischung können sowohl prospektiv als auch retrospektiv innere Bedeutsamkeiten dieser Einschränkungen erfragt werden;

c) Schülerinnen und Schüler von einer Sonderschule, einer Hauptschule, zweier Gesamtschulen, fünf beruflicher Oberstufenzentren sowie einer spezifischen Bildungseinrichtung für junge Flüchtlinge einbezogen werden;

d) im Hinblick auf das Alter bei Einreise nach Deutschland eine große Varianz von zwei Monaten bis zu 16 Jahren vorhanden ist. Dabei zeigt sich innerhalb der Gruppe kein Schwerpunkt hinsichtlich des Alters bei Einreise.

Die real zur Auswahl stehende Grundgesamtheit, aus der die zwölf Interviewten stammen, wird aufgrund des spezifischen Settings bewusst stark verkleinert. Entscheidendes Kriterium ist die persönliche Bekanntschaft des Forschers oder die einer beidseitigen Vertrauensperson mit den potenziellen Interviewpartnerinnen und -partnern. Eine derartige persönliche Beziehung wird als unabdingbar angesehen, da nur so eine vertrauensvolle, haltende Atmosphäre während des Interviews erreicht werden kann. Interviewte und der Forscher können so in die Lage versetzt werden, einerseits persönliche Wünsche, Fantasien und Krisen zu thematisieren und andererseits affektives Verstehen zu ermöglichen (Leithäuser/Volmerg 1979; König 2000). Mithilfe der einmaligen oder mehrmaligen Vorgespräche wird sichergestellt, dass die Jugendlichen bereit sind, über die Fragebereiche des Interviews zu sprechen. Aufgrund der in den Vorgesprächen zwar nicht explizit benannten, jedoch als »große Belastungen im Leben« umschriebenen Traumathematik haben sich viele zunächst für das Vorhaben aufgeschlossene Jugendliche gegen ein Interview entschieden.

Die Auswahl wird als ausreichend groß betrachtet, da eine entsprechende Varianz hinsichtlich der oben genannten Kriterien erreicht ist.

4.5 Spezifische Merkmale der untersuchten Gruppe

4.5.1 Ursprungsländer

Die Herkunftsländer der Gesprächspartnerinnen und -partner werden durch wesentliche Merkmale des Tatbestandes *Zwangsmigrationshintergrund* determiniert. Alle Befragten stammen demzufolge aus Ländern, deren soziopolitische oder sozioökonomische (und damit auch soziopsychologische) Gesamtsituation als krisenhaft beschrieben werden muss (zum Zusammenhang von politischer und psychosozialer Krise: Mitscherlich/Mitscherlich 1977; Rodriguez Rabanal 1995a; Volkan 2003). Dabei handelt es sich teils um aktuelle, teils um historische krisenhafte Entwicklungen. Die Befragten stammen aus folgenden Regionen bzw. Ländern: Afghanistan, Angola, Irak, Iran, Kongo, Kurdistan/Syrisches Staatsgebiet, Kurdistan/Türkisches Staatsgebiet, Mozambique, Türkei, Uganda, Vietnam. Viele der Befragten wissen jedoch sehr wenig über Gründe und Verlauf ihrer Migration. Die Bedeutung sozialer bzw. politischer Krisen einerseits und der Familiendynamik andererseits für die Zwangsmigration sind unterschiedlich stark. Ihr genaues Zusammenspiel ist in einigen Fällen klarer als in anderen herauszuarbeiten.

4.5.2 Psychosoziale Situation der Auswahl im Vergleich zur Grundgesamtheit

Die psychosoziale Situation für eine derart heterogene Gruppe zu beschreiben hieße, unangemessene Pauschalisierungen vorzunehmen. Deutlich wird im Laufe des Forschungsprozesses, dass einige der (in der Auswahl dominierenden) äußerlich angepasst wirkenden Jugendlichen massive psychische Probleme haben. Hingegen ist es sehr schwer, als dissozial oder delinquent geltende Jugendliche für ein solches Interview zu gewinnen. Die Thematisierung von Belastungssequenzen, so muss interpretiert werden, würde für diese Jugendlichen in besonderer Weise eine »Gefahr für einen selbst und für andere« (Leithäuser/ Volmerg 1979, S. 72) bedeuten. Da fast alle Kontakte für die Interviews über Beratungs- und Unterstützungsstellen für zwangsmigrierte Menschen zustande gekommen sind, kann dies auch als Hinweis gewertet werden, dass solche Orte von sogenannten schwer erreichbaren Jugendlichen kaum kontaktiert werden. Die zunächst sichtbare Bildungssituation und soziale Teilhabe der meisten interviewten Jugendlichen ist demnach im Vergleich zur Grundgesamtheit eher gut; dies erlaubt jedoch keinerlei Aussage über innere Strukturiertheit, Zerstörungen oder Kontinuitäten. Dennoch ist hiermit auch ein generelles Problem qualitativer Forschung benannt, deren (stets freiwillige) Teilnehmer im Vergleich zur Grundgesamtheit meist höher gebildet und in sozialer Interaktion unkomplizierter zu sein scheinen (Blodgett et al. 2005).

Eine Ausnahme bildet hier Ibrahim (Interviewname), der Teil einer aggressiv-hassenden Jugendgang ist. Das Interview ist über seinen Klassenlehrer und seine Direktorin zustande gekommen, die beide als haltende innere Objekte zu fungieren scheinen und deshalb geeignete *Gatekeeper* sind.

Ein zweiter Aspekt zur Beschreibung der psychosozialen Situation der Interviewten ist die Fokussierung auf Lernende in allgemeinen und beruflichen Schulen. Dadurch bleiben diejenigen, die die Schule abbrechen oder nach Beendigung der Schule ohne jede Perspektive bleiben, unbeachtet. Sie sind jedoch ein ebenso wichtiges Thema qualitativer pädagogischer Forschung und sollten hier zukünftig deutlich mehr in den Blickpunkt rücken. Ihre Erreichbarkeit ist aufgrund sozialer Isolierung jedoch häufig massiv eingeschränkt.

5. Einzelfalldarstellungen

In den Kapiteln fünf und sechs werden die Ergebnisse der qualitativen Untersuchung wiedergegeben. Kapitel fünf dient in Gänze der Darstellung zentraler Lebens- und Erlebensbereiche von sechs der zwölf interviewten Jugendlichen[3]. Die notwendige Fokussierung bedingt die Begrenzung auf drei bis vier zentrale Bereiche subjektiven Erlebens. Die sehr unterschiedlichen aufeinanderfolgenden Einzelfalldarstellungen spiegeln die Vielfalt der Lebens- und Belastungssituationen wider. Die Reihung folgt darüber hinaus aber keiner spezifischen Ordnung. Jeder Darstellung ist ein biografischer Abriss sowie eine verkürzte Wiedergabe des Postskriptums vorangestellt, zwei Aspekte, die der besseren Verständlichkeit der anschließenden Interpretationen dienen. Alle Namen sowie einige weitere Aspekte sind anonymisiert, ohne jedoch inhaltlich verfälschend einzuwirken.

In Kapitel sechs werden auf der Grundlage der Einzelfalldarstellungen ausgewählte, in mehreren Interviews vorkommende Aspekte des Erlebens auf ihre Wirkung für die Jugendlichen analysiert.

---

3 In der ursprünglichen Promotionsschrift wurden alle zwölf Falldarstellungen wiedergegeben.

5.1 Ceylan

5.1.1 Biografischer Abriss

Ceylan kam mit ihren Eltern und zwei älteren Geschwistern im Alter von wenigen Monaten nach Deutschland. In Berlin wurden noch zwei weitere jüngere Geschwister geboren.

Die Eltern stammen aus der Osttürkei. Da Ceylan fast nichts über deren Herkunft weiß, bleibt unklar, ob sie ethnische Kurden sind oder als Türkischstämmige in diesem Gebiet wohnten. Der Krieg zwischen dem türkischen Militär und der kurdischen Befreiungsorganisation PKK war, so Ceylan, ein wesentlicher Grund für die Flucht.

Seit mittlerweile 17 Jahren, Ceylans Alter, leben die Familienmitglieder in Berlin als Asylsuchende bzw. sogenannte geduldete Flüchtlinge. Das heißt, sie unterliegen massiven Beeinträchtigungen, nicht zuletzt im Wohn-, Bildungs- und Arbeitsbereich. Mehrere Familienmitglieder wurden als psychisch erkrankt diagnostiziert. Deren Teilhabe an sozialer Aktivität ist insofern sowohl aus rechtlichen als auch aus persönlichen Gründen minimiert.

Die familiäre Interaktion ist in jeder Hinsicht hochgradig gestört, wobei Ceylan die Rolle einer funktionierenden Handlungsträgerin einnimmt. Sie nimmt (als mittleres der fünf Kinder) viele bürokratische Aufgaben für die Familie wahr. So steht sie in Kontakt mit dem Anwalt der Familie, Mitarbeitenden eines Beratungszentrums und der Härtefallkommission. Die vier jüngeren Kinder leben mit den Eltern in beengten Verhältnissen in einer gemeinsamen Wohnung. Ceylans älterer Bruder hat eine schulische Ausbildung abgebrochen, die Ausbildungssituation der jüngeren Geschwister bleibt unklar.

Ceylan besucht eine Hauptschule in einem sozialen Brennpunktgebiet und ist dort nach eigener Aussage eine gute Schülerin. Sie strebt den Mittleren Schulabschluss und nach Möglichkeit auch das Abitur an.

Ceylan gibt im Vorgespräch keine Freizeitinteressen an, da sie vollauf mit der Schule sowie den Aufenthaltsangelegenheiten der Familie beschäftigt sei.

Ihre Zukunftsperspektiven sieht sie in starker Abhängigkeit von der Aufenthaltssituation und nennt keine konkreten Ziele.

5.1.2   Zum Interview

Ceylan war mir seit einiger Zeit aus dem genannten Berliner Beratungszentrum flüchtig bekannt. Der Kontakt ergab sich aufgrund ihres zur Interviewzeit häufigen Besuchs, da die Familie akut von Abschiebung bedroht war.

Der Leiter des Beratungszentrums verbindet mit dem Interview die Hoffnung, dass sich Ceylan verstärkt mit ihrer eigenen Situation auseinandersetzt. Ich mache aber deutlich, dass ich das Interview klar von der sonstigen Beratungsnotwendigkeit abgrenzen möchte, wobei ich darüber hinaus gern helfend zur Verfügung stehe.

Zum Vorgespräch erscheint Ceylan mit ihrem älteren Bruder, den ich ebenfalls frage, ob er an einem Interview teilnehmen möchte. Während sich Ceylan dafür entscheidet, kann ich zum Bruder in der Folge keinen Kontakt mehr herstellen.

Zum Interviewtermin ist Ceylan bereits im Zentrum, da sie sich mit einer dort tätigen Praktikantin auf ein schulisches Referat vorbereitet hat. Sie trägt noch ihren Mantel, den sie auch das ganze Interview über nicht ablegt, sowie ein modisches Kopftuch.

Im Interview fällt mir zunächst die positive Zuschreibung gegenüber der Schule auf. Ich fühle mich mit ihr und ihrem Erleben und Verhalten jedoch schnell allein gelassen und hilflos angesichts ihrer Bedürftigkeit. Sie erwartet von niemandem Verständnis für ihre Situation, was ich auch im Interview erlebe. Ich habe das Gefühl, dass sie mir zwar ihre Traurigkeit nicht verbirgt, mich darüber hinaus jedoch kaum an ihrem Erleben teilhaben lassen möchte. Ich nehme sie als unter einem großen Druck stehend wahr, der sich vor allem in der Verantwortung gegenüber ihren Eltern manifestiert. Die Erwartungen der Eltern und Ceylans Verantwortungsbereitschaft (oder -zwang) scheinen mir so groß, dass persönliche Wünsche kaum Raum finden können.

Nach dem Ende des Interviews erzählt Ceylan noch zwei Dinge, die ich für hoch relevant halte: Zum einen hat sie über einen längeren Zeitraum häufige Schwächeanfälle erlitten, welche nach ihrer Aussage erstmals auf einer Klassenreise nach Italien bemerkt wurden. Es bleibt unklar, ob sie derartige Symptome unbemerkt auch schon in Berlin zeigte. Zum anderen habe ihr eine Mitarbeiterin der Härtefallkommission des Landes Berlin mitgeteilt, dass ein Antrag auf Bleiberecht für sie und ihre Schwester gute

Chancen habe. Diesen will Ceylan jedoch so nicht stellen, da sie nicht ohne ihre Eltern in Deutschland bleiben wolle. Zudem sagt Ceylan, dass sie gerne in die Schule gehen würde, weil es dann nicht langweilig sei, im Unterschied zum Zu-Hause-Bleiben.

Im Anschluss daran unterhalten wir uns noch freundlich, ein weiterer Bekannter von mir kommt hinzu. Ich erlebe (entgegen meinem ursprünglichen Gefühl), dass Ceylan sich in meiner Gegenwart wohl zu fühlen scheint. Ob dies damit begründet werden kann, dass ihr mein intensives Interesse an ihrem Erleben dabei hilft, ansatzweise Vertrauen zu mir zu fassen oder ob sie die individuell gestaltbare Zeit ohne Familie verlängern will, ist mir in diesem Moment nicht deutlich. Die Mischung aus dem im Interview hochpräsenten familiären Druck und dem (unterdrückten) Wunsch nach persönlichem Freiraum und altersgerechter Entwicklung scheinen mir in dieser Kombination wesentliche Zugänge zu Ceylans Erleben zu sein.

5.1.3 Zentrale Bereiche subjektiven Erlebens

5.1.3.1 Duldung: Angst, Wut und Scham

>»Und, ähm, Duldung, wenn nachts, wenn manchmal frühmorgens, wenn wir zur Schule gehen, sechs Uhr jemand an Tür klingelt, kriegen mein Eltern Angst, dass es die Polizei ist und, also, die Kripo und die zur Abschiebehaft oder zum Konsulat bringt. Und die stellen Angst, kriegen Angst. Ja« (I 1, S. 8, Z. 15–18).

Ceylan lebt ihr ganzes Leben lang als Asylsuchende bzw. im Status einer Duldung. Letzterer ist verbunden mit Gefühlen der ständigen Angst vor Abschiebung, die Ceylan jedoch im Wesentlichen von sich selbst fernhalten muss und auf ihre Eltern projiziert. Eine besondere Bedeutung hat dabei die wiederkehrend akut gefährdete Aufenthaltssituation, die keinerlei Möglichkeit zur Bearbeitung der hoch belastenden Lebenserfahrung bietet. Es ist also im Sinne einer *Sequenziellen Traumatisierung* von einer hoch beeinträchtigenden *Chronifizierung der Vorläufigkeit* (vgl. Becker 2006) zu sprechen, die in Ceylans Fall zeitlich und thematisch ihr ganzes Leben bestimmt.

Die dominante Angst, die das familiäre Leben prägt und abhängig von der Rolle im Familiensystem zu sozial unterschiedlich anerkannten Lösungsversuchen[4] führt, ist nicht nur aus einigen Zitaten des Interviews herauszuarbeiten. Auch die Entwicklung des Kontakts zu Ceylan ist von großer Angst geprägt. In den telefonischen und persönlichen Vorgesprächen sprechen wir mehrmals über die Form der Anonymisierung. Für Ceylan ist es sehr wichtig, dass ich, der Interviewer, keinerlei Kontakt mit der Ausländerbehörde habe. Die Angst, die nicht fantasiert ist, sondern realen Erfahrungen mit Abschiebehaft und auch aktuell wieder einer höchst prekären Aufenthaltssituation entspricht, löst beiderseits eine deutliche Unsicherheit aus. Im Gegensatz zu allen anderen Interviews nehme ich nicht nur die üblichen Namensveränderungen vor, sondern verzerre die familiäre Situation sowie einzelne Details zusätzlich. Unabhängig von der tatsächlichen Veröffentlichung teile ich Ceylan diese Änderungen mit. Ich nehme es als einen Versuch meinerseits wahr, nicht mit den verfolgenden Behörden identifiziert zu werden und Ceylan ein Stück weit Halt zu bieten.

Die Ängste der Eltern, die Ceylan beschreibt, müssen für sie in besonderer Weise Panik auslösend sein, da sie fast gänzlich entsymbolisiert sind, deshalb in diffuser Weise von ihr übernommen werden müssen. Zwar weiß Ceylan auf der kognitiven Ebene um die Möglichkeit der Abschiebehaft und damit auch der Abschiebung, jedoch sprechen ihre Eltern nie über die für sie damit verbundenen Gefühle. Ceylan erlebt die in ihren Eltern ausgelösten Bilder körperlich-seelisch; es muss insofern von einer *Transposition* (Kestenberg 1974) der elterlichen Traumata in Ceylans jetziges Leben gesprochen werden. Da die inneren Bilder der Eltern ihr kognitiv und reflektiert-affektiv unzugänglich sind, sind sie in besonderer Weise überflutend.

Dabei bleibt unklar, welche direkte und symbolische Bedeutung die Erfahrungen vor und während der Flucht in der Angst der Eltern vor

---

4 Mit »Lösungsversuchen« sind hier unbewusste Reaktionsweisen der Individuen gemeint, die sowohl den Rückzug in eine psychische Krankheit als auch die fast manische Beschäftigung mit der äußeren Situation umfassen können. Diese stellen in jeder Hinsicht nachvollziehbare psychische Reaktionen auf traumatisierende äußere Umstände dar. Ein derartiges Verständnis grenzt sich deutlich ab von den im Zuge von Asylverfahren häufig unterstellten, angeblich bewusst vorgetäuschten psychischen Krankheiten.

der Polizei spielen. Aus Ceylans Berichten geht nur hervor, dass die
Eltern vor den kriegerischen Auseinandersetzungen in der Osttürkei
geflohen sind. Auch die sehr lange Zeit im Status der Duldung spricht
dafür, dass den Eltern bei Rückkehr ernsthafte Gefahr drohte. Welche
Rolle die Eltern im Konflikt innehatten, ob sie zivile Opfer der Kämpfe
zwischen PKK und türkischem Militär waren oder direkt in die Kampf-
handlungen verwickelt wurden, weiß Ceylan nicht. Die Gleichsetzung
von Abschiebehaft und Konsulat (im Eingangszitat) spricht dafür,
dass der türkische Staat als verfolgend wahrgenommen wird. Ceylans
Vermutungen über die Fluchtgründe möchte sie für sich behalten. Die
Formulierung derselben wäre, davon kann sinnvollerweise ausgegangen
werden, mit der Auslösung eines diffusen Angstgefühls verbunden, dass
in Verbindung mit dem gefährdeten Aufenthaltsstatus, aber auch der
familiären Schweigepflicht zu sehen ist:

> Frage: »Und erzählen deine Eltern manchmal davon, warum sie damals
> aus der Türkei weggegangen sind?«
> Ceylan: »Wegen Krieg und so. Mehreres weiß ich auch nicht, eigentlich
> möchte ich nix Falsches dazu sagen, so. Ich weiß nicht […].«
> Frage: »Weißt du was darüber, was er [der Vater] erlebt hat in der Türkei?«
> Ceylan: »Nein. [Unverständlich] ihn auch nicht. Auch wenn ich was weiß,
> möchte ich es nicht sagen.«
> Frage: »Nee, ist ja auch okay.«
> Ceylan: »Weil es kann sein, dass ich was Falsches sage und dann, ja« (I 1,
> S. 8, Z. 28–S. 9, Z. 4).

Mögliche Folgen eines Sprechens über die Ängste und Gefahren werden
von Ceylan stets nur angedeutet und dann nicht weiter ausgeführt, so
wie hier mit der Phrase »und dann, ja«. Diese übergroße Unsicherheit
gegenüber allen emotionalen und die Familie betreffenden Themen
hängt wesentlich mit Ceylans Alter während der Flucht zusammen. Die
(so ist zu vermuten) traumatischen prä-, peri-, und postmigratorischen
Erlebnisse, die von Beginn an unsichere Aufenthaltssituation sowie die
Desorientierung der Eltern in einem neuen kulturellen System dürften
die Entwicklung von Urvertrauen und positiver Bindung an die Eltern
nachhaltig und massiv gestört haben. Die Polizei steht dabei symbolisch und real für den Versuch, die familiäre Verbindung (so ungesund
diese sein mag) zu zerstören bzw. auseinanderzureißen.

Die Gegenübertragung (während des Interviews und in der Auswertungsgruppe) stützt die vorgenommenen Deutungen über Ceylans Erleben in zentralen Punkten. Die Szene des morgendlichen Klingelns löst Bilder von jüdischen Familien im Dritten Reich aus, die in Konzentrationslager deportiert werden. Es ist zu vermuten, dass Ceylan diese Bilder selbst nicht hat, die Affekte ihrer Gegenüber jedoch spürt. Die Verfolgung von in Deutschland verwurzelten Menschen und die drohende Abschiebung können als unbewusste (und real selbstverständlich durchaus verschiedene) Form der Reinszenierung deutscher Geschichte verstanden werden. In Teilen der Mehrheitsgesellschaft und bei den Betroffenen befördern die damit verbundenen Scham- und Schuldgefühle eine Verleugnung und Nicht-Thematisierung der inneren Welt.

Zur innerpsychisch notwendigen Verleugnung gehört auch, dass Ceylan keine Vorstellung hat, was eine reale Abschiebung für sie bedeuten würde. Auf die diesbezügliche Frage antwortet sie: »Kann ich mir gar nicht vorstellen. Es ist Quatsch, irgendwie so« (I 1, S. 9, Z. 20).

Die Nicht-Konfrontation mit dieser (tatsächlich realen) Möglichkeit stellt eine Variante des Schutzes eines noch verbliebenen inneren Raumes dar. Sie ist insofern einerseits eine hilfreiche Funktion des Ichs, da sie vor weiterer Überflutung schützt. Sie ist andererseits noch stärker als eine reale Beschäftigung mit der Abschiebung in ein ihr völlig fremdes Land mit großer Angst verbunden, was sich an Ceylans nur negativen Fantasien gegenüber der Türkei zeigt: Diese sind verbunden mit Vergewaltigung und allgemein der extremen Unfreiheit der Frau[5].

Neben der Angst gibt es noch weitere zentrale der drohenden Abschiebung zugeordnete Affekte, die jedoch ebenso wenig von Ceylan thematisiert werden können:

Die Wut, die eine Teilnehmerin der Auswertungsgruppe zu Beginn der Beschäftigung mit dem Interview formuliert und sich in einer hilflosen und gleichsam aggressiven Rede gegen die Willkür der Behörden Raum verschafft, kann als stellvertretende Affektdarstellung interpretiert werden. Für Ceylan ist dieser Affekt kaum fassbar, lediglich auf direkte Nachfrage stimmt sie den Gefühlen »Wut« und »Traurigkeit« zu. Wut

---

5 Angesichts der Begrenztheit eines solchen Interviewprozesses bleibt es spekulativ, aber möglich, dass die Vergewaltigungsvorstellungen Ceylans in Verbindung mit realen Erfahrungen der Mutter stehen.

oder Hass könnten sich in Ceylans Fall nur gegen das einzige kulturelle Bezugssystem richten, das sie kennt und mit dem sie sich so gern identifizieren möchte. Über ihre eigene Leistungsbereitschaft versucht sie (neben anderen Aspekten, die unten ausführlicher zu diskutieren sind), sich einen eigenen Anteil an dem als aggressiv erlebten System zu sichern. Gefühle der Wut und des Hasses werden demnach umgewandelt in eine Identifikation mit dem Aggressor. Die Haltung ihres Schuldirektors, sich nur für Ceylans Bleiberecht einzusetzen, weil sie eine zurückhaltende, gute Schülerin ist, löst in der Auswertungsgruppe Aggression und völliges Unverständnis aus. Ceylan jedoch identifiziert sich weitestgehend mit dieser Einstellung. Eine besondere Ambivalenz besteht in diesem Zusammenhang darin, dass nach den von ihr mit vertretenen Kriterien ein Teil ihrer Familie keinerlei Unterstützung verdienen würde.

Besondere Schärfe gewinnt die Entwicklung verzweifelten Hasses angesichts der familiären *Double-Bind-Situation*. Ceylan ist die familiäre Entsendungsperson, deren Ziel es ist, einen Aufenthalt zu sichern und die Familie zusammenzuhalten. Soll sie (aufenthaltsrechtlich) erfolgreich sein, kann sie das derzeit jedoch nur durch einen Bruch der Familie, indem sie (zunächst) das Aufenthaltsrecht für sich und die Schwester sichert. Hält sie die Familie zusammen, kann sie ihre manifeste Mission nicht erfüllen.

Ein letzter zu thematisierender Aspekt ist die Ausrichtung von Hass und Wut gegen sich selbst. Während Ceylan auf der realen Ebene eindeutig Verantwortliche für den fehlenden Aufenthaltstitel benennen kann, richtet sie unbewusst die Schuld auf sich. Das Leben mit Duldung ist somit auch mit Scham assoziiert:

> Ceylan: »Die [Mitschülerinnen und Mitschüler] wissen ja gar nix von dem Aufenthaltsstatus.«
> Frage: »Fragt auch nie jemand danach oder so …«
> Ceylan: »Nee, das würd ich auch nicht sagen. Ich hab hier ne Duldung, das ist mir peinlich!«
> Frage: »Ist dir peinlich, ja, wenn du das sagen würdest?«
> Ceylan: »Wenn die nach so vielen Jahren, wie kann man dann noch ne Duldung haben? […]«
> Frage: »Kannst du das erklären, warum dir das peinlich ist?«
> Ceylan: »Ja, vielleicht, ähm, ach eigentlich nicht, aber es ist mir peinlich. Kann man nicht erzählen« (I 1, S. 6, Z. 21–28).

Mit der Scham über die eigene Lebenssituation spiegelt Ceylan Einstellungen, mit denen sie aufgrund ihrer familiären Führungsposition
in Ämtern regelmäßig konfrontiert ist. Dass eine Familie aufgrund
verschiedener Tatsachen keine Chance auf einen gesicherten Aufenthalt bekommt, wird im öffentlichen Diskurs vielfach den Flüchtlingen selbst zugeschrieben. Falsche Angaben im Asylverfahren werden
dabei kriminalisiert. Arbeitsunfähigkeit ist ein Ausschlusskriterium im
Rahmen der Bleiberechtsregelungen für langjährig geduldete Flüchtlinge. Ceylans Gefühl der »Peinlichkeit« ist auch eine Übernahme eines
männlich-väterlichen Affekts, dass man nur selbst für sich und seine
Familie sorgen könnte. Aufgrund der Tatsache, dass Ceylan anscheinend das einzige Familienmitglied ist, das noch aktiv um eine Aufenthaltsgenehmigung für die Familie kämpft, lastet auf ihr auch ein großer
Teil des Schuldgefühls, nicht erfolgreich zu sein. Die Wechselwirkung
von innen und außen, von faktischer Ausgrenzung und subjektivem
Schamgefühl, von inneren Schuldzuweisungen und öffentlichen Stereotypisierungen, bildet in Ceylans Fall in besonders deutlicher Weise
einen kaum zu entrinnenden Teufelskreis.

5.1.3.2 Die traumatisierte familiäre Interaktion

> Frage: »Und, wenn du mal versuchst, dich in deine Eltern reinzuversetzen:
> Was erwarten die von dir?«
> Ceylan: »Ich hab die Frage gar nicht verstanden.«
> Frage: »Stell dir mal vor, du bist jetzt deine Mutter oder dein Vater. Und
> dann erwartet man ja was von seinen Kindern. Was denkste denn, was
> deine Eltern von dir erwarten?«
> Ceylan: »Halt Unterstützung so, dass ich, dass ich nicht so tue, ob würde
> es mich gar nicht interessieren. Und, nicht denen alles überlasse, z. B.
> könnt, für den zum Anwalt gehen, für den mehrere Sachen machen,
> ohne, weil die sprechen auch kaum deutsch, wenn schon, mein Vater
> versteht, aber kann grad nicht so gut antworten und es ist besser, wenn
> ich persönlich oder mein Geschwister selber hingehe und mit den
> Anwalt oder es ist mit irgend jemand was kläre. Und das machen wir
> auch. Mach ich meistens mit Ibrahim [Name geändert], mit dir« (I 1,
> S. 10, Z. 29 – S. 11, Z. 2).

Was Ceylan hier beschreibt, ist die reale Umkehrung der familiären
Rollen. Der mittleren Tochter Ceylan kommt dabei die (traditionel-

lerweise) väterliche Rolle zu. Sie hält das Leben der Familie aufrecht, indem sie die notwendigen Kontakte zu Behörden, Anwälten und Beratungszentren wahrnimmt. In der Auswertungsgruppe waren diesbezüglich zwei Gefühle sehr präsent: das des unglaublich großen Drucks und der Verantwortung, die auf Ceylan lasten, einerseits und das der extremen Verlassenheit andererseits. Dabei findet eine deutliche Verschmelzung ihrer eigenen Gefühle mit den ihren Eltern zugeschriebenen statt. Ceylan verzichtet auf einen Antrag bei der Härtefallkommission, der ihrer Schwester und ihr selbst gute Chancen auf das Aufenthaltsrecht einbringen würde, weil sie nicht ohne ihre Eltern sein will. Im Interview jedoch schreibt sie ihren Eltern zu, nur an das Wohl der Kinder zu denken. Obwohl die Eltern (soweit sich dies aus der Transkription rekonstruieren lässt) als gänzlich unfähig erscheinen, sich um die emotionale Situation der Kinder zu kümmern, kann Ceylan sie nicht als fantasierte Stütze ihres Lebens aufgeben. Die übermäßige Einsamkeit, die sich aus der Nicht-Kommunizierbarkeit ihrer lebensgeschichtlichen Erfahrungen ergibt, bedingt die Eltern zumindest als innerpsychische Konstante. Jede Loslösung bedeutete zudem (real oder fantasiert) die Auslieferung der Eltern an die verfolgenden Instanzen, die durch die Polizei symbolisiert werden. Die Verschmelzung des eigenen Schicksals mit dem der Eltern, die auch eine mögliche gemeinsame Abschiebung nicht ausschließt, kommt einer Form der (antizipierten) Überlebensschuld gleich (vgl. Niederland 1980). Dazu trägt einerseits Ceylans Gefühl bei, als, soweit bekannt, einziges Familienmitglied psychisch in der Lage zu sein, das Leben zumindest partiell selbst zu gestalten. Andererseits würde ein individuelles Bleiberecht bei gleichzeitiger so empfundener fortdauernder Verfolgung der Eltern weiteres Schuldempfinden auslösen.

Ein Blick auf die realen Strukturen verdeutlicht den klaren Zusammenhang der traumatisierenden äußeren Situation und der familiären und individuellen Reaktionsweise: Die Familie lebt seit 17 Jahren in Deutschland, traumatische Vorerfahrungen der Eltern spielen im familiären Diskurs höchstwahrscheinlich nonverbal eine bedeutsame Rolle. Die Eltern sind von der Möglichkeit, ihr Leben selbst zu gestalten, weitgehend abgeschnitten. Die Angst vor Abschiebung, das Arbeitsverbot, die Residenzpflicht und die ständige Entwertung durch Kettenduldungen und Abschiebehaft paralysieren das Leben der Familie.

Die Eltern reagieren auf ihre lebensgeschichtlichen Erfahrungen mit der Ausprägung ernsthafter psychischer Erkrankungen und damit dem Rückzug aus der Konfrontation mit den realen Erfordernissen des Alltags[6]. Mit der Krankheit agieren sie eine nicht mehr thematisierbare Tatsache, die der totalen Abhängigkeit von ihren Kindern einerseits und dem deutschen Staat andererseits. Auch der Abbruch der Bildungsangebote durch den Bruder ist eine Form des Rückzugs aus der aktiven Bewältigung der Lebenssituation.

Auf Ceylan lastet deshalb nicht nur die Aufgabe der Familienorganisation, sie muss gleichzeitig ihre Eltern vor Überflutung schützen:

Frage: »Aha. Und erzählen deine Eltern von früher manchmal?«
Ceylan: »Nein, weil hier wir auch nix fragen, erzählen sie auch nicht.«
Frage: »Hm, okay. Und, über welche Themen kannst du dich gut mit deinen Eltern unterhalten?«
Ceylan: »Über Gutes, [lacht] über Schlechtes, schlechtes, schlechte Themen nicht.«
Frage »Aha, aha. Was sind z. B. gute Themen?«
Ceylan: »Ja, so halt allgemein, so, wenn man was Gutes hört. Sagen wir, es ist neues Gesetz gekommen, dann erzähle ich ihnen davon, dann freuen die sich. Dann kann man darüber reden. Aber sagen wir, über so, Sachen, das nicht schön ist, nee. Möcht ich auch nicht, werden die nur traurig.«
Frage: »Hm, dann werden die nur traurig. Denkst du, dass du bisschen aufpassen musst auf deine Eltern? Die bisschen schützen musst?«
Ceylan: »Ja, mein Vater ist auch bisschen krank auch, meine Mutter auch, bisschen. Hm, so viele Fragen [lacht]« (I 1, S. 10, Z. 7–17).

Die Tabuisierungen von allem, was die Eltern belasten könnte, stellen einen wesentlichen Teil von Ceylans Erleben dar. An diesem Schweigepakt haben alle Familienmitglieder ihren Anteil. Das Gefühl der Anstrengung, das mehrere Mitglieder der Auswertungsgruppe im Hinblick auf das Interview teilen, dürfte ein wesentliches Gefühl Ceylans widerspiegeln. So wie sie im Interview sehr reduziert antwortet (und damit

---

6 Dies ist etwas vereinfacht dargestellt. Eine psychische Erkrankung kann ein (misslungener) Lösungsversuch sein, um einer äußerlich nicht auszuhaltenden Lebenssituation teilweise zu entfliehen. Jeder Therapieversuch ist stark von Scheitern bedroht, so lange der Aufenthalt nicht gesichert ist, denn eine Gesundung bedeutete den Wegfall eines weiteren Abschiebehindernisses.

ein negatives Gegenübertragungsgefühl auslöst), so muss sie in der familiären Diskussion ständig abwägen, welche Dinge sie ihren Eltern zumuten kann und welche nicht. In diesem Zusammenhang sind auch die vielen abgebrochenen Sätze Ceylans zu sehen, in denen es meist um persönliche Bedürfnisse geht. Sie werden angedeutet (besser vielleicht: angedacht) und dann aber regelhaft wieder verworfen, da sie die extrem brüchige Lebenskonstruktion der Eltern gefährden könnten. Ceylans vielfältige Aktivitäten entsprechen insofern einerseits notwendigen Aufgaben, mit denen sie das Überleben der Familie sichert, sie sind aber andererseits auch eine Abwehr gegenüber der Beschäftigung mit eigenen Bedürfnissen, Ängsten und Zweifeln. Die ständige Geschäftigkeit ist damit analog zum innerpsychischen Rückzug der weiteren Familienmitglieder aus der äußeren Interaktion ein Versuch, die hochgradig gestörte Lebenssituation zu bewältigen und sich vor Überflutung zu schützen. Jede Beschäftigung mit der dramatischen äußeren Situation könnte für Ceylan leichter zu ertragen sein, als dies die realistische Wahrnehmung der familiären Interaktion wäre.

Die im Postskriptum erwähnten »Schwächeanfälle« sind in diesem Zusammenhang von herausgehobener Bedeutung. Das Bedürfnis nach Schutz, Verstandenwerden und Halt kann nur noch auf diesem Weg agiert werden. Mit Schwächeanfällen löst sie in ihren Mitschülerinnen, Mitschülern und Lehrenden ähnliche Gefühle aus (Angst, Schock), wie sie sie mit der Erzählung ihrer familiären Geschichte erzielen würde. Den ersten Schwächeanfall erlitt Ceylan im Rahmen einer Klassenreise nach Italien, wo sie nach vielen Jahren erstmals von ihren familiären Pflichten entbunden war. Es scheint nicht überinterpretiert zu sein, dass diese Sondersituation den Raum für eine Beschäftigung mit den eigenen Bedürfnissen schuf. Ein Schwächeanfall ist demnach Äußerung von Hilflosigkeit und Überforderung gegenüber sich selbst und der Peer-Group sowie den Lehrenden.

5.1.3.3 Schule: Leistung, Autonomie und Verlassenheit

> »Nee, eigentlich klappt es in jedem Fach gut, wenn ich will und wenn ich lerne will, dann klappt es. Aber wenn ich nicht lerne, natürlich klappt es nicht, aber eigentlich klappt's schon. Nur in Chemie hab ich ne vier und sonst ... Ist okay« (I 1, S. 4, Z. 4–6).

Ceylan beschreibt sich im Interview mehrfach als gute Schülerin. Ihre Ziele gipfeln in dem Wunsch, zunächst den Mittleren Schulabschluss und anschließend das Abitur zu erreichen, wobei sie momentan eine Hauptschule in einem sogenannten sozialen Brennpunktgebiet besucht. Es ist für das *Szenische Verstehen* nicht sehr bedeutsam, beurteilen zu können, ob Ceylans Selbsteinschätzung realistisch oder unrealistisch ist. Die Kombination aus ihrem Alter (17) und der Klassenstufe (9) spricht dafür, dass die schulische Laufbahn zumindest auch Brüche aufgewiesen hat. Viel wichtiger erscheint die Entschlüsselung der innerpsychischen Bedeutung zu sein, die die schulischen Leistungen für Ceylan haben.

Ihre guten schulischen Leistungen sichern Ceylan Gratifikationen seitens der Lehrenden, die über die eigentlichen Leistungsbewertungen hinausgehen (wobei letztere Ceylan durchaus wichtig sind, da sie die Zensuren im Interview mehrfach erwähnt). So setzte sich der Schuldirektor für Ceylans Teilnahme an der Klassenreise ein, weil sie eine gute und freundliche Schülerin sei. Auch Ceylans Klassenlehrer unterstützte den Verbleib ihres Bruders in Deutschland, als dieser in Abschiebehaft war. Es gibt also deutliche Anzeichen dafür, dass Ceylan bewusst und unbewusst eine Form der Normalität, das Bleiberecht und damit das Überleben der Familie als abhängig von ihren schulischen Leistungen und ihrem Verhalten erlebt. Sie selbst fasst diese Beziehung der Leistung zum Bleiberecht folgendermaßen zusammen:

>»Ja, ja, wenn ich nur mit Sechsen komme, dann glaub ich nicht, dass die [generalisiert für die Behörden, möglicherweise auch symbolisch für die Mehrheitsgesellschaft] mich hier lassen« (I 1, S. 11, Z. 21).

Ergänzend dazu gibt es noch eine weitere zentrale innere Bedeutsamkeit schulischer Bildung, die auch aus dem Eingangszitat hervorgeht. Bildung kennzeichnet einen Bereich persönlicher Autonomie, in dem Ceylan darauf bauen kann, dass ihre Leistungsbereitschaft entsprechende Früchte trägt. Während sie sich im Hinblick auf die Aufenthaltssituation und die gestörte familiäre Interaktion in weitgehender bis totaler Hilflosigkeit erlebt, ist dies in der Schule nicht der Fall. Ceylan wirkt dem schulischen Druck deshalb in geringerem Maße passiv ausgeliefert, als es die oben genannten Ausführungen vermuten lassen würden. Die schulische Karriere ist die einzige familiär akzeptierte und sozial anerkannte Möglichkeit der Loslösung von ihren Eltern. Explizit benennt Ceylan, dass ihr die schulischen Angebote dabei helfen, ihr Leben zu bewältigen und grenzt sich damit sehr deutlich von ihren formal wenig gebildeten Eltern ab:

> »Ja, man lernt mehrere Sachen, z.B. wenn ich so andere Leute angucke, könn nicht mal schreiben, weil die nicht mal zur Schule gegangen sind. Das hätte ich auch nicht können, wenn ich nicht zur Schule gegangen hätte oder Rechnen, Schreiben, Englisch« (I 1, S. 4, Z. 11–13).

Die Ambivalenz schulischer Leistungsorientierung besteht in Ceylans Fall demnach darin, dass sie einerseits einen haltenden Rahmen schafft, der für Ceylan zu überblicken ist und in dem persönliche, individuelle Leistung belohnt wird. Andererseits findet eine Verschiebung existenzieller Fragen auf die in Noten festgeschriebene Leistung statt, was zu ungesunden und unrealistischen Bedeutungszuschreibungen gegenüber Zensuren führt. Die Verknüpfung von menschlichem Engagement für die Schülerin und ihre Familie mit der Leistung des Mädchens seitens der Schulverantwortlichen ist deshalb an Zynismus hinsichtlich allgemeiner menschlicher Werte und pädagogischer Zielstellungen wie Autonomie und kritische Urteilsfähigkeit kaum zu überbieten. Die Haltung des Schuldirektors (so, wie Ceylan sie aufgefasst und internalisiert hat) ist eine besonders starke Form institutioneller Verantwortungslosigkeit und persönlichen Machtmissbrauchs.

Ein weiterer Aspekt von Ceylans schulischer Situation besteht in der fast gänzlich fehlenden Teilhabe an außerunterrichtlicher Interaktion, verbunden mit dem Verschweigen ihrer Lebens- und Leidensgeschichte. Die große Einsamkeit, in der wir Ceylan erleben, begründet sich neben der familiaren Situation vor allem mit ihrer weitgehenden Ausgeschlossenheit aus der Peer-Group. Alle zentralen lebensgeschichtlichen Themen schließt Ceylan selbst aus der Kommunikation aus:

> »Ja, Ich habe eine beste Freundin, das ist eine sehr gute Freundin von mir, die anderen sind so für mich nur so Mitschülerinnen, aber sind schon Freunde, aber den, dass ich den was anvertraue: nee, nie im Leben« (I 1, S. 6, Z. 10f.).

Die Scham über die eigene Lebenssituation und das vermutete Unverständnis seitens der Mitschülerinnen und Mitschüler verhindern jeden Versuch der Thematisierung bedeutsamer Themen. Selbst der genannten besten Freundin gesteht sie lediglich zu, eigene Geheimnisse zu erzählen, Ceylan selbst jedoch erzählt auch dieser nichts von ihrer Situation.

Obwohl sie vermutet, dass es andere Jugendliche an der Schule geben könnte, die in einer ähnlichen aufenthaltsrechtlichen Situation wie sie selbst sind oder waren, ist sie keinesfalls bereit, diese Lebenserfahrungen mit ihnen zu teilen. Es ist zu vermuten, dass sie die fremden Erfahrungen unbewusst verleugnen muss, da damit ihre eigenen Belastungen thematisiert würden. Wenn Raum geschaffen würde für Introspektion und Reflexion, könnte die Orientierung an Leistung, größter familiärer Verantwortung und täglichem Kampf um ein Bleiberecht ins Wanken geraten. Wie ihre Eltern schweigt Ceylan so zu ihrer Situation; gleichzeitig versucht sie damit zu verhindern, so krank wie diese zu werden. Die Vorstellung, dass es einen psychosozialen Gewinn durch emotionale Offenheit geben könnte, wird von Ceylan radikal unterdrückt. In ihrer subjektiven Weltsicht ist alles Reden über Belastungen mit akuter Gefahr verbunden. Ceylan repräsentiert stattdessen selbstverleugnend eine leistungsbereite Seite der Familie. Die wirkliche Darstellung des familiären Dilemmas könnte (subjektiv und real) zu einem Hindernis bei Anträgen auf einen Aufenthaltstitel werden. Dafür spricht die Angst vor der »große[n] Sache« (I 1, S. 5, Z. 29), die die schulischen Bezugspersonen in ihrer Fantasie aus Ceylans Erzählen machen könnten. Eine solche »große Sache« kann sie zwar nicht genauer definieren, sie löst anscheinend jedoch starke diffuse Ängste in ihr aus.

In diesem Kontext ist auch ihre klare Ablehnung sozialpädagogischer Angebote zu sehen:

> Frage: »Hast du das Gefühl, dass dich da irgend jemand unterstützt hat in der Schule, in dieser Zeit [als der Bruder in Abschiebehaft saß]?«
> Ceylan: »Mmm [promptes Kopfschütteln], es wusste ja kaum jemand was davon. Erzähl ich auch nicht gerne.«
> Frage: »Erzählst du nicht jedem. Hm. Würdest du's manchmal gerne doch jemanden erzählen?«
> Ceylan: »Mmm.«
> Frage: »Nee? Woran liegt das, kannst du das sagen?«
> Ceylan: »So, ist ja nix Schönes, was man erzählen kann. Es ist ja nix, dass

die anderen sagen können: ›gut‹. Weiß ja gar nicht, wie die anderen
darauf reagieren. Vielleicht reagieren die darauf negativ und denken:
›Ah, erzählen Sie mal weiter und so.‹ Is besser, wenn man's, Sachen,
die man nicht erzählt. Lässt man lieber bei sich und seiner Familie«
(I 1, S. 5, Z. 5–14).

Das elterliche Tabu, die Lebenssituation außerhalb der Familie zu
thematisieren, scheint also wesentlich mitverantwortlich für Ceylans
Schweigen zu sein. Während auf der manifesten Ebene jeglicher
Wunsch nach Gehalten-Werden und Schutz unterdrückt wird, sprechen sowohl die Interviewanbahnung als auch das Nachgespräch eine
deutlich andere Sprache. So hatte Ceylan stets Interesse an dem Interview, musste jedoch gleichzeitig ihre und die elterlichen Zweifel ausräu-
men. Ceylans Bleiben und relative Offenheit nach dem Interview sind
Kommunikationsangebote, die auf Verständnis und ein Teilen ihrer Belastungen zielen.

5.1.4 Abschließende Überlegungen

Die hoch brisante Lebenssituation Ceylans scheint kaum Auswege zu
bieten. Abgesehen von einem Appell an die politisch Verantwortlichen ist
der Einfluss von Individuen auf die Lebenssituation der Familie gering.
Eine besondere Brisanz kommt der Frage nach therapeutischen Angeboten zu. Während alle in der vorliegenden Beschreibung genannten Familienmitglieder zweifelsohne einen sehr großen Bedarf an dahingehender
Unterstützung haben, ist eine tatsächliche gesundheitliche Verbesserung
ohne einen gesicherten Aufenthaltsstatus kaum möglich. Darin liegt die
aktuelle Dramatik der Lebenssituation der Familie. Nur vor dem Hintergrund einer diesbezüglichen Veränderung können auch weiter zurücklie-
gende traumatische Sequenzen bearbeitet werden. Dies betrifft über die
individuelle gesundheitliche Entwicklung hinaus auch Ceylans familiäre
Situation: So lange die kranken Eltern akut von Abschiebung bedroht
sind, ist jede Form der Reflexion und Orientierung an individuellen Be-
durfnissen für sie eine Form der Gewalt gegen die Eltern.
    Dennoch bietet gerade die hier in Kürze beschriebene Leidensgeschichte
auch wesentliche Handlungsansätze für pädagogisch Verantwortliche.

Obwohl Ceylan im Gegensatz zu einigen anderen Interviewpartnerinnen und -partnern bislang nicht in der Lage ist, ihre Lebenssituation in der Schule zu thematisieren, agiert sie eine versteckte, aber deutliche Bereitschaft zur Kommunikation über die hoch belastenden Themen. Dass sich dies am Ende des Interviews zeigt, steht, so muss vermutet werden, mit der langen und zurückhaltenden Interviewanbahnung in Verbindung. Das im Interview Ausgesprochene, aber auch die geteilte Bereitschaft, Dinge nicht zu thematisieren, scheinen wesentliche Bestandteile helfender Angebote für Ceylan zu sein. Solche, über den allgemeinen (sozial-) pädagogischen Rahmen hinausgehende Kommunikationsräume müssten jedoch niederschwellig bereitgestellt werden, da die reale und subjektive Hemmschwelle gegenüber therapeutischen Angeboten zu hoch ist.

Dabei stellen die Kombination aus 100%iger Vertraulichkeit und Anonymität einerseits und die Bereitschaft, sich unabhängig von schulischer Leistung für ein Bleiberecht des Mädchens und ihrer Familie einzusetzen andererseits, zentrale Bestandteile der notwendigen Unterstützung dar.

5.2   Farid

5.2.1   Biografischer Abriss

Farid ist 17 Jahre alt und lebt seit mehr als fünf Jahren in Deutschland. Er wurde in Afghanistan geboren. Über sein dortiges Leben möchte er nicht sprechen, auch nicht über die Stationen seiner Flucht nach Deutschland. Die Zwangsmigration steht zeitlich in Zusammenhang mit dem Angriff der Nato-Truppen auf das Land und die herrschenden Taliban.

Farid gelangte noch als Kind (er war zu diesem Zeitpunkt elf oder zwölf Jahre alt) allein nach Deutschland, wo er zunächst in einem Heim in München lebte. Von dort zog er nach kurzer Zeit in eine Wohngemeinschaft der Jugendhilfe in Berlin, wo er noch heute lebt. Seine Bezugsbetreuerin ist dort für ihn die wohl wichtigste Vertrauensperson überhaupt.

Farid erreichte einen Hauptschulabschluss und besuchte anschließend eine einjährige Berufsfachschule zur Berufsvorbereitung (ganz genau kann

125

er diesen Schultyp nicht zuordnen, bezeichnet ihn als »Berufsschule«).
Kurze Zeit nach dem Interview, das während der Sommerferien stattfand,
begann er mit einer schulischen Ausbildung.

5.2.2   Zum Interview

Der Kontakt zu Farid wurde mir über den Leiter einer Beratungsstelle
für junge Migrantinnen und Migranten vermittelt. Diesem gegenüber
hatte sich Farid bereits zu einem Interview bereit erklärt. Deshalb rufe
ich ihn mehrmals auf seinem Mobiltelefon an. Nach mehreren Verschiebungen, die Farid unterschiedlich begründet, vereinbaren wir einen
Termin in seiner betreuten Wohngemeinschaft. Ich habe das Gefühl,
einen Termin außerhalb dieser Räumlichkeiten würde er nicht wahrnehmen oder den Ort nicht finden.

Farid ist als einziger Bewohner seiner Wohngemeinschaft zu Hause,
da die anderen in Frankreich im Urlaub sind. Die Wohnung wirkt wie
eine Baustelle (der anwesende Betreuer sagt mir, sie nutzten die Sommerferien, um einige Arbeiten zu erledigen).

Nach zweimaligem Klopfen öffnet Farid die Tür. Das Vorgespräch
findet in einem zur Wohngemeinschaft gehörenden Büro statt. Farid
antwortet freundlich auf meine Fragen, jedoch stets sehr kurz.

Auf die Frage, ob er schon ein bisschen weiß, worum es geht, verneint
er. Ich bin erstaunt, weil ich verstanden hatte, dass seine Bezugsbetreuerin wesentliche Informationen weitergegeben hat. Zudem hatte ich
ihm das Anliegen bereits am Telefon kurz geschildert. Ich erkläre ihm
also erneut mein Interviewvorhaben. Ich erläutere ihm mein Interesse
an seiner Person damit, dass er bestimmt viele Dinge erlebt habe, die
anderen Jugendlichen nicht widerfahren sind, was er bejaht. Als ich ihm
die Themenkomplexe des Interviews vorstelle, sagt er, dass er über seine
Flucht nach Deutschland nicht sprechen möchte. Zu einem späteren
Zeitpunkt fügt er hinzu, dass er nicht gerne über seine Familie spricht.
Ich frage nach, ob schon viele Leute wollten, dass er darüber spricht.
Er bejaht und sagt, er wolle das einfach vergessen. Ich sage, dass es ja
bestimmt auch schwer für ihn sei, daran zu denken.

Anschließend bitte ich ihn, mir schon ein bisschen von sich zu erzählen,
damit ich mich besser auf das Interview vorbereiten könne. Er sagt, er wisse

nicht, was er sagen solle. Ich frage ihn nach der Länge seines Aufenthaltes in Deutschland, nach seinem Alter und weitere Dinge. Wiederum antwortet er bereitwillig, schaut aber auf den Tisch oder geradeaus, nicht jedoch in meine Richtung. Nachdem ich ein paar Details von mir selbst erzählt habe, frage ich danach, was er gern noch wissen möchte. Sehr interessiert ihn meine Motivation, als Lehrer zu arbeiten. Als ich ihm mein Interesse am Leben von Jugendlichen darstelle, habe ich das Gefühl, ein kleines Anzeichen von Sympathie zu entdecken. Zudem interessiert ihn, wie ich eigentlich auf ihn kam und betont erneut, dass er eigentlich jemand sei, der nicht gern über sich spricht. Ich sage, dass ich es umso toller finde, dass er mitmacht und dass es jederzeit okay ist, wenn er Fragen nicht beantwortet.

Schließlich verabreden wir einen Interviewtermin. Angesichts seiner brüchigen Ausdrucksweise bin ich überrascht, wie flüssig und mit schönem Schriftbild er sich den Termin und meine Telefonnummer notiert. Er sagt, er würde mich anrufen, falls etwas dazwischen kommt.

Zum Interview treffe ich kurz vor der vereinbarten Zeit in Farids Wohngemeinschaft ein. Diesmal ist es aufgeräumter; der Betreuer klopft für mich an der Tür und geht gleich rein, ohne eine Antwort abzuwarten. Farid möchte das Gespräch in einem der Büroräume durchführen (nicht in seinem Zimmer) und sagt, er würde gleich nachkommen.

Er erkundigt sich, ob ich die Fragen »zur Familie und so« (Zitat Farid) rausgestrichen hätte. Ich merke, dass für ihn nicht im Vordergrund steht, wer dieses Interview im Nachhinein liest, sondern dass bestimmte Themen während des Interviews nicht zur Sprache kommen. Ich antworte, dass ich mich natürlich an die Absprachen des Vorgesprächs gehalten hätte. Ich erlebe mich im Vergleich zum Vorgespräch als weniger angespannt, was ich auch als Entspannung Farids deute, da er sich auf mich bezüglich der Interviewfragen verlassen konnte.

Für Farid (und für mich) bedeutsam wird das Interview erstmals bei den Fragen zur Beziehung zu seinen Mitschülerinnen und Mitschülern. Wie hier gibt es mehrere Situationen im Laufe des Interviews, bei denen ich das Gefühl habe, wir berühren emotional bewegende Themen, gehen aber absprachegemäß nicht darauf ein (so, als es um Afghanistan geht oder darum, mit wem er über seine Familie spricht).[7] Eindrücklich ist

---

7 Diese Wahrnehmung teilen mehrere Mitglieder einer psychoanalytischen Supervisionsgruppe, in der ich Auszüge aus dem Interview mit Farid vorstelle.

für mich, dass Farid mit Möglichkeitsfragen (»was wäre, was würdest du dir wünschen«) sprachlich und inhaltlich nichts anfangen kann. Obwohl er gut deutsch versteht, kann oder möchte er diese Fragen nicht beantworten. Er sagt dann mehrfach, er hätte sich darüber noch nie Gedanken gemacht.

Während weiter Teile des Interviews fällt mir auf, dass Farid entweder zittert oder mit geringem Ausschlag »zappelt«. Insgesamt redet Farid sehr leise, viele Inhalte scheint er fast zu verschlucken. Ich habe oft Angst, dass ich die Zusammenhänge im direkten Gespräch zwar verstehe, sie auf der Aufnahme aber kaum nachvollziehen kann. Nach dem Interview fragt mich Farid, ob es »das jetzt war«. Als ich bejahe, merke ich, dass ihn diese Tatsache erleichtert.

5.2.3 Zentrale Bereiche subjektiven Erlebens

5.2.3.1 *Die notwendige Abwehr gegenüber traumatischen Fluchterfahrungen*

Über wesentliche Bestandteile seiner Lebensgeschichte, die zweifelsohne dominant auch für seine aktuelle subjektive Realität sind, ist Farid nicht bereit zu sprechen. Die genauen Hintergründe seiner Flucht als elf- oder zwölfjähriger Junge bleiben so im Dunkeln. Die Annahmen darüber, welche Belastungen diese Erlebnisse für die Bewältigung der aktuellen Lebensrealität darstellen, beruhen deshalb wesentlich auf den Szenischen Daten aus dem Interview. Darüber hinaus bieten verschiedene aktuelle Erlebensbereiche, von denen Farid berichtet, Hinweise zur Bedeutung der traumatischen Fluchterfahrungen. Allein der Ausschluss der oben genannten Themen aus dem zwischenmenschlichen (und somit, so hofft Farid aller Vermutung nach) innerpsychischen Diskurs, unterstreicht die große Gefahr, der sich Farid durch die intrusiv auftretenden Erinnerungen ausgesetzt sieht.

So bestätigt er, dass es ihm trotz des Versuchs zu vergessen nicht gelingt, die traumatischen Aspekte seiner Biografie aus seinem Bewusstsein zu verdrängen, dass sie stattdessen einen dominierenden Teil seiner Gedankenwelt darstellen:

»Schule [trägt] nicht [zum Vergessen bei], aber es gibt, z. B. wenn ich gar nicht dran denke oder mich mit andere Sachen beschäftige, muss ja nicht nur die Schule sein, helfen mir ein bisschen. Aber das sind Sachen, das man nie im Leben, nie vergisst. Aber sich ablenkt davon« (I 2, S. 12, Z. 6–8).

Zur Ablenkung von der Erinnerung und zur Vermeidung von innerpsychischer Überflutung durch hochgradig angstbesetzte Bilder benötigt Farid eine große Menge an Energie. Diese Energie ist somit in der Abwehr traumatischen Erlebens gebunden und kann anderweitig nicht eingesetzt werden. Derartige innere Prozesse scheinen angesichts der Vorgeschichte unvermeidlich und führen in Farids Fall klar nachvollziehbar zu einer Verarmung des sonstigen seelischen Erlebens. Es wird nicht klar, ob die Erlebnisse der Flucht nur noch als primär angstbesetzte Affektzustände vorhanden sind oder ob er weiß, »worauf er sich einlassen würde, wenn er die Karten aufmacht« (Zitat einer Teilnehmerin der Auswertungsgruppe). Dass die Erlebnisse nicht verleugnet, sondern bewusst vermieden werden, spricht eher für erinnerte Erfahrung, möglicherweise brüchig und diffus. Es handelt sich für Farid vermutlich um einen kognitiven Wunsch des Ungeschehenmachens, der innerpsychisch jedoch nicht umsetzbar ist. Die Dominanz der Gefühle von Ohnmacht und Abhängigkeit, die sich unter anderem in Farids schulischer als auch aufenthaltsrechtlicher Situation manifestieren, zeigen auf, dass ursprünglich an die Flucht gebundene Affekte einer sequenziell reinszenierten und erlittenen Wiederholung unterliegen. Bezug nehmend auf Horowitz (1986) kann interpretiert werden, dass Farids traumatischer Prozess zumindest in dem hier relevanten Zeitfenster, in dem das Interview stattfand, in der dritten Phase eingefroren ist. Diese Phase ist nicht mehr durch totale Verleugnung, stattdessen jedoch durch ständig eindringende Gedanken und Erinnerungsbilder geprägt. Sein bewusstes Vermeidungsverhalten entspricht dementsprechend einer realen Notwendigkeit, da es ihm hilft, seinen Alltag zu bewältigen. Über die notwendige Bearbeitung dieser offensichtlich hochtraumatischen Erfahrungswelt ist damit natürlich nichts gesagt.

Am klarsten wird die Bedeutung dieser innerpsychischen Bilder und ihrer erwünschten Vermeidung, wenn die Gegenübertragungsgefühle während des Interviews sowie während der Auswertung in der Forschungsgruppe genutzt werden. Diese sind durchaus ambivalent:

Auf der einen Seite stehen Gefühle der Betroffenheit und des Mitleids sowie der inneren Leere. Diese Leere ergibt sich aus der notwendigen Bindung von Energie zur Abwehr des traumatischen Erlebens einerseits und aus der Fremdheit gegenüber der heutigen realen Umgebung andererseits. Ergänzend hierzu sind auch Bilder von Farid als einem Vulkan, dessen explosiver Inhalt jedoch tief vergraben ist, vorhanden. Auf der anderen Seite wird Farid auch als nicht greifbar erlebt. »Man rutscht an ihm ab« (Zitat eines Gruppenmitglieds) ist eine der häufig geäußerten Wahrnehmungen. Dies kann ein Hinweis darauf sein, dass Farid in (sozial-)pädagogischen Kontexten eher als unnahbar, eventuell sogar als abweisend wahrgenommen wird. Ohne jeden Zweifel leidet Farid massiv unter den traumatischen Sequenzen eins und zwei und kommt mit seinem eigenen Wunsch, die traumatischen Anteile der inneren Welt zu vernichten, nicht weiter. Diese Tatsachen bilden das Bedingungsfeld dafür, dass seine zwischenmenschlichen Beziehungen im Wesentlichen oberflächlich verbleiben. Dazu in den Kapiteln 5.2.3.2 und 5.2.3.4 mehr.

5.2.3.2   *Bedrohliche primäre Objekte und aktuelle Fremdheit*

> »Ja. Ja, es ist, äh … wie sage ich, ich musste mich ja in die Schule nicht mit jedem verstehen. Aber man, es gibt's auch, es gab natürlich auch Leute, dass ich mich mit denen gut verstanden habe, gut befreundet bin und so. Weil, es geht ja eigentlich« (Farid über seine Beziehung zur Peergroup; I 2, S. 8, Z. 22–24).

Farids wichtigste Kategorie zur Beschreibung von Beziehungen in der Peer-Group ist die der Problemfreiheit im Umgang miteinander. Er beschreibt sich als freundlich gegenüber seinen Mitmenschen und vermittelt gleichzeitig die subjektive Bedeutungslosigkeit dieser Beziehungen. Mit der Vehemenz, mit der er sich von seiner Peer-Group abgrenzt, betont er seine selbst gewählte Sonderrolle. Eine solche Wahl[8] ist nur verständlich vor dem Hintergrund lebensgeschichtlich traumatisierender und in deren Folge generalisierter Beziehungserfahrungen. Mit der Benennung von Vertrauenspersonen scheint er eher soziale Anpassung

---

8 Wenn hier von »Wahl« gesprochen wird, betont dies einerseits die durchaus vorhandenen Ressourcen Farids zur Gestaltung seines Lebens. Andererseits ist klar, dass diese »Wahl« massiven inneren und äußeren Restriktionen unterliegt und Farid insofern auch gleichzeitig Objekt starker Beeinträchtigungen seines Lebens ist.

zu formulieren und impliziten Erwartungen der Jugendwohngemeinschaft gerecht werden zu wollen.

Entscheidendes Hindernis für tiefere Beziehungen zu Gleichaltrigen ist das biografisch bedingte, außergewöhnliche Erleben, das er nicht mit anderen teilen kann und wofür er auch kein Verständnis im Sinne eines Einfühlen-Könnens erwartet:

> Farid: »Ich weiß nicht, ich kann mich nicht mit jeden Menschen vergleichen. Ich sage jetzt nicht, dass ich, keine Ahnung, was besonderes bin oder so, aber ich weiß nicht, ich kann mich nicht mit jemanden vergleichen. Weil ich bin nicht so ein Junge, das unbedingt so sein will wie jemand anders. Ich bin das, was ich bin. Von daher ...«
>
> Frage: »Hat der Unterschied was damit zu tun, dass du seit fünf Jahren in Deutschland bist und die andern vielleicht schon viel länger oder schon immer?«
>
> Farid: »Ja, das auch und s ist, s liegt auch daran, was ich z.B. erlebt habe, haben die anderen davon gar keine Ahnung. Und von daher kann ich mich mit denen gar nicht vergleichen. Die haben z.B. bei manche Sachen, bei manche Sachen nicht so viele Erfahrung wie ich« (I 2, S. 11, Z. 14–22).

Es kann demnach begründet davon ausgegangen werden, dass die prä-, peri- und postmigratorischen Erfahrungen massiv Energie binden und ein deutliches Gefühl von Fremdheit auslösen. Mit dem Satz: »Ich bin das, was ich bin« drückt Farid dennoch ein Beziehungsangebot aus, das lauten könnte: »Erkennt mich als das an, was ich bin, nicht als das, was ihr gern in mir sehen wollt.« Er drückt, so kann seine Haltung und auch das Gesprochene sinnhaft interpretiert werden, gleichzeitig den Wunsch nach Passiv-sein-Dürfen und nach Beziehungen aus, die den notwendigen Schutz um ihn als Person nicht durchbrechen.

Farid lebt mit stark normativ festgelegten Rollenvorstellungen, die zumindest teilweise den verleugneten elterlichen Introjekten zu entspringen scheinen und deshalb seiner aktuellen Lebensrealität widersprechen. Diese Agierung des väterlichen Prinzips führt notwendigerweise zu einer weiteren Abgrenzung von anderen Jugendlichen, die diesen Normen nicht entsprechen.

So beschreibt er seine Ablehnung von Drogen- und Alkoholkonsum als eine Tatsache, die ihn von Gleichaltrigen unterscheiden würde. Die insgesamt recht starren Vorstellungen vom Leben scheinen ihm Halt zu geben und können als Versuch des Brückenbaus zwischen der Herkunfts- und der Residenzkultur verstanden werden. Sie sind gleichzeitig anschlussfähig an einen Aspekt seiner Lebenserfahrung: der notwendigen Idealisierung eines (allerdings nicht persönlich konkretisierten) familiären Beziehungsnetzes. Farid spricht nicht über seine Familie. Trotz oder gerade wegen der vermutlich traumatisierenden Erinnerungen an Familie benötigt er die Fantasie von haltenden Beziehungsmustern im Familienverband dringend zur innerpsychischen Stabilisierung. Diese laufen subjektiv Gefahr, an Bedeutung zu verlieren, wenn sie durch vergleichbar haltende und schützende Beziehungsmuster in der aktuellen Realität ersetzt würden. Farid setzt deshalb die Erfahrungen in der Wohngemeinschaft konträr zu seiner Vorstellung einer familiären Lebenswelt und lehnt erstere weitestgehend ab:

> Frage: »Und hier in der WG: Was denkst du, was ist in der WG anders als in einer Familie?«
> Farid: »Vieles. In WG wohn ich mit Jugendliche, die manche von denen ... Ich meine, ich komm mit die klar, aber trotzdem, es gibt Jugendliche, die nicht so sind, wie man sich vorstellt. […] Und in Familie kann man sich so was nicht vorstellen. Ich mein, es gibt nicht, es ist anders. Aber ich kann mich nicht so vergleichen. Nicht mit Familie« (I 2, S. 16, Z. 7–15).

Da Farid Introspektion als die innere Stabilität gefährdend erlebt, kann er sich auch nicht in andere Menschen hineinversetzen. Auf alle Fragen, die sich auf die vermutete Einstellung anderer ihm gegenüber beziehen, antwortet Farid, dass er davon keine Vorstellung habe. In der Terminologie Meads (1934) fehlen Farid die Vorstellungen des generalisierten Anderen, die zur Entwicklung eines kohärenten Selbst jedoch dringend notwendig sind.

Demnach verdichten sich in der (selbst gewählten) Beziehungslosigkeit, so ist zu interpretieren, früheste Mangelerfahrungen mit primären Bezugspersonen, notwendige Spaltungen zwischen fantasiert-familiärer und Peergroup-Erfahrungswelt sowie deutliche Akkulturationsprobleme im Exil.

5.2.3.3 *Abhängigkeit und Ohnmacht. Die nicht vorhandene Zukunft*

Bedingt durch äußere Verbote und innere Denkstörungen, sowohl lebensgeschichtlich als auch aktuell verankert, ist Farid die Entwicklung von eigenen Wunsch- und Zukunftsvorstellungen weitestgehend verwehrt. Die wichtigsten mitbedingenden, zum Teil bereits genannten Aspekte dafür können an dieser Stelle noch einmal kurz zusammengefasst werden: Erstens ist eine große Menge kreativer Energie dafür gebunden, die traumatischen Erfahrungen im Kontext der Flucht abzuwehren und sich vor Überflutung zu schützen. Zweitens ist der Bruch mit der Familie (unabhängig von den uns nicht bekannten genaueren Zusammenhängen) völlig unbearbeitet. Farid ist nicht sicher gebunden und kann so keine autonomen Zukunftspläne entwickeln. Drittens sind die aktuellen zwischenmenschlichen Beziehungen weitestgehend oberflächlich und durch die innerpsychisch notwendige Aufrechterhaltung einer Abgrenzung der eigenen Person und der fantasierten familiären Bindung von der realen Umgebung geprägt. Zukunftspläne, die sich auf ein »wir« beziehen, bedingen deshalb die Erinnerung an und das Durcharbeiten der überkommenen, nicht-realen Bindungen.

Diese, in vielerlei Hinsicht logische subjektive Wunsch- und Perspektivlosigkeit zeigt sich im Interview an verschiedenen Stellen. Wunschfragen, unter anderem in Bezug auf die schulische Förderung, kann er nicht beantworten:

> »Ja, daran habe ich mir bis jetzt eigentlich gar keine Gedanken gemacht, weil ich hab ja bis jetzt das gelernt, was in Schule war und ich habe mich bis jetzt noch nie beschwert über so ne Fächer, die an einer Schule nicht gibt oder so. Weil ich kenne mich ja auch nicht so gut aus« (I 2, S. 6, Z. 18–20).

Ebenso kaum entwickelte Vorstellungen weist Farid hinsichtlich seiner Lebensperspektive in Deutschland auf. Dabei wird deutlich, wie stark die äußere Situation und die innere Welt Farids miteinander korrelieren. Einer tatsächlich sehr schwierigen rechtlichen Situation (Farid hat ein Aufenthaltsrecht bis zu seinem 18. Geburtstag, danach sind seine Zukunftsperspektiven völlig unklar) steht ein tief verinnerlichtes Gefühl der Abhängigkeit und Ohnmacht gegenüber:

> »Ja, ich hoffe, dass die mir was Besseres geben und ansonsten kann ich ja sowieso nicht dagegen tun. Ich muss dann das annehmen, das die mir geben« (I 2, S. 12, Z. 30f.).

133

Damit sei gezeigt, wie schwierig es aufgrund seiner primär negativen Selbst- und Objekterfahrungen, aber auch aufgrund der äußeren, realen Lebenssituation für Farid ist, intrinsisch motivierte, eigenständige Perspektiven zu entwickeln.

Es lohnt sich darüber hinaus, Farids diesbezügliche Probleme vor dem Hintergrund der Bindung an beide Länder zu betrachten. Farid zeigt sich zunächst recht zufrieden mit seinem Leben in Deutschland. So betont er die Freiheit, die er in seinem Leben hier habe. Jedoch ist er nicht in der Lage, diesen Aspekt mit seinem realen eigenen Leben in Verbindung zu bringen:

> Farid: »Ich hab viel Freiheit und naja, ich kann hier machen, was ich will.«
> Frage: »Aha, was z.B. kannst du hier machen?«
> Farid: »[Pause] Ich meine, allgemein. S gibt jetzt Sachen, die man in mein Land nicht machen kann, nicht Möglichkeit hat und hier das hat. Und das kann ich jetzt nicht sagen, was, aber es gibt viele Sachen. Es gibt natürlich viele Unterschied zwischen hier und da« (I 2, S. 12, Z. 18–22).

Im Vergleich Deutschlands mit Afghanistan nennt er zwar einige Verschiedenheiten, geht aber nicht auf den basalsten Unterschied ein: den des Friedens in Deutschland bzw. Krieges in Afghanistan. Klarere Wünsche und Perspektiven für sein Leben in Deutschland könnten sich nur entwickeln, wenn er in der Lage wäre, die Situation in Afghanistan realistisch zu betrachten. Die von ihm selbst mehrfach betonte übergroße Bindung an das Heimatland, die er über die Bindung an die Familie stellt und die mit einer deutlichen Idealisierung einhergeht, erweist sich als zusätzliches Hindernis für die Entwicklung autonomer Zukunftspläne. Eine (gedachte) Zukunft in Deutschland kann vor dem derzeitigen Hintergrund immer nur ein ungenügender Ersatz für die fantasierte (aber ebenso inhaltlich kaum gefüllte) Zukunft in Afghanistan sein:

> »Weil, es wäre ja besser für mich z.B., wenn das, was ich das alles hier mache, dass ich das alles auch in meinen eigenen Land tun könnte. Und, das ist für mich in diese Alter schwer, das zu denken« (I 2, S. 13, Z. 28–30).
> »Trotzdem ist es meine Heimat. Das ist gute Seite. Und auch wie ich

dann die Menschen sehe, Menschen, ist was anderes halt als hier. Ich sage nicht, dass hier schlecht ist, aber trotzdem, von Landschaft und von der Nationalität und so ist anders« (I 2, S. 17, Z. 7–10).

Damit soll nicht gesagt sein, dass Farid in der Retrospektive als völlig perspektivlos erscheint. Er nennt die Gründung einer Familie, die zu beginnende Ausbildung und das Erreichen eines Berufsabschlusses als Ziele. Solche normativ ausgerichteten Perspektiven sind durchaus auch als Gegenentwurf zu der von ihm selbst vielfach erlebten Ausgrenzung zu verstehen, da sie die Teilhabe an gesellschaftlich geachteten Institutionen sichern. Als Floskeln haben sie darüber hinaus transkulturelle Gültigkeit. Sollen sie aber innerpsychisch mit Leben gefüllt werden, wäre, zumindest im Fall der Familiengründung, eine Integration der kulturellen Bezugssysteme nötig. Nur letztere kann den inneren Raum zur Schaffung tatsächlich eigener Identität schaffen.

Es kann demnach im doppelten Sinne von einer nur wenig entwickelten Fähigkeit zur Triangulierung ausgegangen werden: Erstens im ursprünglichen, personalen Sinn, als dass Farid kaum in der Lage ist, sich empathisch einzufühlen und Vorstellungen zu entwickeln, wie andere Menschen über ihn denken. Ebenso wenig ist er in der Lage, sich selbst zum Beispiel als Teil einer Familie in der Zukunft wirklich zu beschreiben. Die szenische Information der Leere und Fremdheit kann hierbei als deutlicher Hinweis auf fehlende verinnerlichte Beziehungserfahrungen aus der Kindheit sein. Da die diesbezüglichen objektiven und subjektiven Daten jedoch fehlen, bleiben derartige Annahmen notgedrungen spekulativ. Zweitens im übertragenen Sinn, als dass die übergroße Identifikation mit dem Mutterland eine Hinwendung zum Vater-, demnach dem Residenzland massiv erschwert. Zwar muss Farid keines der Bezugsländer abwerten. Dennoch erscheint ihm jede positive Objekterfahrung mit Deutschland als Angriff auf seine Beziehung zu Afghanistan.

Eine sichere Aufenthalts-, Bildungs- und Arbeitsperspektive kann ein wesentlicher Beitrag des sozialen Umfelds zur Ermöglichung innerer Triangulierung sein. Momentan hingegen erscheint Farid als ein Junge mit einem Leben von fünf Jahren Länge. Die davor liegende Vergangenheit scheint fast komplett tabuisiert, in Bezug auf die Zukunft hat er kaum konkrete Planungen und Bilder im Kopf.

5.2.3.4 (Gewollte) Beziehungslosigkeit und die Verhinderung größerer Lernerfolge in der Schule

Obwohl sich ein bedeutender Teil des Interviews mit Farids schulischer Situation beschäftigt, bleibt das Wissen um die konkreten Umstände relativ klein. Dies gilt in besonderer Weise für die Bedeutungen, die Farid Aspekten der schulischen Bildung zuschreibt.

Zunächst aber bleibt festzuhalten: Trotz denkbar ungünstiger Voraussetzungen (relativ kurzer Aufenthalt in Deutschland als unbegleiteter, minderjähriger Flüchtling; eine ständige Gefahr der Überflutung durch vergangene Erlebnisse) hat Farid einen Schulabschluss erreicht. Nach Absolvierung einer einjährigen Berufsfachschule beginnt er mit einer Ausbildung. Wiederum kann er deren Form jedoch nicht genauer benennen. Auch hier verbleibt er gegenüber seiner eigenen Zukunft in einer Objektposition, ohne (sichtbar) die Subjektrolle anzustreben. Dennoch stellt diese schulische Karriere für ihn einen großen Erfolg dar und kann durch eine kritische Betrachtung, wie es Aufgabe dieser Forschungsarbeit ist, nicht geschmälert werden.

Zwei Aspekte seiner Lernsituation sind besonders hervorzuheben: Erstens hat Farid schulische Vorlieben, die in klarer Beziehung zu seiner Lebenssituation stehen: Deutsch, Fremdsprachen und Erdkunde. Während ihm das vertiefte Erlernen der deutschen Sprache seine Beziehung zu seinem Residenzland sichert, bilden Fremdsprachen und Erdkunde die Verbindung zur Herkunftskultur. Dass es sich bei den Fremdsprachen fast nie um die Muttersprache junger Flüchtlinge handelt, ist ein zu kritisierender Aspekt deutscher schulischer Bildung, wird von Farid aber nicht weiter problematisiert. Das Fach Erdkunde hat für Farid, und dies ist sehr eindrücklich, sogar eine gewisse emotionale Bedeutung:

> Farid: »Das fand ich auch, weil, ist ja auch wichtig, damit ich nicht nur weiß, wo ich lebe und diese Land kenne, sondern auch Außenwelt. Außenländer, ja.«
> Frage: »Hast du da in Erdkunde auch Dinge gelernt, die für dich wichtig sind?«
> Farid: »Ja, ja« (I 2, S. 6, Z. 11–12).

Mit dem Fach Erdkunde verbindet sich offensichtlich die Hoffnung, auf diesem Weg etwas über seine Herkunft zu erfahren und so (unbewusst) den abgespalteten inneren Anteilen näher zu kommen.

Zweitens bestätigt Farid, dass er in der Schule oft von anderen Dingen abgelenkt ist. Zwar konkretisiert er diese Dinge nicht, es ist jedoch davon auszugehen, dass seine schulische Leistungsfähigkeit massiv durch die traumatischen Vorerfahrungen sowie seine aktuelle Aufenthaltssituation eingeschränkt ist. Gleichzeitig betont er, dass er seine Konzentration willentlich beeinflussen könne:

> »Aber das ist so, dass ich [zögert], ich kann das machen. Ich kann mich konzentrieren auf die Sachen. Das sind auch meist Sachen, ob ich dran Lust habe oder das will. Das ist es. Aber konzentrieren und so was, das kann ich. Ich kann mich, wenn ich z. B. will, auf ein Sache, wenn ich was unbedingt lernen will, und das schaff ich auch. Ich kann mich auch gut konzentrieren und das durchlernen« (I 2, S. 6, Z. 23–27).

Die in dieser Perspektive dominanten Ich-Ideal-Vorstellungen sind für Farid sicherlich eine Hilfe, um nicht an seiner eigenen Überflutung zu verzweifeln. Für solche Haltungen ernten Schülerinnen und Schüler vielfach Gratifikationen. Eine Art Selbstvergessenheit, bloße Leistungsorientierung und die Verleugnung historischer Erfahrung scheinen vielfach dem System Schule zu entsprechen.

Es ist nicht Aufgabe des hier genutzten *Szenischen Verstehens*, zu untersuchen, inwieweit diese Selbsteinschätzungen mit der Realität übereinstimmen. Aus psychoanalytischer Sicht sind derartige Willensbekundungen, denen offensichtlich massive innere Belastungen gegenüberstehen, kritisch zu betrachten. Aus unterrichtlicher Sicht steht hingegen Farids Wille im Vordergrund, schulische Angebote zu nutzen und damit die kognitive Fixierung von traumatischen Inhalten zu lösen. Dies gelingt ihm nach eigener Aussage stärker bei Themen, die etwas mit seiner Lebensrealität zu tun haben. Ihn diesbezüglich anzusprechen, scheint der Schule zumindest in einigen Teilbereichen gelungen zu sein.

In Bezug auf seine psychosoziale Situation in der Schule fällt auf, dass es Farid primär darum zu gehen scheint, die Beziehungen nicht zu vertiefen. Angesprochen darauf, ob er gern lebensgeschichtliches Interesse an seiner Person spüren würde, antwortet er:

> »Pfff … naja, was soll ich sagen, also, es ist nicht schlecht. Wenn die mir, aber ich erwarte nicht von den, die müssen das nicht tun« (I 2, S. 9, Z. 26–27).

Es gibt (zumindest) zwei Interpretationsvarianten für diese zentrale Aussage: Erstens die Erkenntnis, dass er es selbst sein müsste, der sich um tiefere Beziehungen kümmert, da er andere Menschen nicht als empathisch genug erlebt, um seinen tief verborgenen Wunsch nach mehr Nähe zu erkennen. Er selbst würde so die Kontrolle behalten, wie seine Beziehungen aussehen und welche Themen er bearbeiten möchte und welche nicht. Zweitens lässt sich auch eine Externalisierung von auf ihn selbst bezogenen Aussagen interpretieren: *Ich darf das nicht tun, denn tiefer gehende menschliche Beziehungen erlebe ich als bedrohlich.* Beide Interpretationen haben ihre Berechtigung und schließen sich nicht aus, spiegeln womöglich zwei Aspekte von Farids Gefühlswelt wider.

Da die Beziehungen zwischen Farid und seinen Lehrerinnen und Lehrern methodisch bedingt nur aus seiner eigenen Retrospektive betrachtet werden können, bleibt wiederum unklar, wo der wichtigere Grund für die offensichtliche Beziehungsarmut Farids in der Schule liegt: Sind es mangelnde institutionalisierte und zwischenmenschliche Angebote durch die Schule und die konkreten Lehrenden oder wehrt Farid jedes Beziehungsangebot ab? In jedem Fall zeigt sich auch hier wieder die destruktive Interaktion der Abwehrmuster auf innerpsychischer, interpersonaler und institutioneller Ebene (vgl. Mentzos 1988). Welch innere Zerrissenheit Farid spürt, da der Wunsch nach Gehalten-Werden und die Angst vor Überflutung sich gegenseitig blockieren, lässt sich daran festmachen, wie ambivalent er aufkommendes Interesse kommentiert:

> »S ist, es ist meistens die Sachen, dass man, dass es Vergangenheit ist. Und das kann auch solche Sachen sein, das man schlecht erlebt hat und darüber nicht reden will. Und das waren bei mir auch manche Stellen so. Eine Seite war für mich gut, dass die Lehrer oder so, dass die sich daran interessieren. Aber andere Seite war so, ich konnte den das nicht alles erklären, weil ich wollte ja nicht darüber reden. Fiel mir nicht leicht« (I 2, S. 10, Z. 7–11).

Das, was menschlich nur zu verständlich ist, nicht quasi nebenbei über traumatische Erfahrungen reden zu können, zeigt auch, dass die Schule noch nicht die richtigen Angebote bereitstellt, um Schülerinnen und Schülern wie Farid näher zu kommen. Bei den derzeitigen unterrichtlichen Angeboten, die sich mit der Herkunft der Lernenden befassen, steht für Farid noch deutlich der Angstaspekt im Vordergrund. Neben der Angst vor unkontrollierbaren Bildern, die nicht ausreichend sensible Angebote beinhalten, ist auch an mangelnden Schutz des aktuellen Selbstbilds zu denken, wenn an traumatische Erfahrungen erinnernde Themen falsch oder zeitlich ungünstig thematisiert werden.

5.2.4 Abschließende Überlegungen

Farid erlebt sich in wesentlichen Aspekten als von seiner eigenen Erfahrungswelt abgeschnitten und findet nur ansatzweise (z. B. im Erdkundeunterricht) erste Zugänge dazu. Diese Abgeschnittenheit reinszeniert sich (für Farid notwendig, aber auch leidvoll) in zwischenmenschlichen Beziehungen heute, nicht zuletzt auch in der Schule.

Auf Farid zugeschnittene Angebote müssten deshalb hochindividuellen und therapeutischen Charakter haben, wobei fraglich ist, ob die Schule in ihrer derzeitigen Struktur hier die angemessene Institution ist. Psychoanalytisch orientierte Pädagogik müsste hier tatsächlich umfassenden Charakter tragen und Sonderformen der Pädagogik im Sinne Datlers (2005) mit einschließen. Farids Bereitschaft zu dem zugrunde liegenden Interview ist ein Hinweis auf seine grundsätzliche Offenheit gegenüber solchen Angeboten. Die gute und Sicherheit gebende Beziehung zu seiner Bezugsbetreuerin kann als Basis und Zugang für haltende Angebote genutzt werden.

Abschließend lohnt es darauf hinzuweisen, dass Farid in der Gegenübertragung der Mitglieder der Forschungsgruppe trotz seiner offensichtlich dramatischen Geschichte wenig persönliche Betroffenheit ausgelöst hat. Der Fakt wurde von mehreren Personen damit erklärt, dass man sich in der Rolle einer Beziehungsperson als primär hilflos erlebt, da man »sowieso nichts machen könne« (Zitat eines Gruppenmitglieds). Farids vielfältige Tabus scheinen auch einen eigenen Verdrängungsprozess in Gang zu setzen, der ein mangelndes empathisches Einfühlen bei Bezugspersonen zur Folge haben könnte.

5.3   Ibrahim

5.3.1   Biografischer Abriss

»Bei mir hat's Weinen schon aufgehört irgendwie« (I 3, S. 7f., Z. 31/1).

Ibrahim ist ein 16-jähriger Jugendlicher, der seit 13 Jahren in Berlin lebt. Er wurde als zweites Kind seiner Eltern in Syrien geboren, die Familie gehört der ethnischen Minderheit der Kurden an. Ibrahim hat eine ältere Schwester.

Als Ibrahim drei Jahre alt war, floh die Familie nach Europa; nach Ibrahims Aussage zunächst mit dem Flugzeug nach Tschechien oder in die Slowakei, dann zu Fuß nach Deutschland. Die Flucht geschieht wegen politischer, evtl. auch ethnischer Verfolgung, Genaueres weiß Ibrahim jedoch nicht.

Die Familie wohnte zunächst etwa vier Jahre lang in zwei verschiedenen Wohnheimen für Asylsuchende. Im Anschluss daran zog sie in eine Wohnung im Berliner Stadtteil Lichtenberg. Über einen (nicht näher definierten) langen Zeitraum befand sich die Familie im Asylverfahren bzw. lebte mit dem Status der Duldung. Erst seit kurzer Zeit besitzen alle Familienmitglieder eine befristete Aufenthaltsgenehmigung. Ibrahims Vater arbeitet als Taxifahrer, die Mutter ist nach seinen Aussagen chronisch krank.

Ibrahim selbst besuchte zunächst verschiedene Grundschulen, an denen er massive Schwierigkeiten im psychosozialen Bereich hatte. Seit der siebten Klasse besucht er eine öffentliche Sonderschule, die an eine psychiatrische Klinik angegliedert ist. Ibrahim möchte gern in einem Sportgeschäft arbeiten oder Bauarbeiter werden.

5.3.2   Zum Interview

Den Kontakt zu Ibrahim gewinne ich über seine mir bekannte Schulleiterin und den Klassenlehrer. Auf diesem Weg kann ich ein Vorgespräch mit Ibrahim vereinbaren. Zunächst erzähle ich einige Dinge von meiner Person und Details meines Anliegens, wozu Ibrahim schweigt.

Schließlich gelangen wir doch zu einem Dialog. Ibrahim interessiert vor allem mein Wohnbezirk Kreuzberg, da er dort viel mit seinen Freunden unterwegs sei.

Auf dem Weg zum Interview, zu dem ich zeitlich etwas knapp gelange, da ich mich am Bahnhof verfahren hatte, sehe ich auf dem Lehrerparkplatz ein Auto mit einem Aufkleber der unter Rechtsradikalen beliebten Band »Böhse Onkelz«. Mit seinem Klassenlehrer gehe ich zum Unterrichtsraum, in dem Ibrahim gemeinsam mit einem anderen Schüler am Computer sitzt. Er verlässt seinen Arbeitsplatz bereitwillig und geht mit mir in den gegenüberliegenden Raum. Das Interview findet während der letzten Stunde der Unterrichtszeit statt.

Ich bemühe mich um einen *Small Talk* mit ihm, worauf er jedoch kaum eingeht. So beginnen wir das Interview zügig. Ich habe zunächst den Eindruck, kaum mit ihm ins Gespräch zu kommen. Ibrahim antwortet meist ganz kurz, was in mir ein Gefühl von Hilflosigkeit auslöst. Zu Beginn des Interviews fühle ich mich so, als ob ich ihm die Antwort sprichwörtlich in den Mund legen muss. Ibrahim spricht davon, dass er sich diskriminiert fühlt, berichtet jedoch erst auf Nachfrage davon, dass ein Grund dafür Ausländerfeindlichkeit sein könnte. Ich frage mich, ob es einen Zusammenhang zu dem »Böhse-Onkelz«-Aufkleber gibt.

Eine ganz deutliche Abwehr zeigt Ibrahim gegenüber beraterischen oder therapeutischen Angeboten. Aus einem Vorgespräch mit der Direktorin weiß ich, dass sie bereits versucht hat, Ibrahim in einen solchen Prozess einzubinden, dabei jedoch auf große Widerstände bei Ibrahims Vater gestoßen ist.

Ibrahims (aktuelle) Blockade des Zugangs zu relevanten Gefühlen manifestiert sich nicht zuletzt in meinen Schwierigkeiten, mich während des Gesprächs in den Jungen einzufühlen. Die ungünstigen Rahmenbedingungen des Interviews (meine Fast-Verspätung, Interview im Schulraum) mögen dazu beigetragen haben, ganz sicher aber auch die inneren Verbote, die sich aus den lebensgeschichtlichen Belastungen ergeben.

Im Laufe des Interviews kann ich zunehmend die Angst und die Hilflosigkeit spüren, die Ibrahims Leben prägen. Textlich symbolisiert sich Erstere in dem hohen Schnee, durch den ihn nur sein Vater tragen kann, Letztere in der Leere, die sich in seinen Berichten der drohenden Abschiebung breitmacht.

5.3.3 Zentrale Bereiche subjektiven Erlebens

5.3.3.1 Die reale oder fantasierte Fluchtgeschichte

»Wir wohnen ja Stadt und wir sind dann zu mein Opa ins Dorf gegangen, da war so n blaues Auto, ich glaube, VW sogar noch, VW-Auto. Da sind wir bis zum Flughafen gefahren, da sind wir Flugzeug bis irgendein europäisches Land, Tschechien oder so oder Slowakei oder so. Da war richtig viel Schnee, also bis zu mein Brustkorb. Dann hat mein Vater, ich konnt ja nicht laufen, sonst wär ich da erstickt drinne, mein Vater hat mich so oben gepackt auf die Schulter, meine Schwester war n bisschen größer, die konnte noch laufen, meine Mutter war eigentlich krank der Zeit. Sie, ähm, wir sind weiter gelaufen im Dunkeln im Wald, wir müssen da bleiben, wir hatten kein Essen, nix, danach hab ich Schnee gegessen. Es war dunkel, ich glaube, ich hab sogar Dreck gegessen. Also Erde, ich wusste nicht, dann hab ich meine Mutter gefragt: Was ist denn das Schwarze da? Sagt sie so: es ist Erde, ess es nicht. Aber ich hab es trotzdem gegessen, ich hatte Hunger. Und dann ham, hat mein Vater mit ein Deutschen geredet oder ich glaub nicht, Slowakei oder so. Die habn uns bis nach, wir wollten eigentlich nicht nach Deutschland, wir wollten nach Schweden. Wir wollten erstmal nach da gehen, wollte uns nach Schweden bringen, wir sind nach Tschechien gegangen so alles. Da war immer mehr Schnee, immer mehr Schnee, auf einmal meinte meine Mutter: ›Ich will hier bleiben, lass mich hier los, ich will weiter gehen. Geht ihr weiter, ich bleib hier.‹ [Unverständlich]. Da hab ich erstmal wieder geweint, meinte so, nein, komm mit, ich hab sie so geschoben und alles, auf einmal ist sie dann doch mitgekommen. Auf einmal war sie dann hinten, weil sie hat krank und so. Konnte nicht mehr mithalten« (I 3, S. 12, Z. 15–32).

Im Gegensatz zu fast allen anderen Interviewten erzählt Ibrahim unaufgefordert und teilweise detailliert die Geschichte der familiären Flucht. Zum beschriebenen Zeitpunkt war Ibrahim drei Jahre alt. Sein Alter und einige sachlich fragwürdige Details der Fluchtszene lösen in mir Zweifel über den Realitätsgehalt von Ibrahims Berichten aus. Dabei scheint es nicht ausgeschlossen, dass Ibrahim sich an wesentliche an die Flucht gebundene Affekte erinnert, weil er sie intrusiv wieder und wieder erlebt. Diese werden mit realer oder fantasierter Erinnerung in Verbindung gebracht, möglicherweise in der Hoffnung auf Erlösung aus diesem »Alptraum«. Die Zweifel können auch als Verleugnung der im Rahmen der Flucht be-

schriebenen Entmenschlichung verstanden werden. Sollte Ibrahim mehrfach solchen Zweifeln am Wahrheitsgehalt der Geschichte begegnet sein
(und davon kann zumindest im Rahmen des Asylverfahrens ausgegangen
werden), kann die ausführliche, unaufgeforderte Darstellung als Versuch
betrachtet werden, Verständnis für die eigenen lebensgeschichtlichen Belastungen zu erlangen. In jedem Fall unterstreicht die Länge des Fluchtbe-
richts (insgesamt über drei Minuten ohne Zwischenfragen) die Bedeutung
dieser zweifelsohne traumatischen Sequenz für Ibrahims Leben.

Ibrahim wirkt bei der Beschreibung der Fluchtszene aufgeregt. Auch
im Hinblick auf das gesamte Interview herrscht in der Auswertungsgruppe ein Gefühl des Gehetzt-Seins vor, das sich in Ibrahims Fluchtbericht zuspitzt. Jeder einzelne Satz löst neue Affekte aus, ist mit einem
neuen menschlichen Drama und Todesbedrohung verbunden. Die sehr
plastische Erzählweise Ibrahims löst Bilder, besser noch: einen Film aus,
mit dessen Hilfe einige Elemente der Flucht nach- und miterlebt werden
können. Auf diesem Weg findet in der Interaktion eine Symbolisierung
der grauenhaften Gefühle über innere Bilder statt.

Auf die Frage, wie sich Ibrahim während der Flucht gefühlt habe,
antwortet er:

> »Wie ich mich gefühlt habe? Hm, also ich kann gar nichts wissen, ich war
> da n Fragezeichen. Ich wusste gar nicht, was los ist, ich stand nur noch da.
> ›Warum gehn wir, warum gehn wir, warum laufen wir so?‹ Ich kann mich
> nicht an alles erinnern, das ist immer so geschnitten, ich erinner mich noch
> so an paar Teile, dann alles wieder weg, dann wieder diese Teile. So, ich
> kann mich nur Bruchteil erinnern« (I 3, S. 13, Z. 30–S. 14, Z. 2).

Die Zusammensetzung nur bruchstückhaft zugänglicher, jedoch affektiv aufgeladener Erinnerungen und die Ersetzung unbekannter Teile mit
fantasierten Szenen dienen zweifelsohne dem Versuch der Bewältigung.
Dass dies in der Auswertungsgruppe in Form der Herstellung eines er-
innerungsfähigen inneren Films gelingt, kann ein Hinweis darauf sein,
dass auch Ibrahim diese reife Verarbeitungsform erbringen kann. Möglicherweise mithilfe von Erzählungen von der Flucht seitens der Eltern
oder über eigene Beschäftigung mit (so vielfach geschehenden) Tragö-
dien an der europäischen Außengrenze gelingt es ihm zumindest teilweise, ein Stadium der Dissoziation gegenüber den frühen Erfahrungen
zu überwinden.

Deutlich wird jedoch auch, dass Ibrahim mit einem solchen Versuch der Symbolisierung von wiederkehrenden traumatischen Affekten zurzeit nur wenig Umstrukturierung in der unbewusst prägenden und steuernden inneren Welt erreicht. Ibrahims Erleben und Verhalten ist weiterhin massiv von den unbewältigten destruktiven Gefühlen der Flucht beeinflusst. Es kann deshalb von einer (zurzeit noch notwendigen) Spaltung zwischen der (eher kognitiven) Verarbeitung der Fluchterlebnisse und dem dominanten Teil des inneren Erlebens ausgegangen werden.

In Ibrahims Fluchtbericht sind verschiedene Symboliken enthalten, die als sehr prägend für das weitere Leben verstanden werden sollten. Der sehr hohe Schnee symbolisiert die Lebensgefahr auf der Flucht. Gleichzeitig ist er Sinnbild für die europäischen Länder, steht also auch für Deutschland und damit für eine Reihe von realen oder fantasierten Lebensgefahren, denen Ibrahim hier ausgesetzt ist. In diesem Bild des Laufens im brusthohen Schnee verdichten sich retrospektiv demnach verschiedene sequenziell traumatische Erfahrungen. Hoch bezeichnend ist in dieser Hinsicht die Rettung durch den Vater, der von Ibrahim in anderen Szenen als extrem leistungswillig und stark charakterisiert wird. Ibrahim identifiziert sich projektiv mit diesem Bild des Vaters. Die Realitätsnähe, die Berufsziele und der unbedingte Wunsch, einen Schulabschluss zu erreichen, entsprechen den fast manisch verfolgten Zielen und dem Verhalten des Vaters. Dafür ist dieser jedoch auch bereit, emotionale Bindungen, z. B. an die Muttersprache, zu vernachlässigen. Auch Ibrahim betont die Notwendigkeit eines Schulabschlusses trotz seiner eigenen massiven Ablehnung der Schule, negiert also in gewisser Hinsicht eigene emotionale Bedürfnisse.

Ein zweites bedeutsames Bild ist das der kranken, lebensunwilligen Mutter. Während der Vater das aktive, lebensbejahende Element symbolisiert, steht die Mutter für das »fünfte Rad am Wagen«. Auch der mütterliche Anteil in der familiären Interaktion lässt sich sehr deutlich in Ibrahims Verhalten aufzeigen: Die destruktive Aggression gegen andere Menschen und das selbstschädigende Verhalten Ibrahims entsprechen nicht zuletzt der Wut über die selbstverleugnenden Assimilationsbemühungen und stehen parallel zum Rückzug der Mutter in psychosomatische Krankheiten. Die hier (etwas zugespitzt) dargestellten Gegensätze verweisen auf eine Spaltung im familiären Interaktionsgefüge, die das Gestern und Heute, die Trauer um die verlorene Heimat und die Hoffnung auf eine Zukunft symbolisieren. Beide elterlichen Verhaltensweisen stellen zwei eigentlich zu integrierende innere Anteile dar, die sowohl für Ibrahim als auch für die Gesamtfamilie nur gespalten agierbar sind.

Schließlich sei als drittes, hoch bedeutsames Bild das des Verzehrens von Erde genannt. Die Bilder der Entmenschlichung, die damit verbunden sind, dürften auch für Ibrahim selbst schwer zu verarbeiten sein. Angesichts der vielfachen lebensgeschichtlichen Verstrickungen verbieten sich monokausale Schlussfolgerungen. Dennoch kann sinnvollerweise interpretiert werden, dass die agierte Entmenschlichung anderer, an denen Ibrahim durch Teilnahme an Gruppengewalt teilhat, eine Form der Externalisierung innerlich nicht auszuhaltender Bilder und Affekte ist. Indem die Aggression gegen andere gerichtet wird, werden Bilder der Scham verleugnet und erträglicher gemacht. Entstehende Gefühle der Schuld werden auf fremde, juristische Kategorien verschoben und damit vom Erleben ferngehalten (vgl. Kapitel 5.3.3.2).

Der zweite Teil der Fluchtgeschichte, der am Ende des Eingangszitats dieses Kapitels einsetzt, ist wesentlich weniger bildreich und detailliert:

> »Danach sind wir dann, wie hieß das, Königs Wusterhausen von der Zollbeamten erwischt worden, dann mussten wir erstmal ins Gefängnis gehen. Danach, hm, Gefängnis, da mussten wir voll lange da warten, das war so groß wie ne Turnhalle, so richtig groß. Da war eine Matratze, in der Ecke, ich, meine Mutter, meine Schwester waren da. Mein Vater war irgendwo im Gefängnis und so alles. Mussten wir warten, an diesen Moment kann ich mich gar nicht mehr erinnern, danach sind wir irgendwie Asylantenheim gewesen. Weiß nicht mehr, was danach passiert ist in der Mitte« (I 3, S. 12, Z. 32 – S. 13, Z. 6).

Der große Unterschied zwischen der bildhaften Beschreibung der Flucht einerseits und der brüchigen, dissoziierten Erinnerung an die Anfangszeit in Deutschland andererseits steht in Zusammenhang mit einem anscheinend gänzlich fehlenden familiären Diskurs zu letztgenanntem Thema.

Trotzdem bleiben einige Fragen offen: Warum wird die akute Lebensgefahr mit so deutlichen und intersubjektiv nachfühlbaren Bildern gefüllt, die dauerhafte Diskriminierung und institutionell bedingte Verwahrlosung im Wohnheim und Abschiebegefängnis jedoch kaum erinnert? Es sei angemerkt, dass sich diese Zeit über mehrere Jahre erstreckte.

Möglicherweise ist der scharfe Gegensatz, der sich aus einer Beschreibung der ersten Zeit in Deutschland zu dem von Ibrahim vertretenen positiven Deutschlandbild ergeben würde, schlecht auszuhalten. Seine Realisierung würde einerseits gut ausgeprägte innere Integrationsfähigkeiten voraussetzen, andererseits den Wunsch der totalen Assimilierung massiv behindern. Eine solche Ambivalenz aushalten zu können, in Deutschland endgültig anzukommen und gleichzeitig das Land kritisieren zu können, setzte eine Auflösung der familiären Spaltungsprozesse voraus. Nach Krappmann (1993) bedingt eine derartig herausfordernde Ambiguitätstoleranz andere Persönlichkeitsmerkmale, unter anderem Selbst- und Fremdempathie, die bei Ibrahim nur rudimentär ausgeprägt sind. Der Besitz eines deutschen Passes, Ibrahims Ziel, führt letztlich zur Teilhabe am System der Missachtung der Rechte Schutzsuchender, so wie sie Ibrahim und seine Familie selbst erlebt haben. Er bietet gleichzeitig der eigenen Familie die lang ersehnte Sicherheit. Dieser Widerspruch dürfte zumindest unbewusst wesentlich dazu beitragen, die Erniedrigungen der Anfangszeit in Deutschland aus dem familiären Diskurs herauszuhalten. Die Übernahme des Begriffs »Asylantenheim«, der politisch eindeutig durch die damalige Diskussion um sogenannte »Scheinasylanten« konnotiert ist, zeigt, mit wie viel Scham und Verletzung das lange Leben in einem solchen Provisorium besetzt ist. Eine der wenigen von Ibrahim benannten Erinnerungen an das Wohnheim ist, dass es dreckig gewesen sei. Der lange Aufenthalt dort beschmutzt die eigene Person und behindert die Identitätssuche. Er widerspricht massiv Ibrahims und seines Vaters Selbstbild und muss deshalb, obwohl altersmäßig deutlich besser erinnerbar als die unmittelbare Fluchtgeschichte, abgewehrt werden.

Theoretisch bestätigt dies wesentliche Aspekte der Konzeption *Sequenzielle Traumatisierung*: In unmittelbarer Lebensgefahr können sich Betroffene selbst von außen betrachten, nehmen also eine Art Beobachterposition ein. Die schwerere Symptomatik setzt in der dritten Sequenz ein, hier sichtbar durch die partielle Verleugnung der Belastung im Residenzland.

5.3.3.2   Die Bedeutung des Hasses und der Gewalt

>Ich bin Kurde und so, ich wurde immer, immer beleidigt. Und danach, ich glaube, hat sich der ganze Hass in mir reingefressen, ich werd immer aggressiver, nur wegen so was, glaube ich< (I 3, S. 5, Z. 16–18).

>Hass< ist ein viel gebrauchtes Wort im Interview mit Ibrahim. Er nutzt es sowohl im konkreten Sinn gegen einzelne Menschen gerichtet (z. B. Mitschüler) als auch, wie im obigen Zitat, als Beschreibung seiner generellen Gefühlswelt. Lebensgeschichtlich betrachtet kann Ibrahims Deutung zur Entstehung von Hass (wobei unklar bleibt, ob es eine eigene ist oder die Wiedergabe eines nicht-eigenen Introjekts) erweitert werden: Der familiäre Diskurs ist stark von der transgenerational tradierten Diskriminierung der kurdischen Minderheit bestimmt. Das Gefühl des Erniedrigt-Werdens ist also mehr als die reale Erfahrung der Diskriminierung in Deutschland (auch wenn diese keinesfalls bagatellisiert werden sollte). Hass und Gewalt sind die subjektiv notwendigen und einzig möglichen Verteidigungen des inneren Raumes, der transgenerational und aktual immer wieder in Gefahr gerät. Sie sind Externalisierungen einer Todesbedrohung, die in der Erinnerung an die unmittelbare Flucht und prämigratorischen Ereignisse teils konkret, teils diffus repräsentiert sind. Der sequenzielle Charakter der Todesbedrohung, der Ibrahims Leben prägt, wird in zwei szenischen Beschreibungen deutlich: In Syrien sei ihr Haus nachts mit einer AK-47, einem Maschinengewehr, beschossen worden, was einer der Auslöser zur Flucht gewesen wäre. Nach dem Einzug in eine eigene Wohnung in einem Hochhaus in Berlin erlebt Ibrahim nach eigener Aussage einen Überfall durch einen jungen Neonazi, der ihm mit einem großen Stein auf den Kopf geschlagen habe. Die Symbole >Gewehr< (mit Munition) und >Neonazi< (mit Stein) ähneln sich dabei nicht nur bildlich, sondern tragen auch in Ibrahims Beschreibung wiederkehrenden, sequenziellen Charakter (>wieder, immer wieder<).

Die sequenziell wiederkehrende Bedrohung vermischt sich mit aktuellen Spannungen zwischen Jugendlichen türkischer und kurdischer Herkunft in Berlin, wobei es relativ unbedeutsam ist, dass Ibrahims Familie aus dem syrischen Teil Kurdistans stammt:

»Na, ich selber mag Türken nicht, weil ich Kurde bin. Und dis ist einfach für mich Beleidigung. […] Ja, manchmal hab ich gar nicht gezögert, sofort hab ich Bombe gegeben. War immer so« (I 3, S. 5, Z. 20/25).

Mangelnde Selbstempathie und fehlende Vorstellungen vom Erleben anderer sind deutlich kongruent. Die Opfer der mit einer Jugendgang begangenen Gewalttaten werden als selbst dafür verantwortlich beschrieben. Die Folgen von Gewalt werden nicht im empathischen Sinn, sondern lediglich als staatliche Ordnungsmaßnahmen bedacht:

»Viel ist passiert. Einer hat Anzeige gemacht, einmal. Einer hat Mutter gepetzt, wollte Anzeige machen, immer so. Aber, mit Ausländer, wenn man sich mit den schlägt, machen die keine Anzeige oder so. Also mit Jugendlichen machen keine Anzeige. Deswegen hab ich mich auch oft mit Ausländern geschlagen«(I 3, S. 7, Z. 27f.).

Angesichts dieser Begründungen muss Gewalt als innerlich notwendig angenommen werden, mit der die Verzweiflung über einen verschlossenen Zugang zu eigenen relevanten Gefühlen wie Traurigkeit und Schmerz ausagiert wird.

»Ja. Ich bin nicht da einer, der gleich losheult oder so. Bei mir ist anders, ich heul, ich hab seit fünf Jahren nicht geweint oder so […] Na, ich kann gar nicht mehr weinen, ich kann mir gar nicht vorstellen mehr. Aber, bei uns ist es schon so, man darf nicht weinen und so alles, aber das kommt von allein für mich. Bei mir hat's Weinen schon aufgehört irgendwie« (I 3, S. 7, Z. 27ff.).

Ibrahim drückt diese Tatsache nicht mit Stolz aus, eher wirkt er dabei verlassen und doch traurig über sich selbst. Das Weinen selbst ist bei Ibrahim positiv konnotiert. Obwohl nicht explizit von ihm ausgedrückt, steht die Tatsache des verlorenen Weinens deutlich in Zusammenhang mit der unmittelbaren Fluchtgeschichte. Das Erleben von derartig überwältigenden Gefühlen wie Todes- und Verlustangst lässt den Raum, der Trauer und Weinen zulässt, extrem klein werden. Ausagiert werden die inneren Modi gegen andere Menschen. Die Symboliken des vor und während der Flucht Erlittenen und der aggressiven Taten der Gegenwart gleichen sich dabei in deutlicher Art und Weise (»Bombe gegeben«). Nach Ibrahims eigener Aussage sei es dementsprechend höchstens der Tod einer nahe stehenden Person, der ihn dazu bringen könnte, wieder zu weinen.

Die teilweise transgenerationalen, teilweise lebensgeschichtlichen Zusammenhänge können die realen aktuellen Begründungen für die Entstehung von Gewalt nicht verleugnen. Es wird aber deutlich, dass eine wiederkehrende Verschiebung von Trauer zu Hass stattfindet, die sich in der Gewalt ausdrückt. Ibrahim hat Anteil an dieser Erfahrungswelt und den Verarbeitungsmodi, obwohl sie nur zum Teil seiner eigenen Lebenswelt entstammen.

Weinen wäre gleichbedeutend mit der Offenlegung eines Zugangs zur inneren Welt für Außenstehende. Die positive Beschreibung des Weinens durch Ibrahim ist neben dem Fluchtbericht ein weiterer Hinweis darauf, dass er diesen Zugang gern öffnen würde. Dies erscheint jedoch aufgrund der sequenziell traumatischen Lebenserfahrung und der dominanten Assimilationsfantasie hochgradig gefährdend.

Die Verbindung aus traumatischer Lebenserfahrung und Ausagierung in Gewalt ist nicht nur als individueller Bewältigungsversuch Ibrahims, der gänzlich misslingt, zu verstehen. Auch seine Jugendgang beschreibt er als Gemeinschaft des Hasses:

> »Na, auch viel Scheiße erlebt so mit, vielleicht haben die auch [unverständlich]: ›Scheiß Türke, scheiß Ausländer, geh in dein Land zurück‹ und so. Viele Sachen. Und bei den ist auch sehr viel Hass drinne deswegen« (I 3, S. 7, Z. 5–7).

Es ist einerseits die mehr oder weniger geteilte lebensgeschichtliche Erfahrung, die die äußeren Merkmale Flucht, Rassismuserfahrung und extrem unsicherer Aufenthaltsstatus trägt, die nach Ibrahims Aussage die Gruppe zusammenhält. Die vielfach sehr bedeutsame Rolle der familiären Gewalt wurde im Interview nicht thematisiert, muss bei der Entstehung der empathielosen[9], meist auch ziellosen Gruppengewalt aber selbstverständlich mitbedacht werden. Andererseits sind es die scheinbar eindeutigen Feindbilder, die in der Gruppe eine Externalisie-

---

9 Möglicherweise müsste hier auch von »mentalisierungslos« gesprochen werden, da weder die eigenen Affekte noch die Gefühle der Opfer/Gegner thematisiert werden können (Fonagy et al. 2008).

rung von Hass zulassen und die Gruppe innerlich zusammenhalten.[10] So beschreibt Ibrahim, wie er gemeinsam mit den albanisch-stämmigen Mitgliedern der Gruppe serbische Menschen massiv abwertet und an den Feierlichkeiten zur Unabhängigkeitserklärung des Kosovo teilgenommen habe. Innere Spannungen der Gruppe, z. B. zwischen arabisch-palästinensischen und kurdischen Jugendlichen werden durch klare Feindbilder verlagert und in Aggression gegen andere umgewandelt. Die Externalisierung inner- und intrapsychischer Konflikte und die aggressive Ausagierung von Spannungszuständen ist dementsprechend als »pathologische [...] Verarbeitung von Trennung und Verlust« (Mentzos 1988, S. 148) zu verstehen. »Anstelle von Tränen wird Blut vergossen« (ebd., 148f.).

Der innere und äußere Assimilierungsdruck erschwert jede Trauerarbeit zusätzlich. Ibrahims Mutter, die Trauer und Verlust verkörpert, kann nur noch als Pflegefall in der Familie ertragen werden.

Ibrahims äußerliche Härte und seine sehr geringe Frustrationstoleranz verdecken die großen biografischen Brüche. Hinzu kommt eine massive Abwehr gegen jede Form sozialpädagogischer oder therapeutischer Angebote. Ibrahim wertet solche als unnötig ab und ist sich sicher, dass er außer den reinen Lernangeboten keinerlei weitere schulische Unterstützung brauche. Die ambivalente Atmosphäre des Interviews, die zeitweise durch Empathie und Zugang, in weiten Teilen aber auch durch geringe Gegenübertragungsgefühle und Zweifel an den Darstellungen geprägt ist, dürfte jedoch ebenfalls die innere Zerrissenheit Ibrahims gegenüber psychosozialen Hilfestellungen widerspiegeln.

5.3.3.3 Schulbildung und die Rolle des haltenden Lehrers

»Pff, eigentlich gefällt mir so die Schule nicht, ist ja alles langweilig, aber ich muss lernen, ich will es auch ein bisschen lernen. Irgendwie so, aber sonst, wenn es irgendwie freiwillig wäre oder so was, für nix [unverständlich], also für meine Arbeit und so dann. [...] Ah, ich geh immer Schule.

---

10 Streeck-Fischer (1992) zeigt diese Funktion bei Gruppierungen junger Rechtsradikaler auf. Hinsichtlich der psychosozialen Bedeutung von Feindbildern gibt es deutliche Parallelen zu der hier beschriebenen Jugendgang.

Also Schwänzen hab ich noch nie gemacht. Aber ich mein so gar nichts mehr im Unterricht gemacht so. Einfach nur mein Kopf hingelegt und so entspannt« (I 3, S. 3, Z. 8–10, 26f.).

In Ibrahims Beschreibungen von Schule zeigen sich drei wichtige Themen, die deutlich mit der Zwangsmigration und der aktuellen Lebenssituation in Verbindung stehen: Das väterliche Gebot, immer zur Schule zu gehen und einen Abschluss zu erreichen, die ambivalente Haltung gegenüber schulischen Beziehungen und Normen und der Wunsch, von Lehrerinnen und Lehrern gehalten zu werden.

Erstens, zum väterlichen Gebot, immer zur Schule zu gehen und einen Abschluss zu erreichen: Ibrahim übernimmt dieses Gebot mit dem Satz:

»Na, weil ich nicht dumm bleiben will, ich will hier was schaffen« (I 3, S. 3, Z. 1).

Einen Schulabschluss erreichen zu wollen, ist keine unbedingt hervorzuhebende Tatsache. Die Vehemenz, mit der Ibrahim dieses Ziel vertritt, überrascht dennoch angesichts seiner von Scheitern geprägten bisherigen schulischen Karriere. Schulabschluss und Berufsfindung sind deshalb im vorliegenden Fall besonders relevant, weil sie (mindestens fantasiert) sowohl die Möglichkeit des Bleibens in Deutschland als auch die der (temporären) Rückkehr nach Kurdistan ermöglicht. Die erreichte befristete Aufenthaltsgenehmigung in Deutschland begründet Ibrahim nicht zuletzt mit der Strebsamkeit des Vaters und dessen Arbeit als Taxifahrer, sodass die Familie nicht auf Sozialleistungen angewiesen sei. Die väterliche Leistung wird diesbezüglich von Ibrahim idealisiert, als dass dieser der einzige zu diesem Zeitpunkt »geduldete« Flüchtling in Berlin gewesen sei, der trotz generellen Arbeitsverbots regulär gearbeitet habe (im Vorgespräch beschriebene Szene). Ibrahim spricht jedoch auch davon, dass seine Eltern großes Heimweh hätten, er selbst kann sich ein Leben in Syrien und Deutschland vorstellen. Er möchte, wenn er einmal viel Geld verdient, ein Haus in Syrien bauen, dass ihm selbst und seinen Eltern als Bleibe dienen kann. Dieses Haus symbolisiert die Sicherung des Teils der Identität, der angesichts der dominanten Assimilationsbemühungen in Deutschland häufig unterdrückt wird.

Es spricht für den Realitätssinn Ibrahims, dass er »Sportladenver-
käufer« oder »Bauarbeiter« als Berufswünsche angibt. Damit löst er
sich teilweise von den Fantasien des Vaters, der im intellektuellen
Milieu beheimatet ist und wählt Berufe, die inhaltlich (Sport, bauen)
einer sozial adäquaten Aggressionsabfuhr dienen und ihm selbst entsprechen.

Zweitens, zur Ambivalenz zwischen meist sehr schlechtem Verhältnis
zu Lehrenden und Mitlernenden einerseits und der strukturierenden
Rolle von Schule andererseits: Ibrahim fordert schulische Hilfe ein und
ist grundsätzlich bereit, eine solche anzunehmen. Kommt die jeweilige
Bezugsperson seinen Erwartungen jedoch nicht nach, reagiert er mit
»null Bock« (I 3, S. 10, Z. 8). Die Spannung, die sich aus dem Lernwillen
(der mehr ist als ein väterliches Introjekt) und der eigenen Unfähigkeit,
Frustrationen auszuhalten, ergibt, lässt sich gut aus den szenischen Beschreibungen herauslesen:

> »Ah, viele stressen einfach. Also, wenn man, wenn ich mal nicht mitarbeite,
> ist okay. Aber wenn ich mal mitarbeite, dann ist hier ein so'n Martin [Name
> geändert] oder irgendein anderer, die reden, reden, die meckern, meckern,
> man kann gar nicht arbeiten, da lass ich schon wieder alles hinter mir. Da
> lass ich meine Blätter da und mach gar nichts mehr. Kann ich nicht arbeiten.
> Und das war auch seit der dritten Klasse bis jetzt immer so. Und, wenn
> man, soll ich sagen, wenn man, also immer war's meine Schuld, weiß auch
> nicht, warum. Auch wenn ich nix gemacht hab, war's immer meine Schuld.
> Z. B. hier dieser Martin, er hat die Lehrer sehr, sehr schlimm beleidigt und
> ne Mitschülerin gleich noch dazu, die Lehrer, Lehrer hat nur so normal
> geguckt so. Nix, nix dabei gedacht, normal. Auf einmal hat er irgendwas
> Witziges gesagt, gegen die Lehrerin, ich hab nur etwas gelächelt, so hier
> [imitiert abfälliges Lachen], so hier. Auf einmal sagt sie ›raus‹! Ich musste
> raus, meine Eltern wurden angerufen. War meine Mathestunde so« (I 3,
> S. 4, Z. 14–24).

Es fällt Ibrahim sehr schwer, auszuhalten, dass die Mitschülerinnen und
Mitschüler nicht immer seine Lust oder Unlust, zu lernen, mittragen,
sondern stattdessen eigene Vorstellungen von Arbeit und Stören einbringen. Von der Kongruenz zwischen mangelnder Eigen- und Fremdempathie war bereits an anderer Stelle die Rede. Eigene Anteile an der
Konfliktentstehung kann Ibrahim kaum benennen.

Deutlich wird im gesamten diesbezüglichen Interviewteil jedoch auch, dass die Schule über den Leistungswillen hinaus eine spezifische strukturierende Funktion hat. So ist die von Ibrahim beschriebene »Null-Bock-Haltung« ein deutlicher Ausdruck seines Wunsches, wieder in die Klassengemeinschaft integriert zu werden, wohingegen das Schwänzen, das Ibrahim massiv ablehnt, eher als Rückzug aus dem schulischen Diskurs verstanden werden kann.

Drittens, zum starken Wunsch nach Gehaltensein in der Kommunikation: Im Gegensatz zu seinen Lehrerinnen und Lehrern in der Grundschule beschreibt Ibrahim seinen derzeitigen Lehrer als Idealfigur:

> »Na, seine Art ist schon viel besser als die anderen. Wenn man was nicht kapiert, er sagt's dir hundertmal, hundertmal, ich versteh's, dann sagt man, ah, okay. Und er ist auch viel netter, seine Art und wie er redet und so. Deswegen« (I 3, S. 9, Z. 1–3).

Ibrahim hat hier eine Person gefunden, die ihn aushält, auch wenn er mit »einhundert Nachfragen« einen erneuten Bruch unbewusst zu reinszenieren versucht. Diese Interpretation wird unterstützt durch die Tatsache, dass er sich an anderer Stelle beschwert, seine Nachfragen wären in der Grundschule stets missachtet worden. Mit der haltenden Funktion stellt der Klassenlehrer auch eine Gegenfigur zum Vater dar, der sehr eingenommen vom Versuch der Assimilation zu sein scheint und im familiären Raum wenig emotionale Sicherheit bieten kann. Deutlich werden Ibrahims Wunsch nach Halt und der gleichzeitigen Inszenierung von Brüchen auch in seinem häufigen Verschlafen. Indem er zu spät in den Unterricht kommt, macht er seinem Lehrer ein (sozial wenig adäquates) Beziehungsangebot. Gleichzeitig wird ein solches aber als Provokation von Beziehungsabbrüchen erlebt und löst in den Beteiligten Frustration aus. Das Spannungsfeld bewegt sich demnach in einem Gefangensein in den Wiederholungen von internalisierten Beziehungsmustern einerseits und dem Wunsch nach emotionaler Nähe andererseits. Da, obwohl beide Eltern physisch präsent sind, für emotionalen Austausch zu Hause kaum Raum sein dürfte, wird Nähe zu schulischen Beziehungspersonen als massiv gefährdend erlebt. Ein reflektierter Umgang kann sich demnach nur sensibel auf Angebote beziehen, die die familiären Beziehungen nicht erschüttern.

5.3.3.4 Der übergroße Wunsch nach Assimilation und die Fremdheit

»Mein Vater wartet jetzt, bis er richtigen deutschen Pass hat, dann darf er gehen [in den Urlaub nach Syrien], weil dann dürfen die [syrischen Behörden] ihn nix mehr machen so. Weil er ist ja dann Deutscher dann. Aber ich würd's mein Vater auch gönnen, dass er deutschen Pass kriegt, weil er hat sich wirklich ... Als er nach Deutschland gekommen ist, er hat sich sofort n Buch gekauft. N deutsches Buch, er hat alles gelernt, er kann sogar besser als ich deutsch, besser als mein Lehrer vielleicht. Er kann wirklich sehr, sehr gut deutsch, er hat immer nur gelernt, immer nur gelernt, also ich hab ihn fast mein ganzes Leben immer nur mit Buch gesehen, öfters, immer mit Büchern, er hat gelernt, gelernt, gelernt, gelernt. Dann wollte er Dolmetscher werden, kann ja viele Sprachen, afghanisch, arabisch, kurdisch, armenisch, iranisch, n bisschen englisch, so viele Sprachen, wollte dis machen. Deutschland, also Sozialamt, Arbeitsamt meinten ›nein, musst Taxifahrer werden sonst gar nichts‹, dann musste er das nehmen. Dann ist er noch mal Taxifahrer. Aber er wird, glaube ich, noch Dolmetscher machen« (I 3, S. 14, Z. 25–S. 15, Z. 4).

Der Wunsch nach einem Ankommen in Deutschland ist in Ibrahims Familie sehr stark. Die Trennung vom Ursprungsland wird einerseits erleichtert, weil die Familie als Teil der kurdischen Minderheit dort verfolgt wurde und sich so nostalgische Gefühle zumindest gegenüber dem Staat Syrien nicht entwickeln konnten. Andererseits bietet auch Deutschland der Familie keinen Raum, die eigene Kultur zu leben. So wie jede Erinnerung an die eigenen Bräuche und die Muttersprache durch die Unterdrückung der Kultur in Syrien vergiftet ist, so ist die Darstellung der eigenen kulturellen Identität auch in Deutschland weitestgehend verpönt.

Die überstarke Konzentration auf Lernen und Arbeiten ist insofern in das Bedingungsfeld gestörter Identitätsentwicklungen und verhinderter -darstellungen eingebettet. Dies mag einerseits mit der Verdrängung traumatischer Vorerfahrungen zu tun haben, spezifisch beim Vater, dessen Lernen auch als erneute »Flucht in die Bücher« verstanden werden kann. Die manisch ausagierten Assimilationsbestrebungen dienen aber andererseits ganz spezifisch dem Ziel, erstmals im Leben als vollwertige Bürger eines Landes anerkannt zu werden. Der deutsche Pass symbolisiert in diesem Zusammenhang sowohl Sicherheit gegenüber den verfolgenden

Behörden Syriens als auch der Sicherung des Aufenthaltsrechts im Residenzland. Nur mit ihm kann der Familie der Flüchtlingsstatus nicht mehr entzogen werden. Den Vater erleben wir im Versuch der Verwirklichung dieses Traums allein und weitgehend ohne Bindungen. Ibrahim fühlt sich jedoch gezwungen, den Traum des Vaters mit zu leben.

Sowohl die intrinsische als auch die aus der Mehrheitsgesellschaft kommende Assimilationsforderung kann zu keiner neuen ethnischen Identität führen. Sie geht symbiotisch mit der (transgenerational) erlebten Entwertung kurdisch-ethnischer Identität einher; daher ist davon auszugehen, dass sie zu massiven Prozessen der Desorientierung und psychischen Fragmentierung führt (vgl. Erdheim 1992; Bauman 1995).

Die rasante Leistung der Akkulturation wird dabei ausschließlich von der migrierten Familie erbracht. Ibrahims mehrfache szenische Beschreibungen von Rassismus und Diskriminierung zeigen die mangelnde Bereitschaft zur Akzeptanz des Anderen im Umfeld der Familie. Die Verinnerlichung der Akkulturationsanforderung geht so weit, dass zumindest der Vater mit seinen Kindern deutsch spricht und das Kurdische weitestgehend aus dem familiären Rahmen verdrängt wird:

»Mit mein Vater immer deutsch, also immer, meine Schwester auch immer deutsch, bloß meine Mutter ab und zu kurdisch (I 3, S. 17, Z. 17f.).

Diese Konzentration auf alles »Deutsche« (auch jenseits der Sprache) stellt einerseits sicherlich eine Chance für Ibrahim dar. Die in der Auswertungsgruppe geäußerte Floskel »Er will das Beste für seinen Sohn« könnte der manifesten Einstellung des Vaters entsprechen. Gerade der Bruch mit der Muttersprache bedeutet aber eine schwerwiegende Belastung in der Identitätsentwicklung aller Familienmitglieder. Die multiplen psychosomatischen Erkrankungen der Mutter symbolisieren die Trauer um die verlorene ursprüngliche Heimat der Familie sowie die unfreiwilligen Brüche durch Vertreibung und Flucht. Die äußere Stärke des väterlichen Prinzips[11] steht in ihrer Singularität und alle Ambivalenzen vermeidenden Härte sinnbildlich ebenso für das aus den Fugen geratene Familiensystem. Ibrahims Situation ist somit vergleichbar mit

---

11 Die väterlichen Prinzipien verkörpern den Anspruch an die Kinder, sich neuen Herausforderungen zu stellen, spezifisch, sich in der neuen Heimat zurechtzufinden.

dem eines Kindes, dass ohne feste Wurzeln und sichere Bindungen an Mutter und Vater vor ständig neue Herausforderungen gestellt wird.

Die aktuelle Lebenssituation zeigt sich in der familiären Interaktionssituation deutlich: Die Mutter und die Bindungen an die Ursprungskultur können sich nur regenerieren, wenn die innere und äußere Situation der Familie nicht mehr vom Kampf ums Überleben geprägt wäre, das heißt, wenn eine Zukunft in Deutschland unter Anerkennung der Eigenheiten der Familie gesichert wäre.

Deutlich als Folge der familiären Desorientierung zu sehen ist Ibrahims Annäherung an Jugendliche mit ähnlichen lebensgeschichtlichen Erfahrungen und die Abwertung seiner deutschstämmigen Mitschüler. Ibrahim gelingt dabei keine Integration von »gut« und »böse«, stattdessen werden die Spaltungskategorien, die sein Vater vorgibt, in ihr Gegenteil umgekehrt. Dass mit dieser Peergroup neue Vater-Sohn-Konflikte entstehen, kann als sicher gelten.

Ein weiterer Aspekt ist von besonderer Bedeutung: Mit seiner Arbeit möchte Ibrahim ein Haus bauen – in Syrien. Dieser Wunsch steht für das Ziel, das zerstörte (zerschossene) Haus der Familie zu ersetzen und damit einen Ort der Ruhe zu schaffen. So formuliert Ibrahim sogar, dass seine Eltern im Alter wohl gern nach Syrien zurückkehren würden. Dies steht einem großen Teil der tatsächlichen familiären Erfahrungswelt in Syrien diametral entgegen. Es zeigt aber, wie sehr Ibrahims Lebensperspektiven mit dieser traumatischen Welt verbunden sind. Es macht auch deutlich, dass eine solch einseitige Assimilation (hier im Kontext von sequenzieller Unterdrückung in beiden Ländern) nicht erfolgreich sein kann und notwendig zu innerer Konflikthaftigkeit führt.

Es gilt noch auf einen letzten Aspekt hinzuweisen: Ibrahims (an Gewalt orientierte) Lösungsversuche, die gesellschaftlich weitestgehend geächtet sind, spiegeln durchaus auch einen bedeutenden Teil des Umgangs der Mehrheitsgesellschaft mit Traumatisierungen und Schuld wider. Für Trauerarbeit über Erlittenes und aktiv Zugefügtes bleibt vielfach kein Raum, stattdessen wird zwanghaft und manisch die Zukunft geplant. Dieser zentrale Aspekt deutscher Wirtschaftwundergeschichte spiegelt sich bei Ibrahim besonders im Berufswunsch (Bauarbeiter) und dem Ziel, ein Haus für die Familie zu errichten, in dem zumindest äußerlich Ruhe einkehren könnte, wider. Die Verbindung individuellen bzw. familiären Schicksals mit der deutschen Nachkriegsgeschichte dürfte angesichts der

Assimilationsforderungen und -bestrebungen nicht zufällig sein. Auch der Aspekt der Umwandlung von innerer Zerstörtheit in Gewalt gegen das symbolisierte Andere zeigt deutliche Verknüpfungen zur Mehrheitsgesellschaft, spezifisch in Ostdeutschland, auf: Bewältigung der eigenen NS-Täterschaft wurde hier als unnötig erachtet, mit der Begründung, dass die Täter in toto in der Bundesrepublik Deutschland lebten und sich die DDR demnach als Nachfolgeorganisation des antifaschistischen Widerstands definieren konnte. Über eigene Traumatisierungen durch Vertreibung am Ende des Zweiten Weltkrieges und durch Vergewaltigungen durch Soldaten der Roten Armee musste geschwiegen werden. Die Persönlichkeitsdeformierungen durch die Organe der staatlich organisierten Erziehung in der DDR werden bis heute nur selten kritisch hinterfragt. Im Gegenteil, unbewältigte Schuld- und Schamgefühle, die aufgrund des verbreiteten Mitwirkens in diesem System entstehen, unterstützen eine weitgehende Identifikation mit den Prinzipien der Normierung und Beschämung von Kindern und Jugendlichen[12].

Stattdessen werden Trauer und Hass externalisiert und in Gewalt umgewandelt. Diese findet zuallererst in den Familien ihre Ausbrüche, außerdem auch im öffentlichen Raum. Sie richtet sich z. B. gegen Westdeutsche und vor allem gegen Migrantinnen und Migranten, Flüchtlinge und Asylsuchende. Sei es in Form von roher, rechtsradikaler Gewalt oder staatlicher Missachtung elementarster Menschenrechte im Anerkennungsverfahren, für die auch immer einzelne Menschen Verantwortung tragen[13].

---

12 Eine spezifische Bedeutung bei der Entwicklung (weitgehend verleugneter) Schuld- und Schamgefühle hat die Abgabe von Kleinstkindern im Alter von vier Wochen bis sechs Monaten in staatlichen Kinderkrippen, die weit verbreitet war. Transgenerational wirkende Wiederholungszwänge führen zu einer Kontinuität (und teilweisen Ausbreitung) dieser im ursprünglichen Sinn obrigkeitsstaatlichen Herrschaftsmethode auch nach dem Ende der DDR.

13 Ich vollziehe diese Form der Verstrickung eigener und gesellschaftlicher Erfahrungen mit individuellem gewaltvollem Handeln am ostdeutschen Beispiel nach. Hierbei sind zwei Anmerkungen vonnöten: Erstens gibt es keinerlei lineare Kausalität zwischen gesellschaftlichen Erfahrungen und individuellem Handeln, das heißt, trotz gemeinsamer Erfahrungswelt in zwei Diktaturen entscheiden Menschen immer individuell (und oft sehr menschlich). Der hier zugespitzte Zusammenhang verdient meines Erachtens nach dennoch Beachtung. Zweitens bedeutet die Verknüpfung mit ostdeutscher Geschichte nicht, dass alle westdeutschen Gutachterinnen und Entscheider ihren Handlungsspielraum stärker zugunsten der Flüchtlinge nutzen. Auch lassen sich hier vergleichbare, wenn auch anders gelagerte historische Ver-

Gerade Letzteres ist zweifelsohne nur ein Aspekt in einer komplexen politischen Situation einer globalisierten Welt, aber vermutlich der am meisten missachtete.

Werden nun also diese Aspekte mit Ibrahims individuellem Erleben und Verhalten verbunden, lassen sich vielerlei Parallelen aufzeigen. Schweigegebote und manische Zukunftsorientierung fördern immer Hass und, in letzter Konsequenz, Gewalt. Da die Traumatisierung nach innen so schwer erträglich ist, wird sie, sozial unterschiedlich anerkannt, anderen aktiv zugefügt, um sie nicht selbst passiv erleiden zu müssen. Zur Externalisierung von Gewalt gehört auch die nicht-physische Gewalt von Ibrahims Vater, der seine Familie (unbewusst) dazu zwingt, ihr aktuelles Leben in wesentlichen Teilen in einer anderen Realität, der seiner Verfolgung, zu leben. Die daran erneut sichtbare untrennbare Wechselseitigkeit von Schuld und Traumatisierung zeigt nur umso stärker die Notwendigkeit der Erinnerung und des Durcharbeitens auf.

5.3.4 Abschließende Überlegungen

Der Zusammenhang realer Gefährdungen (Verfolgung, Krieg, Abschiebedrohungen) und der Widerspiegelung in krankmachenden individuellen und familiären Strukturen ist in Ibrahims Fall überdeutlich. Realen Belastungen vor, während und nach der Flucht, an deren traumatischem Gehalt kaum ein Zweifel bestehen dürfte, steht eine hoch destruktive innere und familiäre Beziehungswelt zur Seite. Sollen die aggressiven und schädigenden Verhaltensweisen Ibrahims verstanden werden, müssen beide Aspekte in Beziehung zueinander gesetzt werden. Die Strukturen, die zu der eigenen hoch problematischen Entwicklung führen, sind Ibrahim zum Teil bewusst, was eine sehr beachtenswerte innere Leistung ist. Eine Unterscheidung verinnerlichter Bedeutsamkeiten von Introjekten fremder Herkunft ist an einigen Stellen jedoch schwierig, etwa bei der Erklärung für die Entstehung von Hass. Andere Anteile traumatischen Erlebens können gar nicht thematisiert werden.

---

wicklungen aufzeigen. Dennoch sollte nicht verleugnet werden, dass die demokratische Entwicklung in Westdeutschland nach 1945 Elemente bürgerschaftlicher Teilhabe hervorgebracht hat, die sich im Osten Deutschlands nur schwer entwickeln.

Spezifisch und anders als in den meisten anderen Interviews sind es die Vorerfahrungen mit Verfolgung und Flucht, die bildlich beschrieben werden, wohingegen das Leid unter institutioneller Diskriminierung und Misshandlung durch staatliche Strukturen in Deutschland weitestgehend verleugnet wird. Die Erfahrungen mit Todesangst und Gewalt gegen ihn und seine Familie agiert Ibrahim destruktiv aus, auf vielfältige Zusammenhänge zwischen innerem Erleben und subjektiv notwendiger aggressiver Externalisierung ist mehrfach hingewiesen worden.

Im Hinblick auf die schulische Situation ist die große Ambivalenz zwischen der Reinszenierung von Brüchen, Erleiden von Ausgrenzung und dem Wunsch nach Struktur und Halt deutlich geworden. Trotz oder gerade wegen der hoch komplizierten Interaktionsstrukturen mit Ibrahim leitet sich daraus ein besonderer Anspruch an die Schule ab, einen solch haltenden Raum bereitzustellen. Dass dies in einem entsprechenden Setting zumindest ansatzweise gelingen kann, zeigt die Bedeutung, die sein derzeitiger Klassenlehrer für Ibrahim gewonnen hat. Ibrahim hält das zugrunde liegende Interview aus, auch wenn es mit etwa 35 Minuten Länge zu den kürzesten dieser Auswahl gehört. Das zeigt seine Bereitschaft zur aktiven Teilhabe, wenn diese auch durch die destruktiven Affekte und die geringe Frustrationstoleranz stets gefährdet erscheint.

Eine besondere Aufgabe der Schule muss das Angebot von muttersprachlicher Förderung sein. Gerade im Kontext von Zwangsmigration stellt die Abschneidung von den symbolisierten mütterlichen Anteilen der Identität eine besondere Gefahr da. Ihre Reaktivierung mittels Sprache wäre ein wesentlicher Bestandteil einer angemessenen schulischen Unterstützung.

5.4 Julia

5.4.1 Biografischer Abriss

Julia ist 17 Jahre alt und lebt seit 14 Jahren in Deutschland. Sie wurde in Kampala/Uganda geboren. Julia erzählt, dass sie dort aufgrund der Kriegsverwicklung ihres Vaters nur im eigenen Garten spielen durfte, da alles andere zu gefährlich gewesen sei. Zu ihren Eltern hatte sie nach der

Flucht nie wieder Kontakt, sie hat jedoch von ihrer Schwester gehört, sie seien bei einem Autounfall ums Leben gekommen. Mehr weiß sie über den Verbleib ihrer Eltern nicht.

In Berlin lebte sie zunächst in einem Heim, in dem auch ihre Schwester und ihr Neffe wohnten. Seit einiger Zeit lebt sie in einer Wohngemeinschaft der Jugendhilfe. Von der siebten bis zur zehnten Klasse besuchte sie ein Gymnasium. Dort fühlte sie sich nach eigener Aussage jedoch nie wohl und wechselte, nachdem sie in der zehnten Klasse das Klassenziel nicht erreicht hatte, an eine Gesamtschule in Neukölln. Dort hat sie die zehnte Klasse wiederholt und strebt jetzt das Abitur an. Julia ist sehr an Mode interessiert und möchte gern Architektur studieren.

5.4.2   Zum Interview

Aufgrund von Julias Kontaktfreudigkeit gab es keinerlei Schwierigkeiten, Termine für das Vorgespräch und das Interview zu finden. Beim Vorgespräch zeigt sich Julia offen und erzählt sehr viel.

Zum Interview besuche ich sie in ihrer Wohngemeinschaft. Sie ist wieder sehr freundlich, zeigt mir die Wohnung, fühlt sich aber deutlich angespannt, was sie auch artikuliert.

Während des Interviews redet sie jedoch wieder gewohnt offen und schweift häufig ab; vor allem der Unterschied zwischen ihrer alten und der neuen Schule ist ihr wichtig. Sie erzählt, dass sich an der ehemaligen Schule viele Schüler und Schülerinnen sowie Lehrende für sie eingesetzt haben. Die starke Ablehnung dieser Schule bleibt für mich deshalb während des Interviews zunächst unverständlich.

Dass der Verlust ihrer Eltern ein schwerwiegender ist und sie daran vermutlich mehr denkt, als sie vorgibt, wird recht deutlich. Es ist der einzige Moment im Interview, in dem Julia nachdenklich wird und auch ein bisschen »angegriffen« wirkt. Julia meint, die Eltern seien wohl ums Leben gekommen. Aufgrund der unsicheren Informationslage muss jedoch offen bleiben, ob dies der Realität entspricht oder entlastenden Erklärungscharakter für Julia hat. Obwohl ich sonst im Interview offen frage, zögere ich hier, sie zu bitten, sich in ihre Eltern hineinzuversetzen und beziehe die Frage lieber auf die in Deutschland lebenden Familienmitglieder.

Das Ambivalente an der überstarken Mitteilungsfreunde spiegelt sich im Vorgespräch und Interview bereits in meinem Gefühl Julia gegenüber: Es ist sehr angenehm, mit ihr zu sprechen; ihre Dominanz im Gespräch verhindert jedoch, bei (aus meiner Sicht) zentralen Themen zu verbleiben und löst deshalb auch Ärger in mir aus.

5.4.3   Zentrale Bereiche subjektiven Erlebens

5.4.3.1   Die positive Ausstrahlung als Resilienzfaktor und Sicherung des Überlebens

> »Also ich bin, ich weiß ja auch von der Grundschule aus, dass ich n sehr beliebtes Mädchen bin, weil ich mach nicht viel falsch. Und ich bin auch sehr offen zu vielen Leuten, ich bin auch so'n Mensch, der sehr viele Leute kennen lernen möchte und auch oft auf die zugeht. Und äh, viele gewinnen mich wirklich für's Herz, sehr viele und auch Eltern und alles« (I 4, S. 9, Z. 9–13).

Die hier nur beispielhaft wiedergegebene Selbsteinschätzung Julias wirkt trotz des darin ausgedrückten starken Selbstbewusstseins nicht wie eine Größenfantasie. Tatsächlich würde eine Einschätzung ihrer sozialen Rolle viele der hier genannten Aspekte wohl bestätigen. Auch die ersten Reaktionen auf ihr Interview in der Auswertungsgruppe sind unterstützend: Julia sei »ziemlich reflektiert, unglaublich positiv, es gebe anscheinend keine energieraubenden verborgenen Seiten« (zusammengefasste Zitate von Mitgliedern der Auswertungsgruppe). Ihre Freundlichkeit und Aufgeschlossenheit, die sich auch in der Planung und Durchführung des Interviews zeigten, sind wirksame Resilienzfaktoren in der Bewältigung eines real hoch komplizierten Lebens. Dieses ist gekennzeichnet durch den frühen Verlust der Eltern, Leben in verschiedenen Einrichtungen für Migrantinnen und Migranten sowie der Jugendhilfe und die lange präsente und reale Angst vor Abschiebung in ein ihr (fast) unbekanntes Ursprungsland.

Julia besitzt eine ausgeprägte Fähigkeit, die positiven Seiten der aktuellen Lebensbedingungen hoch zu gewichten und die innere Stabilität gefährdende Seiten auszublenden:

»Also, wenn man mich das fragt, dann denk ich immer: Ich könnte mir kein besseres Leben vorstellen. [...] Also ich hab da wirklich so Glück in mein Leben gehabt, dass wir wirklich auch hergekommen sind, also ich kann das nicht ... Also in Afrika hätte ich niemals so ein Leben gehabt, das weiß ich jetzt auf jeden Fall und ähm, ich hab wirklich von Anfang an so viel Leute gehabt, die wirklich schon für mich da waren und mich auch sehr lange begleitet haben. 10 Jahre hab ich ja im Heim gewohnt und hab ich mich total wohl gefühlt und ich hab auch total geweint, als ich da ausgezogen bin, weil das so mein Zuhause war und ich hab da echt so viel Glück gehabt, oha, ich bin so zufrieden damit. Denke mir manchmal hab ich es wirklich besser, als manche zu Hause gehabt. Also jetzt materiell gesehen. Weil, ich hatte da wirklich alles. Ich hab da mein Geld bekommen, ich hab mein Essen bekommen, ich hatte nette Freunde um mich herum. Das ist ja zu Hause immer ganz anders, man kommt nach Hause, vielleicht haben die Eltern nicht so viel Geld und dann kriegt man vielleicht 10, 20 Euro und ... Ich will ja nicht sagen, dass Geld heute alles ist, aber ein großer Teil hat schon mit Geld zu tun« (I 4, S. 12, Z. 29–S. 13, Z. 10).

Die Deutung der lebensgeschichtlichen Erfahrung als primär positive scheint Julia, soviel lässt sich aus dem Kontaktaufbau und den Begegnungen schließen, zu einigem Erfolg in der Gestaltung ihrer Beziehungen und in der Bewältigung ihres Lebens geführt zu haben. Die damit verbundene Selbstidealisierung und Verleugnung jeglicher Belastung führt zu einem weiteren Aspekt der Rekonstruktion ihres Beziehungserlebens, der ersteren ergänzt, nicht widerlegt:

Julias Offenheit mit anderen Menschen sollte auch als symbolische, teils auch reale Überlebenssicherung begriffen werden. Dies betrifft nicht zuletzt die Bedrohung durch Abschiebung. Die Unterstützung durch die Mitschülerinnen und Mitschüler sowie Lehrerinnen und Lehrer in dieser schwierigen Situation begründet Julia explizit mit ihrer eigenen Herzlichkeit und Freundlichkeit. Die Sicherung des Lebens in Deutschland (das für Julia innerpsychisch mit dem generellen Überleben gleichgesetzt ist) wird also in ihrer subjektiven Realität zumindest mitgesichert durch den Fakt, dass sie bei anderen Menschen beliebt ist. Im Hinblick auf das emotionale Überleben betrifft dies auch ihre Lebenserfahrungen mit Betreuerinnen und Betreuern in Heimen und anderen Einrichtungen der Jugendhilfe. Offensichtlich konnte sie sich zu verschiedenen Zeitpunkten die Zuneigung und Unterstützung von Bezugspersonen sichern und somit positive Beziehungserfahrungen internalisieren. Dem entspricht ein vorherrschendes Gegenübertragungsgefühl während des Vorgesprächs und Interviews, das im Gegensatz zu anderen Begegnungen mit zwangsmigrierten Menschen nicht durch Scham oder Mitleid, stärker durch ein Gefühl des fast schon freundschaftlichen Vertrauens geprägt war.

Die dann doch realitätsferne Übersteigerung in der positiven Bewertung der eigenen Lebenssituation, so wie im obigen Zitat gezeigt, kann, auch wenn auf Grundlage der subjektiven und szenischen Daten des Interviews nicht eindeutig, auch als innere Spaltung interpretiert werden. So fehlt in Julias Erinnerungen gänzlich die erste Zeit in Deutschland, die die Familie laut ihrem Bruder in einem Versteck bei Bekannten verbracht hat. Die unterschiedlich exakte Erinnerung mag auf das geringere Lebensalter Julias zurückzuführen sein. Dass sie aber auch retrospektiv diese zweifellos hoch belastende Lebenssequenz negiert, lässt Rückschlüsse auf spaltende individuelle oder familiäre Erlebensmodi zu.

Die Fixierung auf bestimmte positiv konnotierte Aspekte, teils auch auf Fantasien und damit einher gehende Unterdrückung jeglicher belastender lebensgeschichtlicher Erfahrung muss (neben einigen Chancen) auch zu schwieriger individueller Entwicklung führen. Die abgewehrten, belastenden Aspekte verlieren ihren inneren Raum, wodurch notwendigerweise ein seelisches Gleichgewicht verloren geht. Die übersteigerte, fast hilflos positive Einschätzung des eigenen Lebens kann demnach als Symptom dieses fehlenden Gleichgewichts verstanden werden.

5.4.3.2 Der Mangel an selbstverständlicher, »unverdienter« Liebe und der Verlust der Eltern

Zweifellos hat Julia ihre offene Art sehr geholfen, ihr bisheriges Leben zu bewältigen. Wie gezeigt, gewinnt diese Art innerpsychisch eine weitergehende Bedeutung im Hinblick auf reales und emotionales Überleben. Die von Bezugspersonen erfahrene Sympathie, Unterstützung und Liebe musste sie sich (mindestens in Julias Wahrnehmung) jedoch stets selbst erarbeiten. Ihr fehlen innerpsychisch präsente Objekte, deren selbstverständlicher Liebe sie sich gewiss sein kann und die sie sich nicht immer wieder erkämpfen muss. Diese klassischen Objekteigenschaften der Eltern können nicht durch ihre Geschwister übernommen werden. Im Gegenteil, auch ihren Geschwistern gegenüber muss Julia spezifische Eigenschaften präsentieren (die der erfolgreichen

Schwester entsprechen), um deren Erwartungen zu erfüllen und geliebt zu werden.

Die inneren Objekte der Eltern (mit der Mutter verbindet sie eine dreijährige reale Beziehung, mit dem Vater aufgrund von dessen politischen/militärischen Aktivitäten möglicherweise gar keine) müssen in Julias Welt weitestgehend abgewehrt werden, da sie das fragile innere Gleichgewicht gefährden würden. Die (Pseudo-)Stabilität ist gerade dadurch gekennzeichnet, dass die Bedeutung von realen oder als innere Objekte repräsentierten Eltern verleugnet wird. Im Zuge ihrer Flucht nach Deutschland hat nach ihren eigenen Angaben sogar eine Löschung dieser Repräsentationen stattgefunden:

> »Also ich wusste nicht mal, was das wirklich ist. Bestimmt war ich 3 Jahre alt und ich wusste noch nicht, ich wusste zwar, was Mama und Papa ist, aber auf afrikanisch wusste ich das. Aber als ich dann deutsch gelernt habe, hab ich das irgendwie verlernt [...]. Und äh, dann hab ich sie auf Deutsch gelernt und dann waren sie nicht mehr für mich das Gleiche. Wahrscheinlich. Also, ich konnte mich, ich hab nie gedacht, also, jetzt fehlt was« (I 4, S. 16, Z. 12–19).

Psychisch repräsentierte Objekte, die mit Gefühlen der Trauer und des Verlusts besetzt sind, bleiben trotzdem als innere Realität vorhanden. Im Prozess der Akkulturation können sie dissoziiert, nicht jedoch gänzlich gelöscht werden, vielfach gewinnen sie sogar an Bedeutung. Die unbewusste Verleugnung Julias paart sich mit einer bewussten Abwehr der Bedeutung von elterlichen Objekten dort, wo Trauer sich Raum verschafft. Früher hätte sie geweint, so Julia, doch dann hätte sie verstanden, dass dies keinen Sinn hätte. Mit der elterlichen wird auch die Repräsentanz des Mutterlandes dissoziiert. Julia benennt keinerlei persönliche Bedeutungszuschreibungen gegenüber ihrem Ursprungsland, stattdessen sind ihre Assoziationen stark stereotypisierend, teilweise neo-koloniale Vorurteile übernehmend: freilaufende Tiere, Tänze, bunte Farben, »Völkerkriege«, Hungersnöte.

Diese verleugnete Repräsentanz der elterlichen Objekte bringt Julia deutlich in die Interviewsituation ein: Zwar fragt der Interviewer einmal nach der Bedeutung des Verlusts der Eltern, verlegt sich anschließend aber auf die Beziehungssituation der hier in Deutschland lebenden Restfamilie. Nach den Eltern zu fragen löst ein gegenseitiges Gefühl der Verunsicherung und Abwehr aus. Julia selbst projiziert zumindest einen

Teil ihrer Abwehrhandlungen auf ihre Umgebung. Hauptsächlich sei es nicht sie selbst, die über den Verlust der Eltern nicht sprechen wollte, sondern die Gesprächspartnerinnen und -partner:

>Aber, manchmal hab ich mich nicht so gefühlt darüber zu reden, weil das immer so traurig ist und dann auch alte Erinnerungen weckt, aber, ähm, so schwierig war es nicht, darüber zu reden, aber die [ihre Gesprächspartner und -partnerinnen] haben es oft so gesehen, oh, lieber nicht weiter fragen, weil das sonst sehr verletzend sein könnte und die haben ja, na, manche haben mich ja auch gefragt, na, wie ist das denn passiert und wie fühlst du dich denn? Und oh Gott, wenn irgendwas ist, da kann, bist du gerne bei mir eingeladen und alles, ja. Nee, ich hatte keine Probleme darüber zu reden< (I 4, S. 11, Z. 28–34).

Schuld- und Schamgefühle aufgrund der verleugneten Bedeutung der Eltern führen dazu, dass Julia diese bei einem Autounfall sterben lässt, sich demnach von jeglicher innerer Beziehung zu ihnen freimachen will. Von einem solchen Schicksal der Eltern kann ihr Bruder Jamein nicht berichten. Für die soziale Umwelt kann die endgültige Trennung von den Eltern so als schicksalhaft dargestellt werden (was z.B. im Falle eines im Bürgerkrieg getöteten Politikers bzw. Militärs in dem Maß nicht möglich ist). Ein Unfall entbindet die Eltern gleichermaßen von ihrer Schuld, die Kinder im Stich gelassen zu haben. Zudem gibt der vermutete Tod der Eltern Julia zumindest einige Gewissheit, unterstützt sie in ihrer Haltung des Nicht-Zulassens von existenziellen Fragen des »warum«. Obwohl sie gern einmal Uganda besuchen möchte, soll auch eine solche Reise nicht dazu dienen, die Vergangenheit zu klären:

>Ja, aber, um dahin zu gehen würde ich jetzt nicht so in meiner Vergangenheit wühlen wollen, sondern … Doch schon, also, ich würd mal gern hingehen um zu gucken, wie es ist, wo ich geboren bin und wo meine Wurzeln herkommen, aber ich würd jetzt nicht irgendwie nach meiner Familie suchen oder nach irgendwelchen Sachen, was die da gemacht haben, sondern ich geb mich, also, meine Vergangenheit ist damit eigentlich schon ein bisschen abgeschlossen< (I 4, S. 15, Z. 10–15).

Aus der positiv übersteigerten subjektiven Darstellung des Aufwachsens ohne Eltern und den szenischen Informationen kann mit hoher Wahrscheinlichkeit geschlossen werden, dass der aus der abrupten, für das Kind unverständlichen Trennung von primären Bezugspersonen resultierende Verlust der inneren Objekte ein zentrales Lebensthema für Julia ist. Es ist jedoch tief verborgen und kann nur symptomatisch in drei anderen Aspekten inneren Erlebens und Verhaltens inszeniert werden: erstens in der Dankbarkeit gegenüber scheinbar selbstverständlicher Unterstützung, zweitens in der Zweckgebundenheit zwischenmenschlicher Bindungen und drittens im Verlassen auf die eigene Stärke.

Zu ersterem: Nach eigener Aussage hat Julia in Deutschland viel Hilfe erfahren. Diese Hilfe reflektiert sie in ihrer subjektiven Bedeutung und beschreibt sie zu keinem Zeitpunkt als selbstverständlich. So benennt sie als Unterstützerinnen hierbei ihre Bezugsbetreuerinnen im Wohnheim und in der Wohngemeinschaft, aber auch, dass in ihrer ehemaligen Schule »alle Personen hinter mir [standen]« (I 4, S. 8, Z. 25f.). Tatsächlich steht die große Mehrheit der beschriebenen Personen also in einem professionellen Verhältnis zu Julia, ihre Zuneigung und über die Pflichten hinausgehende Unterstützung kann nicht als selbstverständlich angenommen werden. Julia löst ein Gefühl aus, sie sei »auf dem Sprungbrett« (Zitat eines Mitglieds der Auswertungsgruppe) aus diesem Hilfenetz. Dies entspricht ihrer realen Lebenssituation als 17-Jährige, aber auch einer grundsätzlichen, verinnerlichten Erfahrung, dass das angebotene Hilfesystem fragil und nicht verlässlich ist.

Zum zweiten Punkt: Julia vermittelt an verschiedenen Stellen des Interviews das Gefühl, emotional an kaum eine Beziehung gebunden zu sein. Sie beschreibt selbst, dass sie sich ihre Freunde so aussuchen würde, dass sie ihr nützten. In einem solchen Verhalten reinszenieren sich sowohl die inneren Bedeutsamkeiten der Zukunftsfixierung und der Angst vor innerer Reflexion und tiefer Bindung als auch die Repräsentanzen zentraler sozialer Erfahrungen. Aufgrund dieser Nützlichkeitserwägungen sind für Julia eher Menschen als Beziehungspartnerinnen und -partner interessant, die auf einer (in ihrer inneren Skala) höheren Entwicklungsstufe als sie selbst stehen. Menschen, die ein ähnliches Schicksal wie sie haben, zeigt sie sich zwar an einer Stelle verbunden, wiegelt selbige Nähe aber dann doch wieder ab:

> Julia: »[A]ber man fühlt sich einfach wohler, weil man mit den über alles reden kann, die verstehen einen selber, weil die dasselbe durchgemacht haben.«
> Frage: »Was meinst'n du damit, wenn du sagst, dass die das Gleiche durchgemacht haben?«

Julia: »Naja, also ich mein hobbymäßig eher, also, dass sie oft den gleichen äh, Lebensstandard haben wie ich« (I 4, S. 3, Z. 18–26).

Auch auf weitere Nachfragen hin bringt Julia ihre eigene Identität zwar mit derer ihrer Mitlernenden in Verbindung beziehungsweise grenzt sich davon ab. Jegliche weitergehende Introspektion im Sinne einer gegenseitigen Teilhabe wird aber negiert.

Zum letztgenannten Aspekt: Zweifelsohne als Folge von unsicheren (im Sinne von nicht stabil repräsentierten) Unterstützungssystemen und einem hohen Maß an Abhängigkeit zeigt sich Julia als extrem auf sich selbst verlassende junge Frau. Die reale Abhängigkeit (von Bearbeiterinnen der Ausländerbehörde, Mitarbeitern der Jugendhilfe etc.) wird in ihr Gegenteil verkehrt, indem sie sich im Interview als Ansprechpartnerin für die Sorgen und Nöte anderer inszeniert. Darüber hinaus distanziert sie sich von ihrer eigenen Familie (»weil sie es nicht geschafft haben und dachten, sie können es auf mich weiter übertragen, was sie falsch im Leben gemacht haben«, I 4, S. 18, Z. 9f.) und ebenso von der Heimat ihrer Eltern, Uganda.

Menschen, die sie auf diesem fast nur selbstbezogenen Weg begleiten, müssen entsprechende Eigenschaften mitbringen. So beschreibt sie eine ihrer besten Freundinnen folgendermaßen:

»[D]a hab ich eine Freundin, Klara [Name geändert], und sie hat auch so ne Einstellung: Ich möchte mein Leben meistern, ich möchte meine Schule machen, ich will später … Sie hat wirklich auch vor Augen, was sie später machen möchte und hat auch wirklich ne Zukunft« (I 4, S. 12, Z. 20–23).

Eine kritisch-reflektierte Spiegelung im Anderen (z.B. in anderen Jugendlichen mit Zwangsmigrationshintergrund) ist für Julia angstauslösend und kann demnach im Moment noch nicht als Hilfe zur Integration abgewehrter innerer Bedeutsamkeiten angenommen werden.

5.4.3.3 Die Gefährdung des Ichs in Zusammenhang mit der drohenden Abschiebung

»Pfff, ja, da gab es eine Zeit und da bin ich auch sitzen geblieben, das war, als ich von der Abschiebung bedroht worden war und da lief dann alles bergab, auch psychisch und seelisch. Da war ich so kaputt, ich hab die ganze

Zeit mit dem Gedanken gespielt, dass ich nach Uganda abgeschoben wer-denkann, da keinen kenne und auf der Straße leben muss und dann irgend-wann natürlich aus Hungernot sterben oder sonst was« (I 4, S. 8, Z. 1–5).

Es ist außer Frage, dass die drohende Abschiebung für ein 17-jähriges Mädchen in ein Land, das sie nicht kennt, unabhängig von der persönlichen Konstitution eine ernsthafte innere Erschütterung bedeutet, die im vorliegenden theoretischen Zusammenhang als traumatische Sequenz interpretiert werden muss. Diese äußere Situation interagiert in Julias Fall mit einem Selbstbild (das sich im Erleben und Verhalten in Szene setzt), das von Stärke und Unabhängigkeit geprägt ist. Ein solches Selbstbild wird durch ein hohes Maß an Kontrolle sowohl ihrer zwischenmenschlichen Beziehungen als auch ihrer Gedankenwelt aufrechterhalten. Durch Entscheidungen, die als von »höheren Mächten« geprägt erlebt werden, erleidet diese fragile Stärke und Unabhängigkeit einen Zusammenbruch. Die in ihrem sonstigen Leben dissoziierten Ängste erscheinen in dieser Extremsituation in ihrer bedrohlichsten Form: als Existenz- bzw. Todesangst (»aus Hungersnot sterben«). Ob die drohende Abschiebung in das Land ihrer Eltern auch verborgene Ängste vor der Wiederkehr früher erlittener traumatischer Sequenzen hervorruft, kann aus dem Interviewtext nicht in sinnvoller Weise geschlossen werden, sollte als Möglichkeit aber mitbedacht werden. Zumindest beschreibt Julia, dass sie in Bezug auf die Gründe für die Flucht aus Uganda heute auch nicht mehr wüsste als damals. Sie bleibt in dieser Hinsicht also in infantilen Vorstellungen gefangen, jede Rückkehr in ein solches Land muss demnach ein hohes Maß an Furcht auslösen.

Die Angst vor dem Verhungern steht noch mit einem weiteren, oben beschriebenen Aspekt in Verbindung: Julias innere Stabilität beruht nicht zuletzt auf dem Wirken eines materiellen und emotionalen Versorgungssystems, dessen Funktionieren sie durch ihre Kontaktfreudigkeit mit beeinflusst, das von ihr jedoch als fragil empfunden wird. Die mögliche Abschiebung bedeutet nun auch den drohenden Zusammenbruch des Versorgungssystems. Weder sie selbst noch die Personen, die bisher ihr emotionales und körperliches Überleben gesichert haben, sind in dieser Situation in der Lage, etwas an der Existenzbedrohung zu ändern.

Als Folge der Extremsituation der Abschiebungsdrohung verstärken sich in Julia ohnehin präsente Erlebens- und Verhaltensweisen. Die Betonung der eigenen Stärke gewinnt an Bedeutung. So wertet sie den

Erhalt einer Aufenthaltsgenehmigung vorrangig als Ergebnis ihrer persönlichen Bemühungen:

> »Ja, es bedeutet für mich auf jeden Fall Erfolg nach 10 Jahren, nach fast 10 Jahren den gleichen Status hab ich jetzt endlich einen Aufenthaltstitel« (I 4, S. 14, Z. 3f.).

Die Betonung der eigenen Fähigkeiten und der Kontrolle über den Lebensweg dient demnach also nicht zuletzt dem Ziel, bei einer neuerlich drohenden Abschiebung gegenüber den Existenzängsten besser gewappnet zu sein. Diese Wappnung findet jedoch ohne die Ausagierung aggressiver Erlebensmodi statt. Im Gegenteil, aggressive Triebhaftigkeit wird von ihr nur in anderen Menschen wahrgenommen, eigene Aggressionen auf nahe stehende Menschen projiziert. Eher ist davon auszugehen, dass Julia Aggressionen als hinderlich auf dem geradlinigen Weg zu ihren Zielen empfindet. Positive soziale Reaktionen auf die aggressionsvermeidenden Handlungsmuster Julias dürften dieses innere Erleben vielfach verstärken.

5.4.3.4 Schule: Stützung und Abgrenzung

Julia besuchte zum Interviewtermin seit einem Jahr eine Gesamtschule, davor bis zur zehnten Klasse ein Gymnasium. Julias szenische Berichte über ihre ehemalige Schule können in besonderer Weise mit zentralen Lebensinhalten in Verbindung gebracht werden.

Bereits darauf hingewiesen wurde, dass Julia in der Zeit der drohenden Abschiebung nach eigener Aussage viel Unterstützung von Peers, Lehrenden und Eltern erhalten hat. Sie hebt eine Lehrerin hervor, mit der sie sich sehr gut verstanden habe:

> »[S]ie war auch meine Fotografin, die, mit ihr hab ich auch Fotos gemacht, die wurden am Potsdamer Platz ausgestellt und alles« (I 4, S. 10, Z. 12f.).

In der Beziehung zu dieser Lehrerin spiegeln sich verschiedene Ebenen Julias Erlebens. Erstens scheint sie in der Lage, sich Personen zu suchen, die ihrem Bedürfnis nach Nähe und Unterstützung dienen und so zumindest temporäre Eltern-Substitute bilden können. Zweitens ist gerade die von ihr herausgestellte Sequenz des Fotografierens bezeichnend für ihr hohes Bedürfnis nach Darstellung ihrer Person. Sie interessiert sich sehr für Mode und präsentiert im Interview vielfach ihre Selbstbestimmung und Kontrolle über ihre Lebenswelt. Drittens symbolisiert die Welt der Fotografie, wie stark zwischenmenschliche Zuneigung in Julias Realität abhängig von ihren eigenen Leistungen ist, im vorliegenden Fall von ihrem Aussehen. Die Beziehung wird primär über eine gegenseitige Nutzen-Abwägung definiert, die unmittelbare Teilhabe am Erleben der Beziehungsperson tritt dagegen zurück.

Vor diesem Hintergrund werden auch die abwertenden Äußerungen über die ehemaligen Mitschülerinnen und -schüler verständlicher:

> »Also, meine alte Schule war ja ein Gymnasium und da ist es ja berüchtigt, dass die meisten so auf's Lernen aus sind und äh, da sind oft Freaks drauf, die wirklich irgend eine Sache machen, z.B. Computer spielen und die sind dann immer so'n bisschen, mit denen kann man sich nicht so über Shoppen-Gehen z.B. unterhalten oder die Hobbys, die sie wirklich machen, weil sie nur zu Hause abhängen und entweder lernen oder dann auch um acht zu Hause sein müssen, weil die Eltern etwas strenger sind, weil sie die Schule natürlich meistern müssen und ähm, dadurch sind die n bisschen spießiger und mit den kann man nicht so wirklich viel reden und da ist dann halt Funkstille oft« (I 4, S. 3, Z. 10–17).

Solche negativen Zuschreibungen gegenüber den Peers mögen auch eine Folge von Julias partiellem schulischem Scheitern sein. Auch eine Abwehr der Erinnerung an die Sequenz der drohenden Abschiebung mag eine Rolle bei der Projektion negativer Assoziationen auf die ehemalige Schule spielen.

Noch stärker als an spezifische Belastungssequenzen gekoppelt erscheint die Abwertung der Peers jedoch als Abwehr einer so empfundenen Bedrohung ihres Lebensbildes. Die weitgehend stabilen familiären Situationen der Mitschülerinnen und Mitschüler lösen in Julia Ängste aus, da sie ihre nützlichkeitsbezogene Beziehungsstrategie hinterfragen. Familie darf, wie beschrieben, keine emotionale Bedeutung gewinnen. Auch als Über-Ich-Instanz sollen die Eltern nicht vorhanden sein. Die von Julia genannten strengeren Eltern und ihre Abbildung in verinnerlichten Objektstrukturen stellen subjektiv somit eine Gefährdung der von ihr konstruierten Realität dar, in der für »alles gesorgt sei«. Die Betreuerin, die Julia aus eigener Erfahrung das diesbezügliche Gymnasium empfohlen hatte, konfrontiert Julia dementsprechend mit einem für sie bedrohlichen Lebensentwurf.

5.4.4 Abschließende Überlegungen

An wesentlichen lebensgeschichtlich bedeutsamen Themen zeigt sich in der retrospektiven Teilhabe an der subjektiven Welt Julias eine deutliche Ambivalenz. Die (zumindest oberflächliche) soziale Integration ist vor dem Hintergrund der Lebenserfahrungen, die mehrfach durchaus traumatischen Sequenzen gleichen, in erstaunlicher Weise gelungen. Symbole dieser Teilhabe sind der weitgehende schulische Erfolg und das Zurechtfinden im System der Jugendhilfe. Die Fähigkeit zur Beziehungsgestaltung zu relevanten Bezugspersonen (bei aller Starrheit der Objektvorstellungen) stellt einen wesentlichen Resilienzfaktor dar. Im Hinblick auf die innerpsychische Integration zeigen sich jedoch vielfältige Brüche, nicht zuletzt hinsichtlich der hochgradig zwanghaften Rollengestaltung in Beziehungen und der Angst vor Vernichtung.

Diese dargestellten Ambivalenzen zu erkennen und als solche wahrnehmen zu können, dient nicht nur einem besseren Verständnis von Julias innerer Welt, sondern verweist auf zentrale Bedürfnisse, auf die zumindest teilweise auch im pädagogischen Rahmen besser eingegangen werden könnte: die Bereitstellung eines sicheren, schützenden Rahmens, in dem unabhängig von eigener Stärke Raum bleibt für die Reflexion der lebensgeschichtlichen Erfahrungen und die Trauerarbeit.

Aufgrund der Verstrickung von mühsam aufgebauten inneren Bildern und äußerer Wertschätzung dieser Darstellungen (bis hin zu einer Fotoausstellung) müssen reflektierte pädagogische Beziehungen gerade den Aspekt der Vorbehaltlosigkeit und des Aushaltens von destruktiven inneren Anteilen betonen.

5.5 Linh

5.5.1 Biografischer Abriss

Linh ist ein 20-jähriger junger Mann, der im Berliner Bezirk Marzahn-Hellersdorf wohnt. Er wurde in Vietnam geboren. Seine Mutter verließ ihn erstmals, als Linh vier Jahre alt war, um aus Vietnam nach Deutschland zu emigrieren. Kurze Zeit später folgte der Vater der Mutter. Auch

171

Linhs jüngerer Bruder war in dieser Zeit mit den Eltern in Deutschland. Linh lebte bis zum Alter von neun Jahren bei seinen Großeltern. Im Anschluss an eine temporäre Rückkehr der Eltern floh Linh gemeinsam mit ihnen und dem Bruder nach Deutschland. Eine Gruppe von Schleusern brachte sie über die polnisch-deutsche Grenze.

Linh wohnte in Berlin jedoch nie bei seinen Eltern, sondern in einem Kinderheim, zunächst gemeinsam mit seinem Bruder. Nachdem die Eltern und der jüngere Bruder nach Vietnam abgeschoben wurden, blieb Linh allein in Deutschland.

Linh wurde in die dritte Klasse einer Grundschule eingeschult, ohne vorher einen Deutschkurs besucht zu haben. Er wechselte im Anschluss daran an eine Gesamtschule, an der er einen Realschulabschluss erreichte. Zum Zeitpunkt des Interviews besucht er ein Oberstufenzentrum im Bezirk Spandau. Dort absolviert er eine schulische Ausbildung zum Elektroinstallateur. Linhs Aufenthaltsstatus ist nach wie vor unsicher. Während er bis vor Kurzem mit einer Duldung lebte, hat er jetzt eine befristete Aufenthaltsgenehmigung bis zum Ende seiner Schulzeit. Eine gesicherte Zukunftsperspektive besteht jedoch nicht.

Im Vorgespräch berichtet Linh von einer Abschiebung als Minderjähriger. Da seine Familie in Vietnam nicht auffindbar war, durfte er wieder zurück nach Deutschland kommen. Diese erste Abschiebung wird jedoch im Interview weder von mir noch von Linh thematisiert. Eine weitere drohende Abschiebung wurde durch öffentlichen Druck, primär vonseiten seiner Mitschülerinnen und Mitschüler sowie der Lehrenden, verhindert.

5.5.2   Zum Interview

Linh erscheint zum Vorgespräch und Interview jeweils zu spät, wirkt aber auf mich sonst sehr zuverlässig und gesprächsbereit. Linh ist ein junger Mann, der in Bezug auf die hochdramatischen Erfahrungen seines Lebens belastet, stärker noch aber »genervt« wirkt. Er benennt Gefühle, die primär aggressiver Natur sind, Trauer um die sequenziellen Verluste hat zurzeit weder inneren noch äußeren Raum.

Seine Familiengeschichte berührt mich während des Interviews sehr. Seine Wut und sein Desinteresse am Verbleib der Familie machen mich betroffen. Dieser Gegensatz zwischen meiner Betroffenheit und Linhs dominanter Wut löst eine spezifische Spannung im Interview aus. Die interpersonale Aufteilung relevanter Affekte kann als partielle Rekonstruktion innerer Spaltung verstanden werden. Ich erlebe mich in dieser Situation als sehr unorganisierter Interviewer, was möglicherweise Rückschlüsse auf Linhs eigene familiäre Erfahrung zulässt. Bedingt durch meine (partielle) Desorganisation vergesse ich auch in der weiteren Abfolge des Interviews einige Fragen, die ich in anderen Interviews stets gestellt habe.

Hinsichtlich seiner schulischen Situation fällt mir die extreme Abneigung, fast schon der Hass gegenüber der schulischen Ausbildung und den Mitschülern auf. Ich habe das Gefühl, dass die Ursache dafür nicht nur in der realen, aktuellen Situation liegen kann. Möglicherweise verdichten sich in seinem Erleben die familiäre, Aufenthalts- und schulische Situation. Hoch auffällig ist in diesem Zusammenhang seine rassistische, abfällige Haltung gegenüber türkisch- und arabischstämmigen Menschen, die er mit Affengeräuschen unterlegt. Diese Entwertung der Mitlernenden, seinen (Ost-)Berliner Akzent, der ihn deutlich von der Mehrheit seiner Mitschülerinnen und Mitschüler in der Berufsschule unterscheidet und seine Unkenntnis des Vietnamesischen erlebe ich als Aspekte der einseitigen Identifizierung mit der aktuellen Heimat und Verleugnung der eigenen migrantischen Wurzeln.

In der Mitte des Gesprächs erscheint mir Linh sehr weit weg. Tatsächlich sehe ich ihn auf einmal in weiter Entfernung, obwohl ich alles andere sehr klar vor mir sehe. Seine Verlassenheit löst deutliches Mitgefühl aus, seine Entwertungen der Peergroup aber auch Wut und Unverständnis.

5.5.3 Zentrale Bereiche subjektiven Erlebens

5.5.3.1 »Es kann jederzeit vorbei sein«

Bei Linhs Zwangsmigration handelt es sich nicht um eine Flucht im klassischen Sinn, etwa vor Krieg, Verfolgung oder Vertreibung. Eher scheinen es, soweit Linh dies benennen kann, die allgemeinen Lebensbedingungen im Vietnam der frühen 90er Jahre zu sein, die seine Familie mehrfach in die Emigration treiben, wobei die genaue Motivation der Eltern auch Linh selbst verschlossen bleibt. Dieses Nicht-Wissen über die Bedingungen der Zwangsmigration, bei der Linh zunächst zurückgelassen wurde, löst in besonderer Weise verunsichernde Gegenübertragungsgefühle aus. Linh fehlen Kategorien wie »Krieg« oder »politische Verfolgung«, mit deren Hilfe er sich das Handeln seiner Eltern erklären könnte. Im Kontext dieses gestörten Vertrauens in die primären Bezugspersonen und ohne der Flucht über die Grenzen eine »höhere Bedeutung« zumessen zu können, lösen die unmittelbaren Erfahrungen der Migration besonders drastische Ängste aus:

> Linh: »Ähm, war ja zuerst in Vietnam gewesen, dann bin ich nach Polen rüber geflogen und dann haben wir da irgendwie n paar Monaten gewohnt, weiß ick nicht so ganz genau, dann sind wa, hmm, rübergeschmuggelt worden, also über die Grenze gelaufen, wir wurden mit den Zigaretten geschmuggelt [lacht] und naja, bis zur Grenze und dann haben die uns irgendwie in Wald ringeschickt, dann durften wa da paar Stunden sitzen, zwischendurch sind auch irgendwelche Polizisten vorbeigekommen mit Taschenlampen und ham ringeleuchtet, dit war och n bisschen krass. Hatte ick doch och n bisschen Angst gehabt. Ah, und irgendwann kamen die dann gegen viere, fünfe, glaub ich, habn die uns abgeholt, naja. Und dann bei meiner Tante abgesetzt.«
>
> Frage: »Kannst du da dich sehr genau dran erinnern, an deine eigenen Erlebnisse während der Flucht?«
>
> Linh: »Naja, dass wir da gelaufen sind, fand ich ja eigentlich nicht so schlimm, aber dann auf einmal als die Polizisten kamen und dann hier so in Wald ringeleuchtet haben, da hatte ich so'n bisschen Angst gehabt [lacht]. Naja, und die ganze Zeit, zwei, drei Stunden zu sitzen und drauf zu warten, dat der Typ wiederkommt und irgendwann zwischendurch hab ich auch nicht geglaubt, dass der wiederkommt« (I 5, S. 10, Z. 22–S. 11, Z. 7).

Die Emotionen, die Linh hier im Sinne seines starken Ich-Ideals als »so'n bisschen Angst« trivialisiert, können als überflutend und mit einem enormen Schrecken behaftet rekonstruiert werden. Dies gilt in besonderer Weise, da angesichts der brüchigen Bindung an die Mutter nicht von einer stabilen, verinnerlichten Schutzfunktion ihrerseits ausgegangen werden kann. Ein derartiger Grundaffekt begleitet ihn in seinem täglichen Leben. Linh spricht nur an dieser einen Stelle überhaupt von Angst. In anderen Szenen, die in der Retrospektive ebenso mit Angst verbunden zu sein scheinen, nutzt Linh Floskeln wie »es war ein harter Schlag« oder verkehrt Furcht in aggressive Affekte (»würde ihn n paar auf die Fresse hauen«). Die nicht mehr zu verleugnende Angst während der Flucht nach Deutschland führt demnach zwangläufig zu Brüchen im Selbstbild. Die Relativierungen und sein Zynismus (»durften paar Stunden sitzen«) sollten als Ausdruck der versuchten Sicherung vor neuer Überflutung gewertet werden. Sein Lachen, dass seine Berichte vom Grenzübertritt begleitet, dienen der Verharmlosung des Erlebten nach innen und außen, sind damit ein (hilfloser) Versuch der Bewältigung.

Die Grunderfahrungen, die prägend für die Flucht über die Grenze sind, erleidet Linh in verschiedenen Zusammenhängen sequenziell wieder. So erscheint das Warten auf die Schleuser und die Angst vor dem Gefunden-Werden durch Grenzsoldaten retrospektiv als Ausgangspunkt einer wieder und wieder erlebten Unberechenbarkeit des Lebens, die sich in einem Gefühl des »es kann jeden Moment vorbei sein« (Zitat eines Mitglieds der Auswertungsgruppe) verdichtet. Als Assoziation zum Wort »Duldung« fällt ihm sein eigenes Leben ein, eine gesicherte Zukunftsperspektive konnte er bis zum heutigen Zeitpunkt nicht entwickeln. Die Unberechenbarkeit des Lebens kumuliert in einer (so erinnerten) Nachtaktion, an deren Ende alle Familienmitglieder außer Linh nach Vietnam ausgereist sind. Einen der Fluchterfahrung qualitativ vergleichbaren Schock erlebt Linh, als er binnen weniger Tage nach Vietnam abgeschoben werden soll. Die Abhängigkeit und Unberechenbarkeit führen zu Vernichtungsängsten, die sich wie ein roter Faden durch das Interview mit Linh ziehen. Er beschreibt Symboliken des Todes, wenn er verschiedene Erfahrungen im Zusammenhang mit seinem Aufenthaltsstatus beschreibt:

> »Naja, ick hänge immer in de Luft und warte nur darauf, dass ick fliege [...] ick warte eigentlich nur noch auf den Abschuss, bumm, bist weg« (I 5, S. 6, Z. 12 und 24f.).

Die soziale und gleichzeitig innerpsychische Realität der Angst und Unsicherheit prägen Linhs Leben demnach in ganz entscheidendem Maß. Unbewusste Wiederholungszwänge wirken dort, wo Linh Einfluss auf die Gestaltung von Beziehungsmustern hat; wesentlicher erscheint jedoch die extreme Fremdbestimmtheit, in der die Grundaffekte stets reaktiviert werden.

Die Art der Darstellung von Linhs Flucht- und Migrationsgeschichte konfrontiert mit eigenen, existenziellen Ängsten vor Tod und totaler Verlassenheit. Sie aktivieren die Angst vor einem Leben, das zwar weitergeht, in dem man jedoch keine Subjektfunktion einnehmen kann, stattdessen in allen zentralen Entscheidungsfeldern fremdbestimmt ist. Diese klaren und intersubjektiv sehr ähnlichen während des Interviews und der Auswertung ausgelösten Emotionen gewähren gemeinsam mit den oben beschriebenen Textausschnitten einen relativ gesicherten Zugang zu Linhs inneren Zuschreibungen gegenüber der Zwangsmigration.

5.5.3.2   *Abhängigkeit und gefährliche Fantasie*

»Ach, wüsste ick eigentlich auch nicht so ganz genau, weil ick mir nie Gedanken gemacht habe, weil mir von vornherein klar war, dass ick nix machen konnte. [...] Da weiß ick ja auch noch nicht, wie, was man da machen sollte« (I 5, S. 4, Z. 13–19).

Solche und ähnliche Antworten gibt Linh auf fast alle Fragen, die sich auf seine Wünsche oder Zukunftsvorstellungen beziehen. Seine Abhängigkeit von anderen Personen und Organisationen ist deshalb so bedrückend, weil er über kein Referenzsystem verfügt, das die Entscheidungen der Handlungsträgerinnen und -träger nachvollziehbar machen könnte.[14] Dies gilt für die historische wie auch die aktuelle Lebenssituation: Seine Familie verlässt ihn als kleines Kind und erneut als Zwölfjährigen. Die Mitarbeiter und Mitarbeiterinnen in der Ausländerbehörde entscheiden in seiner Wahrnehmung nach zufälligen Kriterien, auf die er mit seinem Verhalten oder seiner Lebensform keinen Einfluss nehmen kann, über Abschiebung oder Bleiben. Eine betriebliche Ausbildung bleibt ihm aufgrund seines Aufenthaltsstatus verwehrt, die schulische Ausbildung nimmt er als »Variante für Verlierer« (Zitat in der Auswertungsgruppe) wahr.

---

14 Tatsächlich sind die Entscheidungen von Eltern und Ämtern in Linhs Fall oft kaum erklärbar. Damit korrespondieren innere Spaltungen und mangelnde Empathiefähigkeit bei Linh. So kommt es zu einer besonders schweren Form äußerer und innerer Dependenz von so erlebten fremden Mächten.

Auf die Erniedrigung durch die Degradierung zum Objekt unbere-
chenbarer Mächte, die ein Gegenübertragungsgefühl der Beklemmung
auslöst, reagiert er mit einer Entwertung der und Aggression gegen die
Personen, denen er sich ausgeliefert fühlt:

> »Naja, das war ja alles illegal« (über die Lebensweise seiner Eltern; I 5,
> S. 13, Z. 16).
> »Naja, das ist ne schulische Ausbildung, haufenweise Ausländer, Türken,
> Araber, die wollen nicht wirklich lernen, wenn ick ehrlich sein soll« (über
> seine Mitschüler; I 5, S. 3, Z. 16–18).
> »[M]anche, man merkt schon, dass das verdammte Nazis sind [lacht]«
> (über die Mitarbeitenden in der Ausländerbehörde; I 5, S. 16, Z. 9f.).

Diese Verurteilungen entsprechen einer Sicherung des eigenen Ichs, das
von den massiven realen und innerpsychischen Abhängigkeiten bedroht
ist. Die Verkehrung der Abhängigkeit ins Gegenteil, in Aggression und
Abwertung der Personen, die ihn bedrohen, muss dabei als eine unreife
Form der Abwehr von Vernichtungsängsten bezeichnet werden.

Eigene Fantasien (im Sinne von Zukunftsplänen und -wünschen) dennoch
zuzulassen, würde bedeuten, sich auch mit ihrer (Nicht-)Realisierbarkeit und
damit der Realität zu befassen. Linh verbleibt stattdessen in der Position des
Handlungsobjekts fremder, von ihm nicht zu durchschauender Interessen.
So besucht er weiter die Schule, obwohl er dieser weder hinsichtlich der
Lernerfahrungen, seiner psychosozialen Situation noch seiner Arbeitsmarkt-
chancen irgendeine Bedeutung zubilligt. Dabei ist noch ein weiterer Aspekt
relevant: Es gibt eine deutliche Kongruenz objektiver Zwänge (von seinem
Schulbesuch hängt die Aufenthaltsgenehmigung ab) und innerer Bedeutsamkeit (Schule als »Knast« [I 5, S. 8, Z. 5] ist trotz allem weniger angstbesetzt
als totale Haltlosigkeit). Insofern geht es nicht darum, Linhs Reaktion als
ungewöhnlich zu beschreiben, im Gegenteil: seine Lebenserfahrungen zeigen
sehr deutlich die (womöglich unvermeidbare) Pathologisierung subjektiver
Realitäten durch eine hochgradig gestörte äußere Welt.

5.5.3.3 Die Suche nach dem (symbolischen) Vater und die Rolle der Lehrer

Ein weiteres zentrales Lebensthema, dass sich in allen Abschnitten des
Interviews mit Linh zeigt, ist die Suche nach dem (symbolischen) Vater

bzw. nach einer Person, die das »väterliche Prinzip« (Dammasch 2008) verkörpert. Seine Mutter wertet er mehrfach symbolisch ab[15], gegenüber seinem Bruder zeigt er sich hasserfüllt (letzterer Aspekt wird im anschließenden Kapitel noch näher behandelt). Beide Personen sind innerpsychisch trotz des hoch komplizierten Verhältnisses repräsentiert. Dies gilt nicht für seinen Vater. Die mit Wut und Trauer besetzten inneren Objektrepräsentanzen von Mutter und Bruder stellen zwar schwere Belastungen für die Integrationsfähigkeit des Ichs dar, bieten insgesamt aber trotzdem ein gewisses Maß an Halt, da das Ich in Abgrenzung zu den abgelehnten Beziehungspersonen stabilisiert werden kann. Linhs Vater spielt in seinen Vorstellungen hingegen keine Rolle, was sich auch in der Antwort auf die Frage nach dem Wunsch, die Familie wiederzusehen, ausdrückt:

> »Naja, ick würde vielleicht mein Opa und Oma mal gerne wiedersehen. Und meine Mutter, kann, muss nicht« (I 5, S. 16, Z. 22f.).

Das Bedürfnis nach einer Vaterfigur ist Linh, soweit sich dies aus dem Interview schließen lässt, nicht bewusst. Er inszeniert es hingegen vielfach szenisch, in besonderer Weise im Verhältnis zu seinen Lehrern. Sein ehemaliger Klassenlehrer wird von ihm im Sinne einer grenzsetzenden, aber auch verstehenden väterlichen Figur idealisiert:

> »[D]er Lehrer konnte sich durchsetzen und die Schüler hatten auch n bisschen Respekt vor dem Lehrer« (I 5, S. 5, Z. 19f.).
> »Ja, früher war mein Klassenlehrer, der war nett, ick hatte Respekt vor ihn und man konnte mit ihn reden« (I 5, S. 7, Z. 17f.).

Mitbedingt durch die massiven Erfahrungen der Machtlosigkeit, nicht zuletzt aber durch das lebenslange Fehlen einer regulierenden und gleichermaßen sichernden Instanz entwickelt Linh eine Autoritätsvorstellung, die primär strafenden Charakter hat. Der Wunsch nach einer

---

15 So assoziiert er seine Mutter mit dem Verkauf illegaler Zigaretten, einer Tätigkeit, die von weiten Teilen der deutschen Bevölkerung abgewertet wird. Diese gesellschaftliche Einstellung übernimmt Linh. Er kann seine Mutter darüber entwerten und sich selbst mit dem Aggressor identifizieren (die Zigaretten verkaufenden vietnamesischen Menschen sind sowohl häufigen Kontrollen durch die Polizei als auch Übergriffen durch rechtsradikale Gewalttäter ausgesetzt).

»harten Hand« gegenüber abgelehnten Anteilen im Selbst und in anderen, die den nicht aggressiven Anteilen gleichzeitig Schutz gewährt, zeigt sich in seinem Lehrerbild:

> »Als Lehrer sollte man sich schon durchsetzen können zu seinen Schüler. Also, wenn nicht, dann schmeißt man den raus« (I 5, S. 4, Z. 27f.).
> »Der soll gefälligst n Mann sein und nicht hier …« (I 5, S. 9, Z. 13).

In scharfer Abgrenzung zu seinem (realen oder fantasierten) Verhältnis zu seinem ehemaligen Lehrer wertet Linh seinen derzeitigen Klassenlehrer ab. In der massiven (subjektiv so empfundenen) Bedrohung durch arabisch- und türkischstämmige Schüler sowie durch abgelehnte innere Anteile, bietet ihm sein Lehrer weder Halt noch Schutz:

> »[M]ein jetzige Klassenlehrer ist unzuverlässig, er kann sich überhaupt nicht durchsetzen, naja, der textet eigentlich nur sein Stoff da runter« (I 5, S. 7, Z. 21–23).

Mit diesen Eigenschaften entspricht sein Lehrer dem von Linh so erlebten und beschriebenen mütterlichen Handeln, das für ihn mit Verlassen-Werden, Desinteresse und nicht ausgeübter Schutzfunktion verbunden ist. Seinen Lehrer nimmt er als massiv verletzend und ihn (Linh) verachtend wahr. Linh beschreibt dennoch eine Situation, die als Beziehungsangebot gewertet werden kann:

> »Denn, nächsten Tag hatte ick keine Lust, Schnauze voll, vollkommen deprimiert, äh, und dann, kam ick nächsten Tag an, hab die Entschuldigung selber geschrieben, ähm: ›Hiermit entschuldige ich Linh, blablablabla an dem Tag, weil er Bauchschmerzen hatte. Mama aus Vietnam.‹ Der guckt sich dit Ding an: ›Aber beim nächsten mal zum Arzt gehen.‹ Ist dit, was is das für'n Lehrer? Ick hab mich da so hingeschmissen, naja, der hat dit Ding wirklich angenommen, ist doch nicht normal oder? Mama aus Vietnam! Und der nimmt dit Ding auch noch an! Was ist das? Naja, [unverständlich], der ist auf jeden Fall bei mir unten durch. So ein Idiot hab ick schon lang nicht mehr gesehen« (I 5, S. 9, Z. 4–11).

In der hier zitierten Szene zeigen sich exemplarisch mehrere zentrale Erlebenssequenzen Linhs: Zum einen kann dieser Entschuldigungszettel als Aufforderung an den Lehrer interpretiert werden, sich für Linh und seine spezifische Lebenssituation zu interessieren. Da dies nicht geschieht, muss Linh die erhoffte Vaterfigur symbolisch töten (»ist bei mir unten durch«), damit er sich nicht der Realität des zurückgewiesenen Wunsches aussetzen muss.

Ein zweiter Gesichtspunkt bezieht sich auf die gefälschte Unterschrift der Mutter. Würde der Lehrer die Fälschung erkennen und sie thematisieren, so hätte er nicht nur seine Bekanntheit mit Linhs realer Lebenssituation gezeigt, sondern mit der Zurückweisung der Entschuldigung auch seine Nicht-Anerkennung der Mutter verdeutlicht. Es erscheint sinnvoll zu interpretieren, dass die Auslöschung der als verletzend und unzuverlässig empfundenen Mutter und die Ersetzung durch einen realen, strengen Vater Linhs unbewusstes Ziel war. Da der Lehrer diese Projektion offensichtlich nicht aufnimmt, verkehrt Linh seine Situation ins Gegenteil und wendet sich aggressiv vom erhofften Vater ab.

In aller Deutlichkeit zeigt sich an dieser Szene die besondere Bedeutung der bewussten Reflexion des Interaktionsgeschehens durch den Lehrer. Aufgrund hier unbekannter Bedingungen kann Linhs Lehrer das Beziehungsangebot nicht aufnehmen und ihm so kein verlässlicher Partner sein. Linh selbst beschreibt die Folgen im Leistungs- und psychosozialen Bereich drastisch: Lustlosigkeit und der Wunsch nach Vernichtung der Peers und der Lehrenden sind Reaktionen, die hier zumindest partiell aus der mangelnden menschlichen und fachlichen Qualifikation des Lehrers entstehen. Der Lehrer kann nicht mehr *zumuten*, weil er in wesentlichen Momenten nicht *halten* kann (Heinemann 2003; Leber 1988). Die von Linh unbewusst gewünschte Zumutung bestände hier in der Konfrontation mit der Realität (trotz des Wunsches eines anderen Bildungsweges sollte Linh die Chance der schulischen Ausbildung nutzen) sowie in der Verpflichtung, Regeln einzuhalten. Vermutlich wären solcherlei Zumutungen von Linh zu ertragen, wenn die Person, der er sogar selbst ein deutliches Beziehungsangebot macht, an seinem Leben teilhaben möchte. Als gutes Objekt könnte sie Linhs Ängste und Hassgefühle »containern«. Dies entspricht der Funktion des Haltens.

Linhs Suche nach einer väterlichen Figur ist zugleich die Suche nach einer Instanz, die ihm bei der Integration seiner eigenen Gefühle hilft. Wie im nächsten Kapitel zu zeigen sein wird, ist Linh weitestgehend nicht in der Lage, Liebes- und Hassgefühle miteinander zu integrieren. Dies zeigt sich auch in den ausschließlich positiven bzw. negativen Projektionen gegenüber den beiden Lehrern. Obwohl in der Forschung im Zusammenhang mit Mentalisierungsprozessen vor allem die Rolle der Mutter betont wird, ist in Linhs Fall in besonderer Weise an den real und affektiv nicht vorhandenen Vater zu denken. Dessen Abwesenheit begründet Linhs Unfähigkeit zum Verständnis und zur Integration komplexer Gefühlszustände bei sich und bei anderen mit (vgl. Fonagy et al. 2008; Blaß 2006; Dammasch 2008).

5.5.3.4   Verlassensein, Spaltungen und Projektionen: Bruder und Mitschüler

Eines der ersten Gegenübertragungsgefühle, das in der Interpretationsgruppe geäußert wurde, war das Gefühl der extremen Verlassenheit. Auf das Fehlen äußerer und innerer haltender Objekte reagiert Linh mit deutlich ausgeprägten Spaltungstendenzen und Projektionen gegenüber seiner Umwelt. Die Spaltungstendenzen zeigen sich in besonderer Weise in Linhs Beschreibungen seiner ehemaligen und seiner aktuellen Schule. Die unreflektierten Projektionen innerer Wünsche und des Hasses manifestieren sich im Verhältnis zu seinem Bruder.

Seine ehemalige Schule idealisiert Linh in jeder Hinsicht. Von der Rolle des dortigen Lehrers war schon die Rede, im Hinblick auf seine Klassenkameradinnen und -kameraden zeichnet Linh ein harmonisches, in hohem Maße familiär-intimes Bild:

> Linh: »In der Gesamtschule ja ja. Die wussten eigentlich alles über mich.«
> Frage: »Die wussten alles über dich?«
> Linh: »Ja ja, die kannten eigentlich meine ganze Lebensgeschichte« (I 5, S. 8, Z. 27–29).

Mit der Vorstellung einer Einheit, in der es keine Geheimnisse gibt, beschreibt Linh den Traum von einer Gemeinschaft, in der er nicht nur voll akzeptiert ist, sondern die wie eine empathische Mutter die Bedürfnisse ihres Kindes (Mitglieds) auch unausgesprochen erkennt.

Noch deutlicher wird die fantasierte familiäre Welt, wenn Linhs Beschreibungen seiner Grundschulerfahrungen einbezogen werden:

»Ja, ich hab schon relativ positive Erinnerungen. Weil, wirklich, die Klasse war wirklich sehr nett, also, alle so: ›Komm, zeig dir, was das hier, dis hier‹ [gebärdet dazu]. Ah, ick fand dis auch n bisschen witzig. So wie die immer [unverständlich]. So wie: ›Ente, Ente: nack, nack, nack.‹ Na, die ham sich wirklich Gedanken gemacht, wie kann man das erklären, wie ist das und ... Ja, das war nicht schlecht« (I 5, S. 17, Z. 25–29).

Die Beschreibung der Gemeinschaft in der dritten Grundschulklasse spiegelt eine Fantasie einer frühkindlichen Interaktion, die Linh so mit seiner Mutter nie erlebt haben dürfte. In jedem Fall zeigt sich darin der Wunsch nach einer durch Fürsorge gekennzeichneten Infantilisierung, die das Gegenteil von der brüchigen Frühreife, die Linhs reales Leben kennzeichnen muss, ist. Das sequenziell traumatische Verlassen-Werden scheint Objekt-Repräsentationen herauszufordern, die regressive Tendenzen fördern (vgl. Bürgin 1995).

Im Gegensatz dazu ist seine neue Schulklasse ausschließlich negativ besetzt. Linhs von uns als ursprünglich und prägend gewertete Ausgrenzung aus allen Sozialisationsinstanzen kehrt sich um in eine Identifizierung mit dem Aggressor, bei dem die Mitglieder der aktuellen Bezugsgruppe entmenschlicht und zu affenartigen Wesen werden:

»Na, liegt hauptsächlich daran, dass es hier zu viel Ausländer sind [lacht]« (I 5, S. 5, Z. 6).
»Die sitzen da: ›höhöhö‹ [macht ›affenartige‹ Bewegungen zur Illustration]« (I 5, S. 3, Z. 18).
»Nur die Türken und Araber eigentlich. Ich weiß auch nich, brüllen da die ganze Zeit rum« (I 5, S. 5, Z. 8f.).

Seine Teilhabe an Fantasien eines Teils der deutschen Mehrheitsgesellschaft ist hier unübersehbar. Die unterschiedlichen kulturellen Kodizes, die zwischen Linhs prägender Umgebung und derer der meisten sozial schwachen Jugendlichen türkischer oder arabischer Herkunft herrschen, dürften Linh auch real eher zum Außenseiter seiner Schulklasse machen. In der extremen Distanzierung und Übernahme von Vorurteilen eines Teils der Mehrheitsgesellschaft steckt zweifelsohne der Wunsch, nicht selbst gehasst zu werden, sondern zu den Hassenden, Ausgrenzenden zu gehören. In die aggressive Übernahme von Vorurteilen gegen das »Fremde« projiziert sich die vielfache Missachtung seiner elementaren Bedürfnisse:

»Im Bild des Fremden sammelt sich allmählich all das an, was bedrohlich ist bzw. war an den Eltern, an Brüdern und Schwestern und an sich selber. [...] So vermag sich die Fremdenrepräsentanz zu einer Art Monsterkabinett des verpönten Eigenen zu entwickeln« (Erdheim 1992, S. 733).

In Linhs Beschreibung der von ihm derart abgewerteten Jugendlichen türkischer und arabischer Herkunft zeigt sich eine Parallele zu seinen Vorstellungen von Vietnam. Dort müsse man sich, wolle man erfolgreich sein, so verhalten wie die Menschen türkischer Herkunft in Deutschland, also »jeden bescheißen« (I 5, S. 17, Z. 6). Die Idealisierung des als »deutsch« Empfundenen und Abwertung des Migrantischen kennzeichnen einen regressiven Spaltungsprozess, der die nicht integrierten Objekt- und Selbstrepräsentanzen verdeutlicht. Die massive Abgrenzung von seiner Peergroup ist also auch eine Form der radikalen Trennung vom kulturellen Wertesystem, das seine Eltern verkörpern. Seine kulturelle Marginalisierung ist insofern, wenn nicht identisch, so doch stark verwandt mit der familiären Bindungslosigkeit (vgl. Winnicott 1970). Die Affengeräusche benutzt Linh erneut zur Beschreibung seiner Fremdheitsgefühle in der deutschen Umgebung, nachdem seine Familie ohne ihn ausgereist war. Die damals erlittene Erniedrigung (»Fidschi, Fidschi, guck mal hier, Opfer« [I 5, S. 13, Z. 29]) kehrt Linh reinszenierend um in aggressive Abwertung seiner Peers.

Linhs Beschreibungen von Deutschland sind zwar positiv, aber sehr oberflächlich und »kalt«. Tatsächlich nennt er die bessere Hygiene als ersten Vorteil von Deutschland gegenüber Vietnam. Diese Aussage kann dahingehend gewertet werden, dass das Leben in Deutschland zwar äußerlich ansprechend, aber keinerlei »Ansteckung« mit Nähe möglich ist.

Am klarsten zeigen sich die Projektionen eigener Träume, Verlassenheitsgefühle und Aggressionen im Verhältnis Linhs zu seinem Bruder. Dieser war zum Zeitpunkt der Abschiebung der Familie fünf oder sechs Jahre alt. Dennoch ist der Bruder für Linh subjektiv der wesentlich Verantwortliche für sein Unglück. Über die Form der Trennung von seinem Bruder hat Linh eine Fantasie, die den Fünfjährigen zum Schuldigen am Bruch aller innerpsychischen und realen Bindungen macht:

»Ha, das war richtig schlimm. Mein Bruder ist ja, die ham ja irgendwie, meine Mutter sich irgendwie gestellt, mein Bruder und ich warn ja schon bei dem Heim gewesen, dann kam irgendwann mal abends n Vietnamese, wollte mit meinen Bruder alleine quatschen, blablabla, gequatscht. Wir uns dann schlafen gelegt, am nächsten Morgen war mein Bruder weg. Und dann meinten die, dein Bruder ist nicht dein Bruder und ist mit deine Nicht-Mutter nach Vietnam geflogen. Und du bist hier, alleine. Ja, das war auf jeden Fall n harter Schlag. Auf einmal alle weg und dann stand ich da, ab in die Schule. Hab ick ja och gedacht, hm, hm. Naja, dis war, och... [...] Mein Bruder ist ja auch n Arschloch, muss ich ganz ehrlich sagen, die habn irgendwie ihn erzählt, deine Mutter hat irgendwie n Onkel, der arschreich ist und blablablabla, du sollst mal da hin. Kein Wort auch zu mir, ick frag ihn so, was war da los? Nix, er hat nix gesagt, der wollte anscheinend nur zu nen reichen Onkel gehen. Ganz ehrlich, wenn ick mein Bruder jetzt sehen würde, ick würde ihn n paar auf de Fresse hauen [simuliert Faustschlag]« (I 5, S. 12, Z. 9–24).

Es ist sehr zu vermuten, dass die von Linh dargestellte Geschichte im Wesentlichen keinen Realitätsbezug hat (da er sie so auch nicht kennen könnte). Sie dürfte aber seinem Gefühl der Haltlosigkeit und dem damit verbundenen dringenden Bedürfnis nach Erklärungen entsprechen. Da sich die Eltern in dieser Situation zum zweiten Mal (nach der Ausreise aus Vietnam, bei der Linh bei den Großeltern verblieb) für den Bruder entschieden und Linh verließen, erlebt er den fünfjährigen Jungen als den eigentlichen »Brudermörder«. Reale Gesichtspunkte in der Beurteilung der Entscheidungskraft eines fünfjährigen Jungen sind dem in Gänze untergeordnet.

Als Teil eines traumatischen Prozesses ist hier von »Projektion« die Rede, weil sich alle inneren (und völlig nachvollziehbaren) Gefühle des Hasses und der Verzweiflung gegen den kleinen, schutzlosen Bruder wenden. Gleichzeitig zeigt diese Form der Schuldzuschreibung ein hohes Maß an Spaltung, da die Verurteilung des Bruders eine klare Aufteilung von Hass und Liebe zulässt. Würde Linh die Mutter oder die deutschen Behörden für sein Schicksal verantwortlich machen, wäre die Integration der Gefühle von Hass und Angst auf der einen Seite und dem Wunsch nach Liebe und sozialer Teilhabe auf der anderen Seite hingegen unumgänglich.

5.5.4   Abschließende Überlegungen

Linh erscheint als sehr bedürftig. Er löst Gefühle der Fürsorglichkeit und des Mitleids aus. Bei mir als Interviewer, der Linh zusätzlich in der realen Situation erlebt hat, führen die aggressiven und spaltenden Anteile in Linhs subjektiver Wirklichkeit aber gleichzeitig auch zu einem Gefühl der Ablehnung.

Mit seiner Lebenssituation, in der er die Eltern selbst als »Fremde« (I 5, S. 15, Z. 16) bezeichnet, verkörpert Linh die Vorstellung einer intrapsychischen und gleichzeitig sozialen Tatsache traumatischen Verlusts. Einige der beschriebenen Folgen sind ein hohes Maß innerer und äußerer Abhängigkeit, Schwierigkeiten in der Erfassung sozialer Situationen und vielerlei Projektionen eigener, abgewehrter Affekte. Diese Folgen lösen ein hohes Maß an Verunsicherung bei den Beziehungspersonen aus, so auch in der Auswertungsgruppe. Es kann sinnvollerweise davon ausgegangen werden, dass sich dabei ein wesentlicher Bestandteil Linhs Erleben überträgt. Deswegen wirkt gerade die Vorstellung einer Situation, in der Linh erstmals Träger seiner Entscheidungen wäre, in hohem Maß bedrohlich.

5.6 Walid

5.6.1 Biografischer Abriss

Walid ist ein 19-jähriger junger Mann, der in Mossul im Irak geboren wurde. Er entstammt einer christlich-irakischen Familie. Scheinbar gibt es eine längere Geschichte religiöser und politischer Verfolgung, die Walid jedoch nicht näher benennen kann. Die Familie ist ursprünglich der gehobenen Mittelschicht zuzurechnen, beide Eltern haben einen Hochschulabschluss. Walid ist der mittlere von drei Geschwistern (ein älterer Bruder, eine jüngere Schwester) und lebt gemeinsam mit allen Familienangehörigen seit fünf Jahren in Deutschland.

Unter Mithilfe von Walids Onkel väterlicherseits gelangte die Familie zunächst für einige Jahre nach Dubai, von dort aus über die Türkei nach Deutschland. Hier lebten sie kurzzeitig bei einer Tante Walids, anschließend für ein Jahr im Wohnheim, seitdem in einer eigenen Wohnung. Walid und seine Familie sind kurz vor dem Interviewzeitpunkt als Flüchtlinge anerkannt worden; alle Familienmitglieder sind im Besitz einer befristeten, dreijährigen Aufenthaltserlaubnis.

Walid besuchte in Deutschland eine Gesamtschule, die er mit einem Erweiterten Hauptschulabschluss beendete. Damit verfehlte er sein Ziel (das den Ansprüchen seiner Eltern entspricht), einen höheren Schulabschluss zu erreichen. Momentan besucht er ein Oberstufenzentrum, an dem er eine schulische Ausbildung zum Elektriker absolviert.

Walid spielt in seiner Freizeit Gitarre und sieht seine Zukunft prinzipiell in Deutschland, wobei er sich, bei entsprechender Veränderung der allgemeinen Lage, auch eine Arbeitsaufnahme im Irak vorstellen kann.

5.6.2   Zum Interview

Walid kannte ich seit einiger Zeit aus einem Beratungszentrum für junge Migrantinnen und Migranten. Zum Interview hatte er bereits einige Zeit früher zugesagt, wobei sich die Terminabsprache als schwierig gestaltete. Den ersten schließlich vereinbarten Termin verschob Walid dann noch einmal um eine Woche.

Zu diesem Termin erscheint Walid zehn Minuten nach der vereinbarten Zeit. Er wirkt angespannt, aber sehr höflich und wiederholt in der vor dem Interview liegenden Phase sehr oft meine Worte. Während des gesamten Interviews erlebe ich mich selbst als unter einem großen Druck stehend, was ich als Teilhabe an Walids innerer Welt interpretiere. Ich bin unkonzentriert und frage oft durcheinander.

Der große auf Walid lastende Druck spiegelt sich inhaltlich in seinen Aussagen, vor allem aber in seiner Ausdrucksweise und der Körpersprache wider. Von der Familie scheint er mit vielfältigen Leistungsansprüchen konfrontiert zu sein. Er spricht schnell, antwortet fast »übereifrig« und sitzt auf der vorderen Stuhlkante.

Mitbedingt durch die geteilte Anspannung und Unkonzentriertheit gelingt es nicht, eine ähnlich dichte Atmosphäre wie in anderen Interviews herzustellen. Ich bin ärgerlich, dass Walid in meiner Wahrnehmung kritische Lebensthemen mehrfach andeutet, dann aber auf Nachfragen regelmäßig ausweicht.

Ein Fremdheitsgefühl ist subjektiv (für mich) kennzeichnend für unsere Beziehung. Die Entfernung zu Beziehungspersonen und sich selbst spiegelt sich in meinem eindrücklichen Evidenzerleben, als ich ihn tatsächlich sehr weit weg von mir sehe. Seine Aussagen nehme ich eher als im Wesentlichen eingeübte, erlaubte Bemerkungen und weniger als die Wiedergabe eigener Empfindungen wahr. Ein tieferer, über den Druck und die Anspannung hinausgehender Zugang zu seiner inneren Welt ist mir im Rahmen des Interviews weitgehend verschlossen und gelingt erst im geschützten Setting der Auswertungsgruppe.

5.6.3 Zentrale Bereiche subjektiven Erlebens

5.6.3.1 Der familiäre Leistungsdruck, die regressive Beziehung und das Scheitern

>»Ja, das, was ich kann, dann mach ich das. Also, wenn ich, eigentlich wäre gewesen ein Studium, natürlich studieren. Das war eigentlich mein Ziel, dass ich an die Uni gehe und eine gute Abschluss kriege. Also auch meine Eltern sagen mir so, versuch mal, das Beste zu kriegen« (I 6, S. 5, Z. 25–27).

Walid erscheint, interindividuell und sowohl in der Interviewsituation als auch in der Analyse des Transkripts so wahrgenommen, als ein junger Mann, auf dem ein hoher Druck lastet. Dabei ist er mit seinen Nöten und Ängsten in besonderem Maße allein gelassen. Gleichzeitig ist er innerpsychisch gänzlich abhängig von der Anerkennung und Versorgung durch seine Eltern. Diese Enge der familiären Bindung, spezifisch zwischen Walid und seiner Mutter, erzeugt eine hoch ambivalente Beziehungssituation, die einerseits durch Schutz und Gehalten-Werden gekennzeichnet ist, andererseits aber durch ein symbolisches Ersticken und Nicht-entrinnen-Können aus der Umklammerung der Mutter. Die überstarke Ambivalenz zwischen Schutz und Liebe einerseits und Kontrolle und Verfolgung andererseits schafft eine Lebenssituation, in der Walid stets bemüht, aber nur noch passiv ausführend, fremdbestimmt und gehetzt wirkt. Walids Lösungsversuche bestehen jedoch nicht in einer Individualisierung, sondern in einer Vertiefung dieser komplizierten Bindung.

Die sozial-emotionale Entwicklung scheint insofern hochgradig behindert zu sein. Walid wirkt viel jünger, als er es mit seinen 19 Lebensjahren tatsächlich ist. Die Berufung auf die familiäre Bande stellt demnach einen (unangemessenen) Versuch der Bewältigung der aus dem Druck entstehenden inneren Spannung dar. Die Unangemessenheit des

Lösungsversuchs ergibt sich, weil Bedingungsgefüge des Drucks und Lösungsmodell identisch sind.

Obwohl kulturellen Unterschieden hier zweifelsohne eine große Bedeutung zukommt, muss die familiäre Bindung für Walid als in hohem Maße regressionsförderlich und dementsprechend nicht altersgemäß beschrieben werden. Es ist zu vermuten, dass Walid diese Spannung selbst erlebt. Er projiziert sie jedoch nach außen und begründet sie (ausschließlich) mit der gesellschaftlichen Situation:

> »Ja, also, ja so das Leben hier ist anders. Weil hier ist immer so, man, Hektik und immer also, hinter renn und die Zeit läuft schnell hier, also, ist völlig anders hier als in meinem Land jetzt. Ja. Aber dort in Irak, nee, dort war alles anders« (I 6, S. 11, Z. 2–4).

Die innere Unruhe, die sowohl Walids Darstellungen kennzeichnet als auch die Interviewszene selbst prägt, steht in verschiedener Hinsicht in Verbindung zur Zwangsmigration. Hierzu im Weiteren mehr. Dass Walid dabei nur den Akkulturationsdruck benennen kann, familiäre und intrapsychische Reflexionen hingegen verborgen bleiben, ist vor dem Hintergrund der ambivalenten Beziehungsmuster hoch verständlich. So »rennt er den Erwartungen hinterher« (Zitat eines Mitglieds der Auswertungsgruppe) und kann sie nicht erfüllen.

Die von Walid so beschriebene familiäre Bindung fußt maßgeblich auf gegenseitiger Fürsorge. Emotionale Aspekte werden dabei jedoch weitgehend vernachlässigt. Dagegen steht die orale, primäre Versorgung im Vordergrund. Walid betont mehrfach deren große Bedeutung:

> »Sie macht das Essen, ich komme nach Hause, immer jeden Tag Essen ist da, ja« (I 6, S. 15, Z. 1f.).
> »Also, ich komme so nach Hause, das Essen ist immer bereit für mich, ja, ja, das freut mich sehr, dass meine Mutter immer so Essen macht, ja« (I 6, S. 16, Z. 19f.).

Das Essen (und damit die Mutter) entsprechen dabei der Bindung an eine idealisierte Vergangenheit und ein (an anderen Stellen so beschriebenes) harmonisches Land. Aufgrund der plötzlichen und ungeplanten Flucht konnte die Familie nie Abschied nehmen und so zur inneren Symbolisierung der realen Erfahrungen im Irak beitragen.

Die auf Regression ausgerichtete Beziehung zur Mutter äußert sich aber nicht nur in der regelmäßigen und einseitigen Versorgung mit Essen, sondern unter anderem auch in der Einmischung der Mutter in Walids schulische Angelegenheiten. So übernimmt die Mutter Gespräche mit Walids Lehrerinnen und Lehrern an seiner Stelle und kontrolliert durch Anrufe in der Schule, ob er regelmäßig zum Unterricht erschienen ist.

Diese angesichts des Alters ihres Sohnes völlig unangemessenen Verhaltensweisen der Mutter können jedoch von Walid nicht infrage gestellt werden. Durch den Verbleib in einem dyadischen Beziehungsmodus kann er die Beziehung nicht von außen betrachten. Er ist nicht in der Lage, elterliche Meinungen, Wertvorstellungen und Erwartungen an ihn zu relativieren. Kritische Distanz und ein reifes, trianguliertes Denken werden von der aktuellen Beziehungssituation verhindert. Sein Weltbild und seine Zukunftsperspektiven bestehen im Wesentlichen aus einer Übernahme der elterlichen Vorstellungen (Abitur, Gründung einer Familie, gegenseitige Versorgung), obwohl sie seiner realen Lebenswelt widersprechen. Das Realitätsprinzip wird zugunsten einer *Transposition* (Kestenberg 1974) elterlicher Fantasien auf die subjektive Welt des Jungen vernachlässigt. Damit wird ein wesentlicher Bestandteil transgenerational traumatischen Erlebens in Walids Familiengeschichte deutlich.

Vor diesem Hintergrund gewinnen die Leistungsanforderungen der Eltern und die nicht hinterfragte Übernahme derselben durch Walid subjektiven Sinn, und zwar in doppelter Hinsicht: Erstens ist Walids Hauptschulabschluss nach nur fünfjährigem Aufenthalt in Deutschland und den vielen Erschwernissen (ohne Sprachkenntnisse eingereist, einjähriger Aufenthalt im Heim, psychisch hoch belastete Eltern, unsicherer Aufenthaltsstatus über einen langen Zeitraum) objektiv zwar als Erfolg zu werten. Aufgrund der Verhaftung der bildungsbürgerlichen Eltern in der Vergangenheit, die nach Walids Aussage »keine Kontakte mit Leute[n]« (I 6, S. 11, Z. 32) in Deutschland haben und somit kaum Einsicht in die objektiven Barrieren auf dem Bildungsweg ihres Sohnes erlangen können, erscheint ihnen dieser Abschluss jedoch als geringwertig. Weil er den Mittleren Schulabschluss[16] verfehlte, verweigerte die Mutter Walid sogar die Teilnahme an der Abschlussfeier aller Lernenden seines Jahrgangs.

---

16 Ein im Bundesland Berlin neu eingeführter, zentral organisierter Schulabschluss der 10. Klasse, der gleichzeitig über den Zugang zur gymnasialen Oberstufe entscheidet.

Zweitens spiegeln die realitätsfernen Anforderungen die in der Familie kaum thematisierten fluchtspezifischen Bedürfnisse der Eltern. Da Walid fast nichts über die erlittenen Ängste und Verfolgungen der Eltern weiß, ist davon auszugehen, dass die damit verbundenen Traumatisierungen und ihre alltäglichen Begleiter, die unbewussten traumaspezifischen Bedürfnisse, auf nonverbaler Ebene vermittelt werden. Schulischer und beruflicher Aufstieg ist vor diesem Hintergrund nicht nur individueller Erfolg, sondern ein Beitrag zum Überleben der Familie. Ein erfolgreicher Sohn habe, so kann die Fantasie der Eltern interpretiert werden, wesentlich bessere Chancen, seine Familie zu retten als ein weniger erfolgreicher. Auch die Ausreise aus dem Irak ist der Familie vermutlich nur wegen ihres relativ hohen sozialen Status gelungen. Trotz konträrer aktueller Realität fantasiert Walid deshalb eine Welt, in der er so bekannt und bedeutsam wäre, dass seine Familie deshalb nicht von Verfolgung und Flucht bedroht wäre:

> »Ich wollte [...] natürlich auch das beste Schüler sein, ich wollte sein, eigentlich. Aber, also, dann ich bin so immer runter gegangen, ich wollte immer versucht, dass ich was Besonderes, also was besonders Schönes sein. So immer kreativ, schnell, ähm ja, fleißig und ja. Das mag ich so, wenn ich was Besonderes bin. Dann sagen: ›Oh, guck mal, Walid, der ist fleißig und so und der ist gut und so‹. Ja. [...] Also jeder kennt mich, damals und auch so mein Englisch war sehr gut dort in meine Schule und jeder wollte also, also er hat mich erkannt durch mein Englisch. Also, ›oh, Walid, du bist Walid, du kannst ja so gut Englisch und so‹ und davon bin ich sozusagen berühmt geworden. Ja. [...] Ja, dass man jeder kennt dich, das macht Spaß so: ›Ja, Walid‹, dass ist das schöne dran eigentlich. Also, du kennst jeden, macht Spaß so. Ja« (I 6, S. 10, Z. 5–18).

Die infantil-märchenhaften Fantasien und die nicht abgebauten Größenvorstellungen, die Walid hier beschreibt, sollten demnach als Ausdruck des regressiven Verhältnisses zur Mutter und des Nicht-Verhältnisses zum Vater wahrgenommen werden. Mit diesen geteilten Fantasien bleibt Walid kindlich an seine Eltern gebunden. Vorstellungen von einer notwendigen Loslösung sind somit hochgradig angstbesetzt:

> »Ach so, ja, auch. Also für mich ist es schwierig, natürlich. Dass ich meine Eltern nicht mehr sehen werde, also vielleicht einmal im Jahr, so, ja, weil, die sind immer mit mir, also hier. Wir waren immer zusammen, meine Eltern,

und ja, wird für mich schwierig sein, natürlich. Ich werde sehr viel allein sein, ja, Zukunft, mein Zukunft ist hier und werde später arbeiten, Familie gründen, ja, das ist natürlich schwer. Also ohne Unterstützung der Eltern, also alleine ist natürlich schwer. Wenn mit Eltern wäre, dann ist es okay, die sind immer hinter dir, also, sie helfen, und ja« (I 6, S. 14, Z. 21–27).

Alle von den Eltern unabhängigen Zukunftsperspektiven können deshalb nur wie Floskeln wirken. So spricht Walid von der Gründung einer eigenen Familie, ohne dass Beziehungen zu Frauen jemals thematisiert wurden. Selbst eine eigene Familie könnte anscheinend nur unter Mithilfe der Eltern arrangiert werden. Walid strengt sich sehr an, die sozialen Erwartungen zu erfüllen. Diese Anstrengung wirkt jedoch entleert und wie eine weitere bloße Übernahme elterlicher Fantasien.

Der Leistungsdruck und die elterlichen Erwartungen sind also sehr dominant in Walids subjektiver Realitätswahrnehmung. Scheitern ist vor der Folie *transgenerationaler* und *Sequenzieller Traumatisierung* ein individuelles Versagen, das, wie beschrieben, die ganze Familie gefährdet. Walid erlebt sich deshalb als schuldig und ungenügend:

> »Hm, ja, aber, es liegt an mir. Also, es liegt nicht an dem Lehrer oder so. Ich muss eigentlich noch mehr lernen« (I 6, S. 5, Z. 6f.).

Gleichzeitig, und das ist ein wesentlicher Aspekt des Beziehungsgefüges zwischen Walid und seiner Mutter, sichert der als Scheitern empfundene geringere schulische Erfolg auch die dyadisch geprägte Beziehung. Auf diesem Weg gewinnen ihre Kontrollanrufe in der Schule an Bedeutung, eine eigene Wohnung für Walid scheint zunächst in weite Ferne zu rücken.

Auch wenn letzterer Aspekt in der subjektiv-bewussten Welt Walids weit weniger Bedeutung zu haben scheint als die Entwertungs- und Schamgefühle nach dem verpassten Sprung in die gymnasiale Oberstufe, sollte er nicht vernachlässigt werden. Walid spricht mehrmals davon, dass seine Eltern immer »hinter ihm [seien]«[17]. Die Überwachungsfunktion

---

17 Von Walid ist die Floskel »meine Eltern sind immer hinter mir« zumindest auf der bewussten Ebene positiv gemeint. In unserer eigenen Wahrnehmung erleben wir stärker die überwachende, verfolgende Bedeutung dieses Vorgangs. Auch hierin zeigt sich die hohe Ambivalenz der engen Bindung Walids zu seinen Eltern.

hat für ihn durchaus eine Bindung aufrechterhaltende Wirkung. Im Hinblick auf die Konsequenzen für das eigene Leistungsverhalten kann, ähnlich zur oben beschriebenen allgemeinen Beziehungssituation, von einer ausgeprägten *Double-Bind-Situation* ausgegangen werden, da beide Optionen (Erfolg/Misserfolg) negative Folgen für das Verhältnis zu den Eltern haben.

5.6.3.2 Der verschlossene Zugang zur inneren Welt und die Schonung der Eltern

Wesentliche Zusammenhänge der Zwangsmigration und traumatischen Lebenserfahrungen mit dem übermächtigen Leistungsgedanken bleiben Walid verschlossen. Aspekte des Bedingungsfeldes werden, wenn überhaupt, als singuläre Erfahrungen thematisiert (etwa die Isolation der Eltern), Verknüpfungen können vor dem Hintergrund des wenig triangulierten Denkens nicht geschaffen werden. Andere Aspekte, etwa die Ambivalenz von schulischem Erfolg, können nur durch ein Scheitern agiert und nicht sprachlich symbolisiert werden.

Tiefere Emotionalität, sei es Liebe oder Hass gegenüber der schützenden und gleichzeitig überbehütenden Mutter oder dem emotional nicht präsenten Vater ist für Walid kaum erlebbar. Sie werden deswegen eher als Floskeln formuliert. Anders ausgedrückt: Walid ist zur Unterscheidung von Liebes- und Hassgefühlen nicht in der Lage, so wie auch die Verbindung innerer Affektzustände mit der Außenwelt nicht klar ist. Das gänzliche Fehlen eines »mentalisierende[n] Verstehen[s] des Vaters« (Blaß 2006, S. 54), mithin eines inneren Dritten, wird überdeutlich, da dieses der Ausgangspunkt der Symbolisierung eigener Gefühle ist. Im Sinne des Mentalisierungskonzeptes von Fonagy et al. (2008) setzt Fremdverstehen (primär der affektiven Bedeutung der Interaktion) ein Selbstverstehen voraus. Dieses Selbstverstehen wird jedoch maßgeblich mitbedingt durch das Einfühlende, Helfende und Deutende in der frühen Mutter-Kind- und Vater-Kind-Interaktion. Da aufgrund der subjektiven und szenischen Daten davon ausgegangen werden kann, dass diese emotionale Ebene im familialen Diskurs keinen Platz findet, erscheint die sozial-emotionale Beeinträchtigung Walids in der Kommunikation mit den Peers eine logische Folge.

Walid: »Ja, immer so ›Iraker‹ oder so, das haben die immer genannt oder
so, das hat ein bisschen genervt eigentlich […].«
Frage: »Wie hast du dich da gefühlt, wenn die dich so genannt haben?«
Walid: »Pff, eigentlich unwohl so. Ja. […]«
Frage: »Was ist daran besonders schwierig für dich, wenn die dich so
nennen?«
Walid: »[…] Also, man hat keine Lust zur Schule zu gehen (I 6, S. 4,
Z. 4–17).

Sichtbar wird hier erstens die Unmöglichkeit der Introspektion und der
Benennung von in der Situation relevanten Affekten. So kann Walid
kaum ausdrücken, welche Gefühle die Typisierung als »Iraker« in ihm
auslöst. Der Fremdheit gegenüber der eigenen Gefühlswelt entspricht
ein dominantes Gefühl des Mitleids in der Auswertungsgruppe. Mehrere Gruppenmitglieder verleihen der Hoffnung Ausdruck, Walids innerer Welt durch ihre Interpretationen eine Stimme zu geben.

Zweitens belegt diese kurze Sequenz die extreme hermeneutische Unsicherheit gegenüber Kommunikationsangeboten der Peers. Diese ist fast
logische Folge fehlender Selbst-Empathie, betont darüber hinaus aber die
besondere Tabuisierung aller mit der Migration zusammenhängenden Fragen.
Die familiären Interaktionsregeln unterstreichen die Unaussprechlichkeit der
lebensgeschichtlichen Erfahrungen und richten das Handeln gleichsam auf
primäre Versorgung und Abwehr erneuter traumatischer Verfolgung aus.

Obwohl Walid bei der Ausreise aus dem Irak bereits zwölf Jahre alt
war, weiß er über die Hintergründe und Formen der Verfolgung der
Familie kaum etwas. Walids Beschreibungen dieser Zeit klingen eher
kindlich-naiv, die Eltern erscheinen wiederum nur als die Menschen,
die die Zukunft ihrer Kinder absichern wollten. Letzteres erscheint als
eines der Symptome der Unaussprechlichkeit von Vergangenem. Nicht
existenzielle Ängste und Nöte, die die christliche Familie in Saddams
Irak erlebt hat, werden von Walid thematisiert, sondern Fragen, die mit
der Zukunftsperspektive der Kinder im Zusammenhang stehen.

»Besser für uns, unsere Zukunft dort im Ausland zu finden. Also bessere
Schule, ja, bessere Zeugnisse und so« (I 6, S. 12, Z. 29f.).

Es ist fast sicher, dass diese Deutung der Migrationsgründe objektiv
nicht der Realität entspricht. Die Familie kehrt trotz offensichtlich

großer psychischer Probleme des Vaters und des Verlustes des Bildungs- und Sozialstandes nicht aus Dubai in den Irak zurück, sondern sucht um Asyl in Deutschland nach.[18] Es ist insofern von einer Verschiebung existenzieller, nicht bewusster Gefühle wie Angst und Überflutung auf das zentrale (manifest vorhandene) familiäre Thema, den Leistungsgedanken, auszugehen.

Das emotionale Erleben ist in Walids Fall jedoch nicht völlig von der Realitätswahrnehmung dissoziiert. Dort, wo er Gefühle zulassen kann, muss er sie jedoch für sich behalten. Es kann insofern auch in dieser Hinsicht von einer regressiven Form der Beziehung zwischen Walid und seinen Eltern ausgegangen werden, als dass er diese als zutiefst schutzbedürftig und nicht belastbar empfindet. Zumindest unbewusst dürfte er die Eltern als sehr zerbrechlich erleben:

> »Ja, keine Ahnung, so, wenn ich z.B. schlechte Note habe oder eine Problem da in Schule habe so, ist auch, also ich red nicht über solche Dinge. Ja oder z.B., wenn ich traurig bin, dann sage ich immer gar nichts, also, wenn irgendwas los ist, so. Oder wenn ich ein bisschen krank bin, dann sag ich das nicht. Weiß nicht warum. Ja, also, wenn irgendwas nicht stimmt, dann bleib ich immer ruhig und sag das nicht. So, ja« (I 6, S. 15, Z. 13–17).

Trauer und Angst (die von Walid an anderer Stelle thematisiert wird) stellen allem Anschein nach wesentliche geteilte Gefühlszustände zwischen seinen Eltern und ihm dar. Das Eingeständnis dieser Emotionen als zentraler Bestandteil des Erlebens würde zum Zusammenbruch des starken, schützenden Ich-Ideals führen. Dort, wo trotz geringer Introspektionskraft und familiärer Tabuisierung emotionale Zustände ihre Kraft entwickeln, erlebt Walid diese als beschämend:

> »Manchmal bin ich auch sauer so, schreie manchmal, aber natürlich ist schön, nicht schön so was. Dann denk ich: ›Oh, was hab ich gemacht?‹ Ungefähr so. Ja« (I 6, S. 16, Z. 17f.).

Derartige Durchbrüche von Aggressionen dienen demnach nicht der notwendigen Loslösung, verstärken im Gegensatz dazu sogar die re-

---

18 Dabei handelt es sich um einen Zeitpunkt etwa 2001–2002, also vor Ausbruch des letzten Irak-Krieges.

gressiven Bindungen. In Walids subjektiver Welt dominiert die Angst, die Mutter könnte ihn wegen des realen Verhaltens vernachlässigen.

Mit der Übernahme eines Ich-Ideals, das vom Wunsch nach Stärke geprägt ist, dem in der Realität jedoch Zerbrechlichkeit und Schwäche gegenüberstehen, übernimmt Walid nicht zuletzt auch das Erleben seines Vaters. Dieser kommt mit den erlittenen Traumatisierungen vor, während und nach der Flucht wahrscheinlich am schlechtesten in der Familie zurecht.

Der Vater und Walid sind im Gegensatz zur Mutter nicht zu trauma-vermeidenden Ersatzhandlungen, die zweifelsohne in gewissem Maße identitätsstiftend sind, in der Lage. Angesichts der offensichtlichen Destruktivität von Walids Beziehung zu den Eltern erscheint eine Loslösung dringend notwendig. Das Zusammenspiel äußerer, sozialer Umstände mit intrafamiliären und innerpsychischen Bedingungen macht dies derzeit jedoch unmöglich. Walid versucht, die Bindungen aufrechtzuerhalten, in der Hoffnung auf eine gemeinsame, nicht-pathologische Zukunft (vgl. Riedesser et al. 2003).

Die Formulierung von individuellen, eigenen Wünschen und Zukunfts-vorstellungen erscheint demnach als ein Bruch mit den Eltern. Walid reagiert darauf, indem er seine Zukunftsperspektiven mit illusorischen Phantasmen über die ferne Zukunft füllt. Zwischengeschaltete Ziele fehlen fast gänzlich. An dieser Stelle ist erneut die doppelte Abhängigkeit von Bedeutung: Erfolg bedeutet, die elterlichen Erwartungen zu erfüllen, aber der Verantwortung ihnen gegenüber möglicherweise nicht mehr gerecht werden zu können. Misserfolg erlaubt die Nähe und Verantwortungs-übernahme, Walid selbst erlebt sich jedoch als Versager. Dieser Umstand führt zu einer Leere im Hinblick auf realistische Zukunftsvorstellungen, die nicht nur aus den subjektiven Daten zu deuten, sondern in der Gegenübertragung während der Interpretation des Transkripts auch sehr eindrücklich spürbar ist.

5.6.3.3 Schule: Übernahme familiärer Erwartungen und oberflächliche Beziehungen

Aufgrund verschiedener institutioneller, zwischenmenschlicher und innerpsychischer Bedingungen kann auch die Schule in Walids Fall kaum zur Stärkung des Realitätsprinzips beitragen. Walid schwankt in der Ich-

Charakterisierung zwischen Größenfantasien (»davon bin ich, sozusagen, berühmt geworden«, »der beste sein«) und starken Selbstzweifeln (»warum hab ich's nicht so gemacht?«). Die in der Realität kaum haltbaren Größenselbstzuschreibungen, die sich im Wesentlichen auf frühere Schuljahre beziehen, dienen der Aufrechterhaltung der Ich-Ideal-Vorstellungen. Walid versucht zu zeigen, dass ein Scheitern (als solches empfindet er den Hauptschulabschluss) keineswegs lebensgeschichtlich bedingt, sondern aktuellen Umständen geschuldet ist. So beschreibt er zwar seine schulischen Schwierigkeiten während der gesamten zehnten Klasse, das Nicht-Erreichen der Oberstufenreife jedoch führt er auf die unerwartete Einführung des Mittleren Schulabschlusses zurück:

> »Aber, was sollst du dafür machen? Das ist das Problem. So ist das gekommen. Ja, ich weiß nicht, warum dieser Mittlere Schulabschluss gekommen ist, ist eigentlich. Also, damals gab es nicht so was, als, soweit ich weiß. Aber, pff, ich bin gekommen, ist der gekommen, ja« (I 6, S. 3, Z. 29–32).

Die Benennung einer fremden Macht, hier die Einführung eines neuartigen Schulabschlusses, spiegelt die Hilflosigkeit im Umgang mit eigenen Stärken und Schwächen. Daran hat auch die Schule ihren Anteil:
Aus Walids Beschreibungen geht in keiner Weise hervor, dass die Schule den altersunangemessenen Beziehungen und Erwartungen der Familie realistische Werte entgegensetzen würde. So werden die Anrufe der Mutter eines volljährigen jungen Mannes in der Schule in der Auswertungsgruppe als beschämend beschrieben, von Walid werden sie hingegen nicht als ungewöhnlich thematisiert. Auch von Schulseite hat man daran, nach Walids Aussagen zu schließen, keinen Anstoß genommen. Die Leistungserwartungen der Mutter werden von verschiedenen Lehrerinnen und Lehrern eher unterstützt, als kritisch in ihrem Wert für die Entwicklung des Jugendlichen betrachtet. An Walid, einen Jungen mit manifest sichtbaren psychischen Problemen, werden somit auch in der Schule rein normative Erwartungen herangetragen. Ob diese primär Reaktion auf das von Walid vermittelte Ich-Ideal und die Abwehr gegenüber Beziehungsarbeit sind oder einer ursprünglichen schulischen Fixierung auf Lerninhalte entsprechen, ist schwer zu entscheiden. Beide Einflussgrößen müssen als Bedingungen dieses komplexen und destruktiven Interaktionsgefüges mitbedacht werden.

Lediglich in einem Fall beschreibt Walid, dass ein Lehrer sich weitergehend für seine Lebenssituation interessiert habe:

> »Ich hatte einen Lehrer, die war mein Bio-Lehrer und der war so wie ein, wie mein groß Bruder, würde ich sagen. Weil, er red so ganz normal und er will mir nur ganz gerne so helfen, ja, genau. Also Unterricht macht mit ihm immer Spaß ja, und, war schön, schöne Zeit mit ihm. Also, der war eigentlich mein bester Lehrer, würd ich sagen so. Aber leider ist er jetzt in die USA gegangen, also als Lehrer dort und ja, nach der 9. Klasse« (I 6, S. 5, Z. 5–9).

Die Zeit, in der der hier genannte Lehrer als haltendes Objekt zur Verfügung stand, verbindet Walid mit der Vorstellung von großem Erfolg und auch Spaß. Ob die Realität dieser Beschreibung in ihrer überstarken Ausprägung standhalten würde, muss bezweifelt werden. Entscheidend ist aber vielmehr die Tatsache, dass eine einzige Bezugsperson in der Schule, deren lebensgeschichtliches Interesse den unterrichtlichen Rahmen kaum zu sprengen scheint, zu einer so wichtigen Bezugsperson wird, dass (zumindest in Walids Fantasie) die gesamte psychosoziale und leistungsmäßige Integration davon abhängt:

> Frage: »Lag das an dem Lehrer, dass es in der 9. Klasse besser war als in der 10. Klasse?«
> Walid: »Ähm, ja, kann sein, weil er hat mich immer so mutig gemacht. Der Lehrer, er kommt: ›Walid, wenn du Probleme hast in die Schule, komm zu mir, sag mir‹. Er hat mich so immer unterstützt so, sagen wir so. Ja, ich war mit ihm froh und ich hatte auch Interesse zu lernen, ist so bei mir. Er hat sich so bemüht: ›Ja, hier und das, kein Problem, kannst du das machen‹ und hatte ich auch gute Noten eigentlich und dann, zehnte Klasse, ich weiß nicht, nee, ich hab mich so immer verschlechtert oder keine Lust zum Lernen und keine Ahnung« (I 6, S. 9, Z. 12–19).

Während die (uns bekannte) objektive Hilfe ein in der Schulzeit zu leistendes Ausmaß nicht überschreitet, bedeutet allein das Interesse an seiner Person für Walid eine ganz wichtige Unterstützung, die ihm Sicherheit gibt. Der hier beschriebene Lehrer nimmt die Rolle des in Walids Beschreibungen sonst nicht präsenten Vaters ein. Er zeigt Interesse, versucht Walid zu motivieren und nimmt sich seiner inneren Probleme an. In dieser triadischen Interaktion zwischen Lehrer, Schü-

ler und lebensgeschichtlichen Themen wird anscheinend ein Raum geschaffen, der Walid in seiner psychischen Entwicklung stark unterstützt
(vgl. Rauh 2003).

Dabei sind zwei Aspekte hoch bezeichnend für die Interaktion Walids
mit der Außenwelt. Erstens: Nach einem Jahr kommt es erneut zu einem
Bruch (wie schon in Dubai nach einem Jahr Arbeitszeit des Vaters, nach
einem Jahr Vorklasse, einem Jahr Wohnheim). Zweitens: Walid lässt sich
auf eine als brüderlich beschriebene Beziehung ein, obwohl die Trennung
aufgrund des Wechsels des Lehrers in die USA absehbar war. Hierin zeigt
sich auch die ambivalente subjektive Bedeutung der Brüche: Während sie
einerseits (mitinszeniertes) Erleiden von Trennung bedeuten, sichern sie
andererseits auch die familiären Beziehungen ab. Ein Lehrer stellt dann
keine Konkurrenz mehr zum realen Vater dar; Walid entzieht sich durch
den Bruch dem Druck, sich von seinen Eltern zu emanzipieren. Das in
der Auswertungsgruppe während der Besprechung der Szene präsente
Gefühl der Hoffnungslosigkeit und der Angst, dass alles gefährdet sei,
da jederzeit etwas Schlimmes eintreten könne, unterstützt die These
der zwar haltenden, aber doch auch sehr gefährdenden temporären
Beziehungen.

Ohne tatsächliche Beziehungsperson in der Schule ist es für Walid
leichter, die eigenen Probleme zu projizieren und sie so dem Nachdenken
über lebensgeschichtliche Belastungen zu entziehen. An seiner derzeitigen Schule macht er im Wesentlichen eine Lehrerin für seine Probleme
verantwortlich. Er würde dem Unterricht kaum folgen können, da sie
eine ausländische Lehrerin sei. Er hat zudem kein Verständnis dafür,
dass er bereits nach kurzer Zeit an der beruflichen Schule einen »Blauen
Brief« nach Hause bekommen hat, in dem seine mangelhaften Leistungen
benannt werden. Sein größtes Problem ist, dass er mit diesen schlechten
Leistungen seine Eltern enttäuscht und ihren Ansprüchen nun ein weiteres Mal nicht gerecht wird. Auf die ambivalente Wirkung eines nun
möglichen tatsächlichen Scheiterns in der schulischen Karriere wurde
bereits hingewiesen.

Walids im Wesentlichen auf die Vergangenheit bezogene Beziehung
zu seinen Eltern beeinflusst auch deutlich die Wahrnehmung seiner
Peergroup. Ihm fehlt die Möglichkeit, sich in die Realitäten der Gleichaltrigen einzufühlen. Er bildet sehr einfache Kategorien, nach denen er
die Äußerungen der Mitschülerinnen und Mitschüler sortiert. Wie oben

beschrieben, kann er sozial ungewöhnliche, jedoch im Kontext der Peer-group nicht zwangsläufig diskriminierende Beziehungsangebote wie die Anrede als »Iraker« nicht annehmen. Derartige Kontaktaufnahmen stehen für ihn jedoch auch nicht im Vordergrund. Zentrales Beziehungskriterium ist es, dass er sich nicht angegriffen fühlen muss und die brüchige kulturelle und familiäre Identität nicht hinterfragt wird. So beschreibt er seine neuen Mitschülerinnen und Mitschüler folgendermaßen:

> »Und die sind eigentlich okay, kein Problem, wir unterhalten und ganz okay. Die sind auch manchmal so durchgeknallt, machen so'n bisschen Scheiß, aber Hauptsache gegen mich haben die kein Problem oder so, Irak oder so. Für mich ist okay, kein Problem. Hauptsache, jeder macht seine Sache, seine Arbeit. Und dann, fertig« (I 6, S. 4, Z. 30–S. 5, Z. 1).

In der Beziehung zu den neuen Mitschülerinnen und Mitschülern erlebt Walid möglicherweise Gegenüber, die ähnliche lebensgeschichtliche Erfahrungen gemacht haben. Gerade deshalb ist er jedoch gezwungen, sich von ihnen zu distanzieren, da sie seinem Ich-Ideal widersprechen und in ihrer individuellen Problematik auch Walids eigene Konflikte spiegeln. Im Gegensatz etwa zu Linh distanziert er sich jedoch nicht aktiv, sondern verbleibt in einer passiv-depressiven Position. Ein solches Erleben und Verhalten dient Walid der Aufrechterhaltung der als gefährdet erlebten Bindungen an die Familie und Ursprungskultur.

5.6.4   Abschließende Überlegungen

Walid ist ein junger Mann, der trotz der objektiv verhältnismäßig guten Situation (Schulabschluss, Aufenthaltsgenehmigung) psychisch hochgradig belastet ist. Neben eigenen, anscheinend nicht-thematisierbaren fluchtspezifischen Lebenserfahrungen, für welche die Daten des Interviews keine sichere Basis bieten, ist vor allem die *Transposition* der zurückliegenden elterlichen Realität in das aktuelle Erleben und Handeln von Walid bedeutsam. Der Zugang zur eigenen inneren Welt ist ihm, wie an mehreren Beispielen gezeigt, weitgehend verschlossen. Diese innere Problematik dominiert auch die Dynamik des Interviews. Sachfragen werden mehr oder weniger routiniert beantwortet, was wie eine Wiederholung der Eltern-(Pseudo-)Kind-Interaktion wirkt. Für eine kritische und emotionale Auseinandersetzung mit der eigenen Lebenssituation bleibt jedoch kein Platz. Mein im Postskriptum erwähntes Evidenzerleben, als ich Walid während eines Teils des Interviews sehr weit weg von mir sehe, kann in zweierlei, sich ergänzender Weise verstanden werden: Einerseits spiegelt eine solche sensorische Wahrnehmung die Teilhabe an der großen Distanz, die Walid selbst zu eigentlich zentralen Lebensthemen empfindet, wobei diese Distanz wie bei mir Angst und Denkstörungen auslösen dürfte. Angst entsteht aus der Bedrohung, die latente Lebensthemen ausstrahlen, Denkstörungen sind Folge der Bindung großer Mengen von Energie, die zur Abwehr derselben Themen notwendig sind. Andererseits repräsentiert die Sinnesstörung des Interviewers die Fremdheit, die sich aufgrund des stabilen Abwehrgefüges gegenüber eigenen Wünschen und Fantasien für Walids Interaktionspartnerinnen und -partner ergibt. Es erscheint nahezu unmöglich, sich Walids innerer Welt in der Interaktion mit ihm zu nähern. Die Entfernung aus dem Blickfeld ist eine agierte, weil im Kontext der Interaktion nicht auszusprechende Form des Rückzugs von Walids Welt. Dies geschieht teils aus subjektiv notwendigem Schutz, teils aus Wut über die Unmöglichkeit der Annäherung.

Walids Lebensrealität verdichtet sich in der Frage nach seinen Zukunftsperspektiven. In der Gegenübertragung dominiert im Hinblick auf diese Frage eine große Leere. Dies ist wesentlich begründet in der Unmöglichkeit, eigene Wünsche und Bedürfnisse zu formulieren. Seine diesbezüglichen Aussagen bleiben phrasenhaft. Subjektives Kriterium erfolgreicher Lebensbewältigung ist der absolute Erfolg, es gibt keine realistischen Zwischenschritte. Während er mehrmals betont, dass seine Zukunft in Deutschland liegen würde (was aber hochgradig angstbesetzt ist, da diese Zukunft eventuell ohne seine Eltern stattfände), nennt er am Ende des Interviews erstmals auch seine innere Bindung an den Irak:

> »Ja, also, was ich dann gut finde, ist, dass, dass noch immer Irak noch gibt. […] Ich will auch natürlich da wieder zurück. So, also, wenn mein Land gut ist, dann, dass ich dort arbeiten kann, Familie gründen kann, schönes Leben, ja« (I 6, S. 17, Z. 13–31).

Es ist zu vermuten, dass er mit der Aussage, es wäre gut, dass es den Irak noch gibt, auch eine Selbstbeschreibung abgibt. Denn so wie der

Irak im Chaos versinkt, so ist auch er innerlich hochgradig verwirrt und vielfach perspektivlos.

Die familiäre Traumatisierung ist in der subjektiven Realität Walids sehr dominant. Nur eine gemeinsame Bearbeitung des Erlittenen scheint hier Fortschritte in Richtung einer innerpsychischen Integration familiären Erbes und aktueller Lebensrealität zu ermöglichen. Daneben sollten aber auch die institutionellen Anteile, nicht zuletzt die der Schule, die ebenfalls der Aufrechterhaltung eines hoch problematischen Beziehungsgefüges dienen, kritisch hinterfragt werden.

6. Zwölf subjektive Realitäten mit wesentlichen Gemeinsamkeiten

6.1 Individuelles Fallverstehen und intersubjektive Bedeutsamkeiten

Die zwölf Jugendlichen, deren lebensgeschichtliche Erfahrungen und Widerspiegelungen in ihrer inneren Welt im Rahmen dieser Studie interpretiert wurden, unterscheiden sich ganz wesentlich voneinander: so hinsichtlich ihres aktuellen Alters und desjenigen bei der Einreise nach Deutschland, ihrer familiären Situation, ihres Schulbesuchs, ihres Herkunftslandes und natürlich ihres Geschlechts.

Dennoch, und dies mag angesichts der Vielfalt der äußeren Erfahrungswelten zunächst überraschen, kehren in fast allen Interviews spezifische Themenbereiche wieder, die offensichtlich intersubjektiv bedeutsam sind und klar mit der Zwangsmigration in Verbindung stehen. Die Aussagekraft dieser Gemeinsamkeiten wird durch alle zwölf subjektiven Realitäten fundiert. Aus diesem Grund bezieht sich auch diese horizontale Analyse auf die Gesamtauswahl. Dort, wo Zitate aus bisher nicht ausführlich dargestellten Interviews entnommen wurden, wurden dem Zitat kurze Merkmale der Person zur Seite gestellt. Aufgrund der erreichten Varianz der Interviewpartnerinnen und -partner hinsichtlich wesentlicher Merkmale kann (trotz der Begrenztheit der Auswahl) davon ausgegangen werden, dass die mit diesen Themen verbundenen Grundaffekte für einen großen Teil von zwangsmigrierten jungen Menschen prägend für Erleben und Verhalten sind. Sie sind in diesem Sinne eine Annäherung an geteilte innere Realitäten vor dem Hintergrund traumatischer lebensgeschichtlicher Erfahrungen im Kontext von Zwangsmigration. Eine solche Annäherung dient notwendiger Orientierung und schafft Anhaltspunkte für die Entwicklungschancen und -barrieren dieser Gruppe. Sie verleugnet keinesfalls die Bedeutung des Einzelfallverstehens, mithin die zentrale Rolle unmittelbarer Teilhabe und distanzierter Reflexion, die eine wesentliche Qualifikation psychoanalytisch orientierter pädagogischer Arbeit bleiben muss (Trescher 1987; D. Zimmermann 2009).

Die Heterogenität der Lernenden in allgemeinen genauso wie in Schulen mit besonderem Förderschwerpunkt erzwingt es aber geradezu, pädagogische Herausforderungen neben individueller Ausrichtung auch für Gruppen mit ähnlichen lebensgeschichtlichen Erfahrungen zu formulieren. Die Verleugnung solcher sozialisations- und erfahrungsspezifischer Notwendigkeiten dürfte in aller Regel nur zu einem vereinheitlichten Setting führen, in dem Lernen für viele Schülerinnen und Schüler ohne relevanten Situationskontext stattfindet (Zimmer/Feldhaus 1998).

Die Darstellung intersubjektiv bedeutsamer Realitäten für junge, zwangsmigrierte Menschen dient demnach dem Ziel, Lernen und Beziehungsarbeit für viele Mitglieder dieser Gruppe in der Schule in haltenden und relevanten Kontexten zu ermöglichen.

6.2 Der (schulische) Leistungsgedanke vor dem Hintergrund der Fluchtgeschichte

Individuelle Leistungsstärke und -bereitschaft sind für alle Interviewpartnerinnen und -partner zentrale Aspekte ihres Selbstbildes. Dies mag zunächst überraschen, da die meisten der Interviewten mit einer enormen Anzahl an anderen Dingen beschäftigt sind. So müssen sie sich alltäglich um vielerlei Dinge kümmern, die für Jugendliche ihres Alters ungewöhnlich sind, etwa Übersetzungstätigkeiten für die Eltern, Ämtergänge und vieles mehr. Latent sind die Jugendlichen mit oft existenziellen Ängsten und Nöten konfrontiert, teils aus ihrem eigenen Leben stammend, teils in transgenerationaler Teilhabe. Die Abwehr dieser Ängste und Nöte jedoch scheint bei den Jugendlichen, die sich bereit erklärt haben, an der vorliegenden Studie mitzuwirken, nicht in dem Maße Energie zu binden, dass sie Leistungen auf anderen Gebieten verhindern würde (vgl. Bohleber 2000; Freud 1926).

Überdeutlich ist der Leistungsgedanke, den die Jugendlichen explizit formulieren und implizit agieren, mit ihrer aktuellen, marginalisierten Lebensrealität verknüpft. Jedoch spielen auch die vergangenen, demnach oft traumatischen Erfahrungen eine bedeutsame Rolle in der Ausprägung der starken Leistungsorientierung. Beide Aspekte können anhand der vorliegenden Texte detailliert aufgezeigt werden.

6.2.1 Leistung und aktuelle Lebensrealität

Die Ziele und Fantasien der Jugendlichen, die mit schulischem und beruflichem Erfolg verbunden sind, stellen unter mannigfaltigen Gesichtspunkten das Gegenteil ihrer aktuellen Realität als Flüchtlinge oder Asylsuchende dar. Erfolg bedeutet dabei die Chance, diese Situation zu verändern. So formuliert Ali, ein 17-jähriger iranischer Jugendlicher, der sich im laufenden Asylverfahren befindet:

> »Naja, würd ich, naja, wenn man Geld hat, kann man irgendwie so leichter leben oder kann man naja, viele Probleme lösen und so. [...] Naja, wie soll ich sagen, zum Beispiel, na, wenn man, Klamotten kaufen zum Beispiel. Auto und so was. Solche Sachen, also. Ja« (I 8, S. 3, Z. 20–24).

Schulischer Erfolg, beruflicher Aufstieg und finanzieller Gewinn entsprechen demnach dem Wunsch, die derzeit unterprivilegierte soziale Position zu verlassen. Insofern fügen sich die Jugendlichen dieser Studie logisch in ein Denkmodell ein, nach dem Erfolgsorientierung gerade aus der psychosozialen Benachteiligung entsteht. Inwieweit dies im Sinne einer gesunden Orientierung gelingt oder das Erfolgsstreben eher Projektionsfläche tiefgreifender Lebensproblematiken ist und deshalb pathologischen Charakter trägt, ist individuell verschieden.

So versucht Ebru, eine 20-jährige junge Frau, die als Kind allein aus der Türkei nach Deutschland kam, nach einer Zeit der Brüche eine kontinuierliche Bildungskarriere aufzubauen. Die Leistungsorientierung verfolgt realistische Ziele, was zu wiederkehrenden Erfolgserlebnissen führt. Letztere schreibt sie im Wesentlichen sich selbst zu, ein Aspekt, der auch der Abwehr des Bedürfnisses nach Fürsorge und Schutz dient. Dementsprechend tritt auch mit dem Abschluss einer beruflichen Ausbildung keine »Sättigung« ein, Ebru sucht sich neue Ziele und möchte das Abitur nachholen.

Auch Ibrahim schafft es, sich trotz seiner vielfältigen Schwierigkeiten und seines aggressiv-ausagierenden Verhaltens realistische Ziele zu setzen. Zwar ist der Wunsch, trotz aller psychosozialen Schwierigkeiten einen Schulabschluss zu erreichen, einerseits als Teil der dominanten Assimiliationsbestrebungen zu sehen, die Ibrahims Vater mit der Mehrheitsgesellschaft teilt. Sein Berufswunsch »Bauarbeiter« entspricht dabei aber einer reifen Form der Inbesitznahme aggressiver innerer Anteile und dem Ziel, sich und der Familie etwas tatsächlich Eigenes aufzubauen. Ibrahims Leistungsorientierung ist somit andererseits auch als Form der Loslösung von den Erwartungen des Vaters zu verstehen.

Die schulische Leistungsorientierung ist bei fast allen Interviewpartnerinnen und -partnern auch mit ihrer spezifischen Aufenthaltssituation verbunden. Bei mehreren von ihnen erscheint das Abitur als die einzige Zukunftsperspektive. Besonders deutlich wird dies bei Ali, der explizit formuliert:

> »Was wird mit mir passieren? Kann ich die höchste Abschluss schaffen? Wenn nicht, ich kann auch keine Ausbildung machen, weil ich Asyl bin und so. Die Asyl dürfen nicht, keine Ausbildung machen. Ich muss entweder die höchste Abschluss schaffen, wenn nicht, dann kann ich was anderes auch nicht machen« (I 8, S. 7, Z. 9–13).

Die Unmöglichkeit einer betrieblichen Ausbildung treibt viele der Jugendlichen in besonderer Weise an, in der Schule erfolgreich zu sein und so für eine absehbare Zeit diese ihr Leben zumindest teilweise sichernde Struktur aufrechterhalten zu können.

Die Alternative einer schulischen Ausbildung erscheint mehreren der Interviewten als minderwertig. Sie wissen, dass dies der einzige Weg (ohne Abitur) ist, der ihnen offen steht, nicht wegen fehlender Leistung, sondern aufgrund ihrer Aufenthaltssituation. Sie müssen sich in besonderer Weise von denen abgrenzen, die eine schulische Ausbildung beginnen, weil sie keinen betrieblichen Ausbildungsplatz finden konnten. Zu denen, die eine solche Abwertung schulischer Ausbildung formulieren, gehören Ebru, Walid und ganz besonders Linh:

»Naja gut, am Anfang war ick ja auch vollkommen heiß. Oh, jetzt machste dit [Ausbildung als Elektriker] hier fertig und dann haste ne, zumindest irgendwas. Aber jetze, schulische Ausbildung bringt nichts und dann die ganzen Idioten, die da rumpöbeln und dann lernt man da eigentlich auch fast gar nix. Und naja. Ick hab wenig Hoffnung in diesen Beruf, bin ick der Meinung nach« (I 5, S. 3, Z. 21–25).

Eine spezifische, thematisch aber ähnlich gelagerte Ausprägung hat der Leistungswille bei Ceylan. Ihr, soweit dies aus den subjektiven Daten zu entnehmen ist, recht erfolgreicher Besuch einer Hauptschule, ist für sie direkt mit der Möglichkeit zu gesellschaftlicher Teilhabe verbunden. Ihr Schulleiter habe sich nur deshalb für ihre Teilnahme an einer Klassenreise eingesetzt, weil sie eine gute Schülerin sei. Ceylan unterstützt diese Wertmaßstäbe des Schulleiters. Darüber hinaus versucht sie mit ihrer Schulleistung, das Aufenthaltsrecht der Familie zu sichern:

»Aber wenn man nichts getan hat und einfach seine Schule machen will und später mal arbeiten will, dann kann man doch nicht einen unschuldigen Menschen so einfach so abschieben« (I 1, S. 9, Z. 25f.).

Es wird also deutlich, dass die ganz reale äußere Lebenssituation der jungen Flüchtlinge (Aufenthaltsbeschränkungen, Arbeitsverbot, materielle Armut) durchweg starken Einfluss auf ihre schulische Leistungsorientierung hat. Erkennbar ist aber auch, wie unterschiedlich dieser Einfluss wirkt: Neben einem besonderen Ansporn, über Leistung die schwierige Lebenssituation zu meistern, bedeutet die vielfach extreme Leistungsorientierung auch eine hoch ungesunde Fixierung bei einigen Jugendlichen. Dabei verbinden sich reale Vorteile schulischen Erfolgs mit irrealen Fantasien, so mithilfe von guten Zeugnissen und erhofften guten Berufen die Familie retten zu können.

6.2.2 Leistung und (familiäre) Vergangenheit

Letzterer, oben genannter Aspekt verweist bereits von der aktuellen, äußeren Lebenssituation auf innere Bedeutsamkeiten, die maßgeblich von der älteren und jüngeren Vergangenheit geprägt werden. Der Leistungsgedanke verliert angesichts der Wirkungskraft der eigenen und familiären traumatischen Erfahrungswelt vielfach seine (primäre) Verankerung in der aktuellen Realität. Er wird dadurch emotional entleert und läuft stetig Gefahr, aufgrund seiner Unerfüllbarkeit zu erneuten Brüchen und Krisen zu führen. Unerfüllbar sind die mit Leistung verbundenen Fantasien deshalb, weil sie auf Erlösung von vergangenen Traumatisierungen zielen, nicht auf im aktuellen Leben der Jugendlichen verankerte Aspekte.

Dies bedeutet nicht, dass der Leistungsgedanke bei den hier in den Blick genommenen Jugendlichen nicht auch vor dem Hintergrund der aktuellen Lebenssituation verstanden werden könnte. Das *Szenische Verstehen* verweist aber darauf, dass er bei einigen der Interviewten primär als Resultat der historisch-verinnerlichten Erfahrungswelt zu verstehen ist.

Eine sowohl die subjektiven Bedeutsamkeiten also auch die szenischen Darstellungen dominierende Kraft gewinnt ein solcher Leistungsgedanke für Walid. Hierauf wurde bereits in der Einzelfalldarstellung ausführlich eingegangen. Die völlig unrealistischen Erfolgsfantasien gewinnen angesichts der hoch ambivalenten familiären Bindungen besondere pathologische Kraft. Erfolg und Unabhängigkeit gefährden die familiären Bindungen. Misserfolg ist zwar unerwünscht, gleichzeitig aber systemerhaltend. Das in Walids Fall unabwendbare Scheitern erzwingt eine depressive Krise für den jungen Mann, die demnach als logische Konsequenz traumatisierender familiärer und sozialer Umwelt zu verstehen ist. Die übermäßig enge und regressive Bindung an seine Mutter erlaubt darüber hinaus keinerlei in diesem Sinn hilfreiche Projektion des Verschuldens des subjektiv so empfundenen Scheiterns:

>»Hm, ja, aber, es liegt an mir. Also, es liegt nicht an dem Lehrer oder so. Ich muss eigentlich noch mehr lernen. Ich hab das gelernt eigentlich, aber ja, für das sehr gut hab ich nicht, ich hab mich nicht so gut bemüht. Das ist das Problem. […] Das war das Problem eigentlich und von daher hab ich alles versaut so« (I 6, S. 5, Z. 6–11).

Der konfliktbeladene Charakter des Erfolgszwangs verweist auf zwei traumatische Aspekte der Zwangsmigration zurück: Erstens auf die transgenerationale Verfolgungsgeschichte der christlich-irakischen Familie. Schulischer und beruflicher Erfolg bedeuten in diesem Sinne eine reale oder fantasierte Rettungsmöglichkeit, so wie es die Familie bei der Ausreise aus dem Irak tatsächlich erlebt hat. Zweitens auf die *Chronifizierung der Vorläufigkeit* im Exil (Becker 2006): Die (so beschriebene) Bindungslosigkeit der Eltern an die Mehrheitsgesellschaft (und, so ist zu interpretieren, an eine eigene Identität) und das Arbeitsverbot führen den Vater in eine depressive, die Mutter in eine kontrollierende, regressive Beziehungen erzwingende Haltung.

Aufgrund der Unmöglichkeit der Einsicht in diese teils die Kernfamilie, teils transgenerationale Aspekte betreffenden Zusammenhänge bleibt Walid nur eine Übernahme elterlicher Fantasien und eine gänzliche Entfremdung von eigenen Bedeutsamkeiten, die ihren deutlichsten Ausdruck im Evidenzerleben des Interviewers findet: Walid entfernt sich aus seinem Blickfeld, scheint wie wegprojiziert zu sein.

Wenn auch anders gelagert, so doch ebenso deutlich in der Vergangenheit verhaftet ist das Leistungsstreben bei Margarida. Als Jugendliche unbegleitet von Mozambique nach Deutschland eingereist, ist ihr Leben als mittlerweile 20-jährige Frau durch eine stets präsente Einsamkeit geprägt. Schule und permanente Beschäftigung mit schulischen Themen dienen dem Wunsch, mit der Vergangenheit abzuschließen und nur in die Zukunft zu schauen. Für diese Haltung erfährt sie in der Schule Gratifikationen, ihre dortigen Bezugspersonen unterstützen die Fantasie, mithilfe ständiger geistiger Okkupation die Vergangenheit vergessen zu können. Dass dies nicht gelingen kann, erfasst Margarida selbst. Die Gegenübertragungsgefühle während des Interviews und in der Auswertungsgruppe sind diesbezüglich weitestgehend identisch: Margarida repräsentiert sprachlich und gestisch ein Gefühl der Verlassenheit und überträgt dieses Gefühl deutlich auf die Umgebung (in diesem Fall auf den Interviewer). Die Phrase »ich muss« gewinnt dabei eine symbolische Bedeutung: Der unbedingte Wille steht im Vordergrund, Zweifel und Ängste werden dem weitestgehend untergeordnet.

Die übernommenen und mit einem Teil eigener Bedürfnisse korrespondierenden Werte »Leistung«, »Erfolg«, »Zukunft« behalten den Charakter von Introjekten. Sie sind nicht mit dem Teil der inneren Welt zu integrieren, der verantwortlich ist für das Verlassensein und die innere und äußere Einsamkeit, welche prägend für das Interview mit Margarida sind. Eine Zukunftsperspektive kann vor diesem Hintergrund immer nur eine Teil-Perspektive sein, die auf der Dissoziation wesentlicher

Objektrepräsentanzen beruht und weitreichende Folgen hinsichtlich der sozialen Integration hat.

So wird auch im weiteren Verlauf des Interviews mit Margarida deutlich, dass ihre Leistungsorientierung (die im Berufswunsch »Ärztin« ihren deutlichsten Ausdruck findet) sehr wohl vor dem Hintergrund der Bindungswünsche an Mutter, Vater und Großvater stattfindet. Mit der Fortsetzung der schulischen Laufbahn erfüllt Margarida den Wunsch ihres Großvaters, der auf Bildung großen Wert gelegt habe:

> »Weil mein Opa fast alles für mich gemacht hat. Das wichtigste war die Schule und ging ich ja auch zur Schule« (I 12, S. 15, Z. 8f.).

Auch dem nicht gefundenen Vater möchte sie »etwas bieten können«, sollte sie ihn doch wieder treffen. Die an sich nicht pathologisch zu nennende und lebensgeschichtlich hoch verankerte Orientierung an Werten und Normen vorhergehender Generationen gewinnt jedoch die Qualität einer traumatischen Sequenz, wenn sie vor der Folie nicht realisierbarer Bindungswünsche geschieht. Dies ist bei Margarida und mehreren anderen Jugendlichen der Studie sehr deutlich der Fall.

6.3 »Was ich erlebt habe, kann sowieso niemand verstehen«. Von der subjektiven Fremdheit in relevanten Beziehungen

Die meisten der Interviewten leben seit mehreren Jahren in Berlin. Ceylan, Ibrahim und zwei weitere der Interviewten besuchen die Schule in Deutschland sogar seit der ersten Klasse. Dennoch äußern fast alle der Jugendlichen, dass sie sich in ihrer Peergroup fremd fühlen. Sie begründen dies regelhaft mit den besonderen und aus ihrer Sicht für Außenstehende nicht nachvollziehbaren lebensgeschichtlichen Erfahrungen. Sie könnten diese, so betonen die Jugendlichen fast alle, deshalb nicht oder fast nicht mit ihrem Umfeld teilen. Dieses immer wieder geäußerte Gefühl der Fremdheit wird von den Jugendlichen zwar unterschiedlich bewertet, teilweise als passiv erlittene Diskriminierung, teilweise als eigene, aktive Abgrenzung beschrieben. Die Varianten der Bewertung mindern jedoch nicht die Bedeutung dieses intersubjektiv anscheinend hoch relevanten

Erlebensmodus. Gerade die Vielfalt der subjektiven Bedeutungszuschreibungen zeigt auf, dass das mit der Zwangsmigration zusammenhängende Fremdheitsgefühl so gewichtig für das Erleben der Jugendlichen ist, dass es unabhängig von der real sehr unterschiedlichen Lebenssituation innerlich höchst bedeutsam bleibt. Selbst- und Fremderfahrungen gehen insofern ineinander über, als dass viele der Betroffenen die Belastungssequenzen der Zwangsmigration nicht nur ihren Beziehungspartnerinnen und -partnern verschweigen, sondern auch von sich selbst fernzuhalten versuchen.

Wie bei allen anderen subjektiv relevanten Lebensthemen interagieren demnach auch hier Innen und Außen. Abwehr des Bedürfnisses nach Mitteilung und Gehalten-Werden, oft verknüpft mit einem familiären Schweigegebot über die Traumatisierungen, interagiert mit real erlebtem Desinteresse, auch mit gut gemeintem aber unpassendem Mitleid. In ihrem Schweigen gegenüber Peers und Lehrenden entfernen sich viele der Jugendlichen selbst von ihren relevanten Affekten, bagatellisieren sie als irrelevant und erscheinen dem Interviewer (und vermutlich vielen der Bezugspersonen) als unnahbar.

Dabei bilden zwei Aspekte innerer und äußerer Welt im Wesentlichen das Bedingungsfeld für das Fremdheitsgefühl:

Erstens der Wunsch nach Normalität, der angesichts der stigmatisierten Lebenssituation nicht überraschend erscheint. Normalität, so haben fast alle der Interviewten internalisiert, könne es nur geben, wenn die Vergangenheit zumindest partiell verleugnet wird. Zweitens überdeutlich die Scham über die eigene Lebenssituation und die der primären Bezugspersonen, die eine Nicht-Thematisierung der Belastungssequenzen zur Folge hat. Letzterer Erlebensmodus, der von ersterem Aspekt allerdings nur schwer trennbar ist, lässt sich anhand der Interviews bei fast allen Jugendlichen aufzeigen. Er ist für die gesamte innere und äußere Integration der Jugendlichen so relevant, dass seine Ursachen und Implikationen an dieser Stelle ausführlicher dargestellt werden müssen. Bewusst äußern mehrere der Jugendlichen Scham über die unsichere Aufenthaltssituation, so wie Ceylan:

»Nee, dis würd ich auch nicht sagen: ›Ich hab hier ne Duldung‹, das ist mir peinlich! [...] Wenn die nach so vielen Jahren, wie kann man dann noch ne Duldung haben? [...] Aber es ist mir peinlich. Kann man nicht erzählen« (I 1, S. 6, Z. 23–28).

Ein marginalisiertes Leben zu führen, löst diffuse Ängste und Scham aus. Als Folge der inneren Verdichtung der traumatischen Sequenzen muss Ceylan gänzlich eigene Bedürfnisse verleugnen. Hierbei spielt, wie bei fast allen der Jugendlichen, die mit Familie in Deutschland leben, die Überforderung der Eltern mit ihrer Lebenssituation eine zentrale Rolle. Sie leben mit dem Gefühl, ihre Eltern zu verraten, sollten sie ihre eigenen Belastungen thematisieren, statt als Halt für die Familie zu funktionieren. Der damit genannte Aspekt betont die doppelte Zielrichtung von Scham: Er bezieht sich konkret auf die eigene Lebenssituation, eine Thematisierung eigenen Leids würde darüber hinaus aber Scham gegenüber den verlassenen und sozial isolierten Eltern auslösen. So wird etwa bei Ali deutlich, dass jede Thematisierung des Lebens als Asylsuchender einen Vorwurf an die Mutter beinhaltet, die seinen Bruder und ihn als Asylsuchende nach Deutschland brachte. Das Nicht-Wissen über die realen Fluchtgründe (das die meisten der Jugendlichen miteinander verbindet) ist deshalb wesentlicher Bestandteil des Schweigens über die Belastungen und somit der Vertiefung des Schamgefühls. Das Nicht-Wissen verunsichert, lässt latenten Hass gegen die Eltern als Verantwortliche des Schicksals keimen und verunmöglicht realistische Zukunftsperspektiven. Dieses Bedingungsgefüge unterstützt ein Gefühl der Fremdheit und vertieft die so empfundenen Gräben zwischen den jungen Flüchtlingen und ihren Peers.

Deutlich wird darüber hinaus, dass die innerpsychischen und sozialen Folgen der ursprünglichen Zwangsmigration durch das marginalisierte Leben in Deutschland massiv verstärkt werden. Analog zu Keilson (1979, S. 74) lässt sich sagen: Die Belastung aller Sequenzen der Zwangsmigration wird in ihrem Kulminationspunkt durch die Perspektivlosigkeit erst in der Dritten Sequenz sichtbar (entspricht im genutzten Sechs-Sequenzen-Modell den Sequenzen 4–6). Mitbedingt durch die aktuelle Lebenssituation werden somit auch die Erfahrungen der Flucht und Verfolgung umso unaussprechlicher.

Über die Geschehnisse der Zwangsmigration hinaus generalisiert sich das Schweigegebot als Verhalten gegenüber der Peergroup. Eine Mehrheit der Interviewten berichtet demnach, dass sie ihren Peers wenig von sich preisgäbe und ihre zwischenmenschlichen Beziehungen sehr zurückhaltend gestalte. So formuliert der als unbegleitetes Kind aus Uganda eingereiste, mittlerweile 20-jährige Jamein:

»Ich würde niemals als erster erzählen von mir, ja ich komm da, ich bin der und der, wissen Sie?« (I 10, S. 8, Z. 31f.)

Viele der Jugendlichen befinden sich (zumindest subjektiv) damit in einer schwierigen Situation: Ihr Schweigen verstärkt ihre Fremdheit gegenüber den Bezugspersonen. Gleichzeitig haben sie jedoch Angst, durch Einblicke in ihre Erlebenswelt noch stärker als Außenseiter zu erscheinen. In Jameins Fall ist noch weiter zu deuten: Es gibt eine in der Gegenübertragung spürbare Angst davor, als Opfer angesehen zu werden. Das an nordamerikanischen Basketballstars orientierte Äußere Jameins ist wesentliches Kennzeichen der Abwehr dieser Angst. Spezifisch ist auch sein Berufswunsch »Bodyguard«. Das eigene Schutzbedürfnis wird nach außen projiziert, er selbst kann die Rolle des Schützenden einnehmen.

Was Jamein relativ reif erklären kann, erscheint bei seiner Schwester Julia verborgener. Im Vergleich zu ihrem ins kleinkriminelle Milieu tendierenden Bruder erscheint sie als sehr angepasst. Ihre zwischenmenschlichen Beziehungen sind in hohem Maße von der Abwehr gegenüber der Vergegenwärtigung innerer Bedeutsamkeiten bestimmt. Sie verlässt die Schule, in der sich Lehrende und Lernende sehr um ihren Aufenthaltsstatus bemüht haben und, so kann sinnhaft gedeutet werden, an ihrer Lebensgeschichte interessiert waren. Sämtliche Beziehungen zu den Peers werden von ihr selbst als für ihr eigenes Fortkommen zweckgebunden charakterisiert, eine tatsächliche Öffnung erscheint nicht möglich. Sich selbst gegenüber erhält Julia eine Fantasie aufrecht, nach der das Leben ohne Eltern völlig unrealistisch idealisiert wird, der Zugang zu Gefühlen von Wut und Scham hingegen blockiert ist.

Scham und Wut können nur agiert werden. Symptomatisch wird dies im Schulwechsel, in der (fast schon) aggressiven Verleugnung jeglicher Belastung, in ihrer spürbaren Bindungslosigkeit. Bindungen, die Halt, aber auch Abhängigkeit verschaffen, werden konsequent negiert. So bleibt sie den Gleichaltrigen und sich selbst fremd, insofern es die relevanten lebensgeschichtlichen Erfahrungen betrifft, die mit der Zwangsmigration in Verbindung stehen.

Einige der Jugendlichen benennen eine einzelne Vertrauensperson, der gegenüber sie ihren »Schutzpanzer« ablegen könnten. Dies kann, wie in Farids Fall, eine erwachsene, dauerhaft präsente Bezugsperson sein. Meist hingegen ist es eine Person aus der Peergroup mit ähnlichen lebensgeschichtlichen Erfahrungen. Mit diesen lässt sich die eigene Belastung (nachvollziehbarerweise) leichter teilen, weil mehr Verständnis erwartet wird. Jamein formuliert, dass er sich in den Erzählungen der anderen spiegeln würde und so auch seine eigene lebensgeschichtliche Belastung besser einordnen könne. Die Angst, gänzlich anders zu sein, wird abgemildert, indem andere Personen mit ähnlichem Erfahrungshorizont Mitteilungen über ihr Erleben weitergeben. Zudem dienen solche Jugendlichen unbewusst als Projektionsfläche für in Bezug auf die eigene Person nicht mehr formulierbare Erlebensmodi. So benennt Julia eine Freundin, die als Kriegsflüchtling aus dem ehemaligen Jugoslawien kam. Deren Angst vor der Abschiebung kann Julia benennen, wohingegen sie bei sich selbst jegliche Erinnerung zugunsten einer reinen Zukunftsorientierung abwehren muss.

Auch Ibrahims Jugendgang ist eine Gemeinschaft Gleichartiger, über die er formuliert, alle Mitglieder hätten »viel Scheiße erlebt« (I 3, S. 7, Z. 5). In seiner schulischen Peergroup hingegen bleibt Ibrahim ein Fremder. Die zwanghaften Assimilationsversuche des Vaters, mit denen sich Ibrahim identifizieren muss, während der zumindest partiell daraus resultierende Hass nur in der gewalttätigen Jugendgang ausagiert werden kann, lösen eine besonders schwere Form der Scham aus. Die Assimilation ist gleichbedeutend mit der symbolischen Tötung des mütterlichen Anteils. Letzterer repräsentiert die Erinnerung sowie Trauer und Verlust. Jegliche tatsächliche Form der Identitätsfindung wird verhindert, die Fremdheitserfahrung bleibt unausweichlich und existenziell (vgl. Akashe-Böhme 2000, S. 9). Auch bei einer Reihe anderer Jugendlicher dieser Auswahl kann festgestellt werden, dass die Verleugnung von Erinnerung vielfach der Abkehr von den symbolisch mütterlichen Anteilen entspricht. Dies führt zu Gefühlen der Entwurzelung, nicht zuletzt aus der Ursprungskultur. Die Organisation in Jugendgangs ethnisch ähnlicher Herkunft ist damit auch (bei Weitem nicht nur) als aggressiver Versuch zu verstehen, die Verbindung zum Mütterlichen wieder herzustellen.

Trotz demnach deutlicher Gemeinsamkeiten bezüglich des Bedingungsfeldes für Fremdheit finden sich qualitative Unterschiede. Relativ reflektiertem Beziehungsaufbau vor dem Hintergrund der Belastungen wie bei Ebru oder Jamein steht, in besonders dramatischer Form, die Abwehr aller potenziell entlastenden Beziehungsformen durch Ceylan gegenüber. Dies korrespondiert durchaus mit qualitativ unterschiedlichen äußeren Gegebenheiten, kann aber (wie an den Geschwistern Julia und Jamein deutlich sichtbar) nicht ausschließlich damit erklärt werden.

Eine spezifische Ausprägung findet die Fremdheit gegenüber den Peers in Linhs Fall. Wut und Hass gegenüber den Eltern dominieren und äußern sich unter anderem in einer radikalen Abwertung der Jugendlichen, die ähnliche lebensgeschichtliche Erfahrungen wie er gemacht haben. Er setzt seine aktuellen Klassenkameraden (die meist einen türkischen oder arabischen Migrationshintergrund haben) mit Affen gleich. Eine auch nur partielle Identifikation mit dieser Peergroup ist für Linh hochgradig angstauslösend, da sie Gefühle der Nähe zu den Eltern und damit der extremen Verlassenheit von den primären Beziehungsobjekten herauf-beschwören würde. Die ehemaligen deutschstämmigen Mitschülerinnen und Mitschüler und spezifisch ein Lehrer werden hingegen idealisiert und mit einer Ersatzfamilie in Beziehung gebracht. Obwohl also in vielerlei Hinsicht anders gelagert, erleben wir auch in Linhs Fall eine überdeutliche Form der Fremdheit.

All diese Aspekte betonen, wie wichtig emotionale, unmittelbare Teilhabe an der Situation der Jugendlichen ist, wie schädlich hingegen unreflektiertes Mitleid, in das eigene Schuldgefühle der Mitglieder der Mehrheitsgesellschaft hineinprojiziert werden. Mitleid verstärkt Gefühle der Scham, ohne sie vor dem Hintergrund sozialer Diskriminierung durcharbeiten zu können.

Aspekte der Fremdheit mit der spezifischen Ausprägung der Scham gegenüber der eigenen Situation finden sich aber nicht nur bei den inter-viewten Jugendlichen. Auch ihre schulischen Bezugspersonen bringen diese Aspekte deutlich in die Interaktionen ein. In den Einzelfalldar-stellungen wurde bereits betont, dass eine Unterscheidung von eigenen Übertragungen autochthon Deutscher und Gegenübertragungen auf das Erleben der Jugendlichen dabei oft nur schwer vorgenommen werden kann. Scham als Ergebnis der eigenen, als privilegiert empfundenen Si-tuation und solcher als Gegenübertragung auf die Beziehungsgestaltung der Jugendlichen interagieren miteinander. Transgenerational verankerte Traumatisierungen und Schuldgefühle bei allen Beteiligten erschweren die Zuordnung zusätzlich (D. Zimmermann 2009). Wie in Ceylans Fall deutlich wird, dürften beide Aspekte zur hoch schwierigen Interakti-onssituation beitragen.

Wo Interesse an der Herkunft der Jugendlichen ist, bleibt es allzu häufig oberflächlich. Die Jugendlichen dienen als Repräsentanten einer anderen Welt, wobei sich das Interesse vielfach auf rein äußerliche Faktoren wie Klima und politisches System bezieht. Ibrahim formuliert auf die Frage, ob sich die Mitschülerinnen und -schüler für seine Herkunft interessieren würden:

> »Den interessiert's sowieso nicht. Und ich hab kein Bock, den das zu erzählen. Also, bringt sowieso nichts« (I 3, S. 8, Z. 7f.).

Es gibt nur ganz wenige von den Jugendlichen benannte Beispiele über tatsächlich in diesem Sinne haltende, die Entfremdung überwindende schulische Beziehungsmuster. Walid beschreibt eine solche, die allerdings hochgradig symbolisch aufgeladen ist, da in den diesbezüglichen Lehrer alle Aspekte eines besseren Vaters hineinprojiziert werden. Auch Linh benennt seinen ehemaligen Klassenlehrer als Vertrauensperson, auch hinsichtlich der Aufenthaltsangelegenheiten. Alle anderen bejahen zwar, dass es für Lehrende und Peers interessant sei, woher sie kommen, thematisiert wird die lebensgeschichtliche Erfahrung aber anscheinend in aller Regel so, wie es Jamein beschreibt:

> »So wie einer hat drüber geredet, wo er herkommt und sich vorgestellt und was so ist, ja natürlich, aber nicht so extrem wie jetzt [im Interview], dass Sie gefragt haben mit Familie und so, dis hat die gar nicht interessiert, sondern die wollten einfach nur wissen, ganz kurz und klipp und klar zusammen, was ich hier mache und warum ich bin und ob ich hier gerne lebe« (I 10, S. 8, Z. 20–24).

Die Belastungsfaktoren der Zwangsmigration sollen so aus dem schulischen Kontext weitgehend herausgehalten werden, wobei sich die Abwehrstrukturen der Jugendlichen und der Lehrerinnen und Lehrer weitgehend ähneln. Es gibt beidseitig Gefühle der Verunsicherung und der Scham gegenüber den lebensgeschichtlichen Erfahrungen, die sich unter anderem darin äußern, den Jugendlichen einen Gaststatus einzuräumen. Ein reales Ankommen in Deutschland wird dadurch zumindest nicht erleichtert.

In Ibrahims Falldarstellung wurde auf die Wiederholung eines gesamtgesellschaftlich dominanten Umgangs mit Belastungen und ihre

Ausagierung in Hass und Gewalt durch den Jugendlichen verwiesen. Ähnliches gilt auch bezüglich der Fremdheit: Die Verleugnungen der inneren und äußeren Spannungen – hierzu gehören die Täterschaft der Eltern- und Großelterngeneration im Faschismus, die Traumatisierungen durch Vertreibung und Vergewaltigungen am Ende des Zweiten Weltkrieges oder, wenn auch niemals vergleichbar, die Verfolgungen durch die Staatssicherheit – führen zu familiären und genauso schulklassenbezogenen Entfremdungen. Trotz hier nicht ausführlich thematisierbarer, jedoch signifikanter Unterschiede zwischen den Gruppen zeigen sich eine Reihe von Gemeinsamkeiten: Im (traumatheoretisch sehr verständlichen) Wunsch, »nur nach vorn zu schauen«, sind sich viele Flüchtlinge und autochthon Deutsche einig. Die Unmöglichkeit der Erfüllung des Wunsches aufgrund der Verquickung der inneren (und oft äußeren) Gegenwart mit der Vergangenheit führt zu Spaltungen und Projektionen, die die schulische Fremdheit mitbedingen (P. Bründl 1998; Dornes 2004). Eine Form der sensiblen »Erinnerungskultur« würde einer großen Anzahl adoleszenter Flüchtlinge (und nicht selten ihren Lehrerinnen und Lehrern) ganz sicher helfen. Das Schicksal der Jugendlichen, das wie gezeigt auf beiden Seiten Scham auslöst, verliert dadurch mindestens einen Teil seiner subjektiven Bedrohlichkeit und hilft, innerpsychische und interpersonale Entfremdung zu überwinden.

6.4 Fehlende Zukunftsperspektiven

»Ja, ich hoffe, dass die mir was Besseres geben und ansonsten kann ich ja sowieso nicht dagegen tun. Ich muss dann das annehmen, das die mir geben. [...] Ich hab nicht so ein gute Gefühl, weil ich weiß ja nicht, ich bin ja gerade in diese Situation, dass ich daran denke, ja, was würden die mir geben? Das ist ja nicht gutes Gefühl« (Farid, 17, der mit dem 18. Geburtstag den derzeitigen Aufenthaltsstatus verliert; I 2, S. 12, Z. 30 – S. 13, Z. 3).

Die meisten der interviewten Jugendlichen haben ähnlich große Probleme wie Farid, Zukunftsperspektiven, die tatsächlich eigenen Möglichkeiten und Wünschen entspringen, zu benennen. Eigene Perspektiven werden als sehr gefährlich für das fragile innere Gleichgewicht erlebt, da die Dependenzen in zweierlei Richtungen für viele der Jugendlichen erdrückend sind: Zum einen dominiert die reale Fremdbestimmung

durch laufende Asylverfahren, Duldungen und befristete Aufenthalts-
genehmigungen, verbunden mit der ständig präsenten (und für einige
sehr realen) Angst vor Abschiebung. Zum anderen hemmt die Abhängigkeit von familiären Ge- und Verboten und die Belastung durch die
vielen Aufgaben, die sie aufgrund ihrer erzwungenen familiären Rollen-
übernahme leisten müssen, viele der Jugendlichen massiv. Intrafamili-
äre und aufenthaltsrechtliche Restriktionen beeinflussen und bestärken
einander. Dies gilt insofern, als dass eine unsichere Aufenthaltssituation
meist die familiäre Kommunikation erschwert und traumatisierte familiäre Interaktion die Kinder zwingt, sich *allein* mit der unsicheren
Aufenthaltssituation auseinanderzusetzen.

Das Fehlen von intrinsisch motivierten, gleichermaßen der äußeren
Realität standhaltenden Zukunftswünschen und -perspektiven kann sich
symptomatisch in verschiedener Art zeigen: Manche der Interviewten sind
deshalb in besonderer, teilweise manischer Art auf Leistung orientiert,
weil sie sich davon Perspektiven in Deutschland erhoffen. Dies gilt zum
Beispiel für Ali, für den nur der »höchste Abschluss« zählt (vgl. die Ausführungen in Kap. 6.1.2). Andere lehnen das Nachdenken über Interessen
und Perspektiven gänzlich ab, weil sie sich vor der Frustration schützen,
die eine Beschäftigung damit ohne reale Umsetzungsmöglichkeiten für
sie hätte. Zu Letzteren gehört Linh, der äußert:

> »Ach, wüsste ick eigentlich auch nicht so ganz genau, weil ick mir nie
> Gedanken gemacht habe, weil mir von vornherein klar war, dass ick nix
> machen konnte. Ja« (I 5, S. 4, Z. 13f.).

Ceylan nimmt die Beschäftigung mit der aufenthaltsrechtlichen Situation ihrer Familie voll und ganz ein. Für die Entwicklung eigener
Zukunftsperspektiven fehlt innerer Raum, sie dürften vor dem Hintergrund der elterlichen Bedürftigkeit aber auch bedrohlich wirken. Eine
so skizzierbare Lähmung der Fantasie durch familiäre Gebote lässt sich
in vielen Interviews aufzeigen. So internalisierte Mandy das familiäre
Gebot der Nicht-Teilbarkeit von Belastung derart, dass sie ihr Erleben
gänzlich abkapselt. Eine an der Realität orientierte Zukunftsplanung ist
so nicht möglich. Julia hat Anteil am familiären Tabu, über die Eltern
zu sprechen, und muss vor dem Hintergrund der verleugneten Trauer
Zukunft als bloße Kosten-Nutzen-Rechnung inszenieren. Die indivi-

duelle Symptomatik ist demnach verschieden, in allen Fällen aber trägt die äußere Marginalisierung massiv zur Verkümmerung der Fantasie und der Wunschentwicklung bei.

Neben der oft tabuisierten Vergangenheit fehlt den Jugendlichen somit auch eine individuelle Perspektive auf die Zukunft. Das Fehlen von Perspektiven muss als schwerer Risikofaktor für eine gesunde Gesamtentwicklung betrachtet werden. Für viele der Jugendlichen gilt über die individuelle Situation hinaus, dass sie auch ihre nicht arbeitenden und zurückgezogen lebenden Eltern als perspektivlos und bindungslos an die neue Gesellschaft erleben. Die Not der Eltern leitet sich nicht zuletzt aus den Restriktionen des Aufenthaltsrechts und seiner innerpsychischen Folgen ab. Die Kinder übernehmen oft umso mehr Verantwortung für ihre Eltern, was sie wiederum an der Entwicklung eigener Perspektiven hindert.

Wie wichtig die Möglichkeit zur Entwicklung von Perspektiven auch in der Anfangszeit in Deutschland wäre, zeigt sich an Roys szenischen Darstellungen. Als Einziger der interviewten Jugendlichen lebt er erst seit Kurzem und mit einer gänzlich ungeklärten Aufenthaltssituation in Deutschland. Die Verwehrung von Perspektiven entspricht subjektiv einer Nicht-Anerkennung seiner Lebensgeschichte und wird von Roy selbst als unmenschlich bezeichnet. Diese Unmenschlichkeit wird als Reinszenierung der stiefväterlichen Gewalt erlebt. Der Wunsch, Roy von Deutschland fernzuhalten, ist eine symbolische Wiederholung des Rauswurfs aus dem Haus der Mutter in Kinshasa. Es ist anzunehmen, dass klare schulische und berufliche Perspektiven einen deutlichen Beitrag zum Gefühl des Gehalten-Werdens und innerer Flexibilität leisten könnten. Als unbegleiteter minderjähriger Flüchtling benötigt Roy in besonderer Weise Halt, auch in formalisierten Beziehungen. Nur in einem solchen Raum können Pläne für die Zukunft reifen und so weit wie möglich unabhängig von den traumatischen Vorerfahrungen entwickelt werden.

6.5 Die ambivalenten Bindungen zu den Eltern

Traumatische Erfahrungen in der ersten und zweiten Sequenz der Zwangsmigration sowie Akkulturationsanforderungen und Diskriminierungen im Aufnahmeland sind innere und äußere Vorzeichen spezifischer Bindungsmuster zwangsmigrierter Familien. Über den Rahmen adoleszenter Bindungs- und Ablösungswünsche hinaus sind hier vielfach *ambivalente* und *Double-Bind-Situationen* prägend, die in direktem Zusammenhang mit der Zwangsmigration stehen.

Deutlichen Bindungswünschen seitens der Jugendlichen und bewusster und unbewusster empathischer Teilhabe am Erleben der Eltern stehen meist verleugnete Aspekte von Ablehnung, Wut und Hass gegenüber. Wie das Beispiel Linh zeigt, ist aber auch die umgekehrte Ausprägung möglich: Bewusste Entwertung und Hass der Mutter gegenüber und nur unbewusst inszenierbare, weil abgewehrte Wünsche nach Bindung und Halt. Ohne die Fokussierung auf die ambivalenten Fantasien und Wünsche lassen sich die Erlebensmodi der Jugendlichen meist kaum verdeutlichen. Solche dominanten, weil in ihrer Gegensätzlichkeit oft schwer aushaltbaren Affekte prägen in besonderer Weise auch die schulische Situation, da die hoch ambivalenten Beziehungsmuster dort häufig reinszeniert werden. Die Schule bietet mit ihren haltenden zwischenmenschlichen Angeboten einerseits und erzwungenen Brüchen andererseits in diesem Sinn einen besonders »geeigneten« Raum für solcherlei Reinszenierungen. Die Beziehungsmuster zu und Bedeutungszuschreibungen gegenüber physisch anwesenden und nur innerpsychisch repräsentierten Personen können (trotz einiger wesentlicher Unterschiede) bezüglich der Ambivalenz dabei sehr ähnlich sein.

Ein Beispiel für eine relativ reif agierte Ambivalenz gegenüber dem abwesenden Vater ist Jameins Beziehungsdarstellung: Auf der einen Seite prägt ihn eine projektive Identifizierung mit einem starken Vater, der das Ich-Ideal von Macht und Männlichkeit verkörpert:

> »Mein Vater war Soldat, Politiker, nicht irgendein Soldat, sondern mächtiger Soldat. Der hatte hinter sich immer so paar, zwei-, dreihundert Männer. Wissen Sie?« (I 10, S. 13, Z. 4f.)

Einem solchen Ideal-Ich, dem Jamein auch äußerlich nachzueifern scheint, steht aber eine deutliche Abgrenzung von seinem Vater gegenüber, die wesentlich mit seiner engen Bindung an die Mutter zu erklären ist. Das (fantasierte oder reale) militärische Handeln seines Vaters, mit dem er sich einerseits identifiziert, wird andererseits verantwortlich für sein erlittenes Schicksal gemacht:

»Und er sollte eigentlich paar Aufträge machen und er hat's natürlich ausgenutzt, wissen Sie, er hat sich Übermut, hat andere Dörfer angegriffen und so ne Sachen. [...] Egal, wenn ich jetzt in Afrika bin und ich heiße so und die wissen ja schon, dass ich von der Familie n Cousin oder Onkel bin, dann töten die mich einfach, ohne, dass ich davon eigentlich weiß« (I 10, S. 13, Z. 5–7 und 9–11).

Die Trennung von seiner Mutter, die Jamein metaphorisch mit einer Ausrottung der Familie gleichsetzt, wurde vom Vater zumindest mit ausgelöst, weil er übermütig und fahrlässig gehandelt hat.

Die somit zwischen Identifizierung und Ablehnung schwankende Beziehung zum Vater reinszeniert sich in Jameins aktueller Lebensrealität deutlich. Jamein ist Teil der (klein-)kriminellen Szene, folgt so in gewisser Hinsicht seinem Vater. Er ist Kampfsportler und setzt diese Fähigkeiten auch im Straßenkampf ein, allerdings, so beschreibt er es selbst, für ehrenhafte Ziele (was durchaus auch als Vater-Ideal im Sinne eines ehrenhaften Kriegers verstanden werden kann). Eine »[Polizei-]Akte[, die] noch so klein« (I 10, S. 17, Z. 16) ist, gesteht er sich selbst zu, hofft aber, dass diese keine weiteren Folgen für seine Lebenssituation habe.

Jameins Rückversicherung nach Folgenlosigkeit seines kriminellen Tuns entspricht dem Wunsch, von der Mutter trotzdem angenommen, »aufgefangen« zu werden. Die (symbolisch) mütterliche Rolle können je nach aktueller Situation sowohl die Schule (»Und das Gute ist ja an der Schule, die nehmen ja auch manchmal so kriminelle Schüler an, die, die ne Chance kriegen« [I 10, S. 10, Z. 16–18]), der nicht-abschiebende Staat oder der Interviewer einnehmen. Der Wunsch nach mütterlichem Gehalten-Werden entspringt so auch der Hoffnung, nicht der Kraft des Väterlichen erliegen zu müssen.

Einen alternativen Interpretationszugang bietet Jameins sehr starke Identifizierung mit dem »Vater Staat«. Er spricht mehrfach davon, dass kriminelle Ausländer abgeschoben werden sollen:

»[D]ie Ausländer, die echt Scheiße machen: Abschieben. Einfach weg« (I 10, S. 21, Z. 22f.).

Auf der kognitiven Ebene unterscheidet Jamein sehr stark zwischen seinem eigenen Handeln und »wirklicher Kriminalität«. Diese in seinem Zusammenhang erstaunliche Form der Identifikation mit dem über viele Jahre als aggressiv-verfolgend erlebtem Staat ist sicher auch als allgemeiner Wunsch nach Partizipation an Macht zu verstehen, spezifisch aber auch als Teilhabe am »väterlichen Gesetz« (Dammasch 2008, S. 15). Sein reales kleinkriminelles Tun wäre in dieser Logik eine Abgrenzung von dem Herrschaftsprinzip des Vaters und entspräche einer notwendigen, wenn auch unreifen Form der Ablösung.

Anders als Jamein wohnen viele der Jugendlichen mit ihren Familien in Deutschland auf engstem Raum. Dass die Beziehungsmuster von gemeinsam im Exil lebenden Familien oft lebensnotwendig eng und gleichzeitig hochgradig beeinträchtigend sind, wurde an verschiedenen Stellen der Einzelfalldarstellungen aufgezeigt. In besonderer Weise wurde auf die krank machenden familiären Beziehungen von Walid und Ceylan verwiesen.

Ceylan ist dabei in so starker Weise für ihre Eltern verantwortlich, dass Gefühle der eigenen Ohnmacht und Schutzbedürftigkeit erst Raum finden können, als sie auf einer Klassenreise räumlich von den Eltern entfernt ist. Dort erleidet sie mehrfach Ohnmachtsanfälle und agiert eine eigene Bedürftigkeit, die zu Hause unmöglich einzufordern ist. Indirekt macht sie ihre Eltern jedoch dafür verantwortlich, dass sie möglicherweise in ein Land abgeschoben wird, dass sie mit Verfall und Gefahr gleichsetzt. Die übergroße Verantwortung gegenüber den Eltern mischt sich demnach auch mit Wut. Dies ist deutlich dem Ende der Interviewszene zu entnehmen. Ceylan versucht, die Interviewsituation zu verlängern, nicht nach Hause gehen zu müssen. Mit der Beteiligung an einem Interview hätte sie, sich selbst und ihren Eltern gegenüber, auch eine sozial adäquate Begründung für ihr familiäres Fernbleiben. In der Auswertungsgruppe löst diese Lebenssituation eine übermächtige Verzweiflung aus; aus dem Zusammenspiel der szenischen Information, Ceylans Verhalten und der agierten Ohnmacht kann eine große Menge an negativen Affekten gegenüber den Eltern rekonstruiert werden. Bewusst kann sich in dieser Situation Hass nur gegen den »Vater Staat« richten, was angesichts des für Ceylan quasi lebenslang geltenden Aufenthaltsstatus der Duldung hoch verständlich erscheint. Dennoch finden sich in diesem Hass auch verschobene, aus den familiären Beziehungen stammende Affekte.

Im Vergleich zu Ceylan, Walid oder Ibrahim erscheint das Verhältnis von Ali zu seiner Mutter weniger aufgeladen. Dennoch ist auch hier ein deutlicher Konflikt erkennbar. Einerseits ist Alis Mutter sehr für das Wohl der Söhne engagiert und hat unter großen Anstrengungen dafür gesorgt, dass Ali und sein Bruder nach Deutschland kommen konnten. Das »neue Leben«, das Ali benennt, bietet jedoch keinen inneren und zwischenmenschlichen Möglichkeitsraum, die Notwendigkeit des Exils zu thematisieren.

Fragen nach der Notwendigkeit des politischen Engagements im Iran, wenn es das Leben der Söhne so massiv beeinträchtigt hat, spielen im nonverbalen familiären Diskurs mit hoher Wahrscheinlichkeit eine bedeutsame Rolle. Auch für die vielfach erniedrigende und für Ali beschämende Lebenssituation in Deutschland ist (zumindest subjektiv) wesentlich die Mutter verantwortlich, die ihre aus der iranischen Mittelschicht stammenden Söhne in die stigmatisierende Existenz des Exils holte. Gerade die Unkenntnis der genauen Beweggründe für die Flucht dürfte diese negativen Gefühle gegenüber der Mutter verstärken.

Der Liebe zur Mutter dürften also in jedem Fall auch Gefühle der Wut gegenüberstehen, die von Ali jedoch abgewehrt werden müssen. Dabei ist die Notwendigkeit der Abwehr von ambivalenten Gefühlen nicht zuletzt in der äußeren Situation sowohl im Iran als auch als Asylbewerber in Deutschland begründet, bei der der familiäre Zusammenhalt jeweils die einzige sichere Bindungsmöglichkeit darstellt.

Existenzielle Ängste, Wut und Hassgefühle werden im familiären und intrapsychischen Diskurs auf die nonverbale Ebene zurückgedrängt. Sie stellen vor dem Hintergrund der historischen und aktuellen Lebenssituation keine bewältigbare Aufgabe der Adoleszenz dar, sondern werden als existenzielle Gefahren empfunden.

Teil III:
Pädagogische Konsequenzen und Ausblick

7. Pädagogische Arbeit mit zwangsmigrierten, traumatisierten Jugendlichen

7.1 Zur Notwendigkeit eines Paradigmenwechsels

Können pädagogische Konsequenzen als Ergebnis einer qualitativen, auf psychoanalytischer Theoriebildung basierenden Studie formuliert werden? Ganz sicher nicht, wenn die Herausarbeitung einer Handlungsanleitung für den Umgang mit traumatisierten, zwangsmigrierten Jugendlichen das Ziel wäre. Die Verschiedenheit der lebensgeschichtlichen Erfahrungen, die spezifischen Bedeutungen der traumatisierenden Sequenzen für das aktuelle Erleben und Verhalten des und der Einzelnen und die von den jeweiligen Beteiligten individuell zu initiierende Beziehungsgestaltung lassen derartige Pauschalisierungen nicht zu.

Unflexible Handlungsanleitungen, von denen es gerade in der Heil- und Sonderpädagogik eine große Anzahl gibt, geben Professionellen zwar vorgebliche Sicherheit in ihrem pädagogischen Wirken. Sie tragen im vorliegenden Fall mit ihrem vereinheitlichenden Charakter jedoch zur »Fremdethnisierung« (Steiner-Khamsi 1998, S. 369) der Jugendlichen bei. Letztere sind oft ohnehin zwischen den Wünschen nach Gleichheit und dem Erleben von Besonderheit, zwischen Assimilation und Abgrenzung zerrissen. Normativ ausgerichtete Trainingsprogramme würden die Außenperspektive anstelle der dringend benötigten Innenperspektive überstark betonen und vernachlässigten die in der qualitativen Forschung etablierte Ansicht, dass Identität nur aus den lebensgeschichtlichen Erfahrungen heraus zu verstehen ist (Ricker 2003).

Aus der vorgenommenen Analyse intersubjektiv relevanter Themenfelder können dennoch wichtige Rahmenbedingungen und Handlungsoptionen für die Arbeit mit jungen, zwangsmigrierten Menschen, deren subjektive Realitäten sich vielfach mit dem Begriff der *Sequenziellen Traumatisierung* fassen lassen, abgeleitet werden. So wie die Konzeption *Sequenzielle Traumatisierung* einen Zugang zum individuellen Verstehen langfristigen, hochgradig beeinträchtigten Erlebens bildet, kann die Formulierung pädagogischer Leitlinien einen relevanten Rahmen bieten, der pädagogisches Handeln im Kontext von Zwangsmigration und Trauma zu verbessern hilft. In diesem hochsensiblen pädagogischen Bereich fehlt es bislang trotz Ansätzen der Problembeschreibung fast gänzlich an Konzepten der gelungenen Intervention und Förderung (Bräutigam 2000; Neumann 1995). Vorhandene Interventionskonzeptionen beachten den individuellen Erlebenszusammenhang meist zu wenig und orientieren sich hinsichtlich der Bearbeitungsmöglichkeiten an einem recht einfachen Ursache-Wirkungs-Prinzip (vgl. Groninger et al. 2003).

Die Entwicklung eines geeigneten Rahmenkonzepts verlangt deshalb eine pädagogische Umorientierung in zweierlei Hinsicht: Erstens bedarf es der Ausformulierung neuer, sinnvoller Kategorien, die auf die unterschiedlichen lebensgeschichtlichen Belastungen Bezug nehmen und diesbezügliche Auswirkungen für die psychosoziale Entwicklung thematisieren. Eine solche Kategorisierung kann die Bildung von Subgruppen innerhalb der extrem heterogenen Gruppe der Schülerinnen und Schüler mit Migrationshintergrund sein, zu der in deutschen Großstädten etwa 40 Prozent aller Lernenden zählen (Flam/Schönefeld 2007, S. 35). So unterscheidet sich das Kind skandinavischer Akademiker wesentlich von dem ungelernter Eltern der Gastarbeitergeneration; beide wiederum sind durch ganz andere Lebensgeschichten geprägt als junge Flüchtlinge, seien sie mit oder ohne Familie nach Deutschland gekommen. Diese grundverschiedenen Selbst- und Fremderfahrungen interagieren mit gesellschaftlichen und politischen Tatsachen. So gelten einige der Migrantinnen und Migranten (kulturell ähnlicher Herkunft, äußerlich kaum von der autochthonen Bevölkerung zu unterscheiden) in aller Regel als willkommene Neuankömmlinge, Asylsuchende und Kriegsflüchtlinge hingegen als »Scheinasylanten«, bestenfalls als temporär Geduldete (Badawia et al. 2003; Schönwälder 1997). Die an sinnhaft gebildeten Subgruppen angelehnte Formulierung der Leitlinien ist auch eine an der realen schulischen Situation ausgerichtete Orientierungshilfe. Beispielsweise hätten mit ihrer Unterstützung Hilflosigkeit und Ohnmacht, die sich in vielen Schulen in den 1990er Jahren im Umgang mit den Flüchtlingen aus dem ehemaligen Jugoslawien breitmachte, schneller überwunden werden können.

Die mit den soeben genannten Kategorisierungen innerhalb der Lernenden mit Migrationshintergrund immer noch vorgenommenen Vereinfachungen und Pauschalisierungen dienen einer notwendigen Orientierung und schaffen Anhaltspunkte für die Entwicklungschancen und -barrieren der jeweiligen Gruppe Heranwachsender. Sie leugnen keinesfalls die Notwendigkeit eines darüber hinausgehenden individuellen, an historischem Faktenwissen und aktuellem Erleben und Verhalten orientierten Fallverstehens.

Letzteres bildet deshalb zweitens die zentrale pädagogische Leitlinie. Ein solches Verständnis verlangt, dass objektive, subjektive und szenische Informationen für die pädagogische Unterstützungsplanung genutzt werden. In ihrer sinnhaften Zusammenstellung haben die Informationen aus den drei Verstehensebenen nicht nur Aussagekraft hinsichtlich der lebensgeschichtlichen Erfahrung der Jugendlichen, sondern sind für das Verständnis der aktuellen (Beziehungs-)Bedürfnisse hoch bedeutsam (Argelander 1992).

Zielgerichtete pädagogische Förderung setzt demnach ein Verständnis der Interaktion von innen und außen, von subjektiven Realitäten der betroffenen Schülerinnen und Schüler mit den Rahmenbedingungen des deutschen Schulsystems und, darüber hinausgehend, der relevanten gesellschaftlichen und politischen Situation voraus (Akthar 2007; King 2005).

Kerngedanke eines solchen pädagogischen Rahmenkonzepts muss das unmittelbare Zusammenspiel von Verstehen und Handeln, dabei vornehmlich der »Arbeit an Objektbeziehungen« (Trescher 1990, S. 24) sein. Aus dem an der inneren Realität orientierten Verstehen lassen sich, so die berechtigte Annahme, meist direkt mögliche Handlungsoptionen ableiten. Hier ist demnach von einem Zusammenwirken von psychoanalytischen Entwicklungs- und Veränderungsvorstellungen und pädagogischem Handeln die Rede, womit auch ein Spannungsfeld eröffnet ist:

229

»Die Beziehung zwischen Psychoanalyse und Pädagogik ist schwierig.
[...] Denn zumeist erwarten sich die Pädagogen von der Psychoanalyse
nicht nur interessante theoretische Anregung, vielmehr erhoffen sie sich
irgendeine Art von Hilfe bei der Bewältigung von konkreten Problemen
der pädagogischen Praxis, eine Hoffnung, die wir dann oft enttäuschen
müssen« (Figdor 2006, S. 167).

Datler (2005) weist jedoch darauf hin, dass der vorgeblich eindeutige Gegensatz zwischen Pädagogik einerseits und Psychoanalyse
andererseits vielfach so klar nicht gezogen werden kann. Dennoch
erscheint es für den vorliegenden Zusammenhang nicht hilfreich, die
psychoanalytisch-therapeutische Behandlung wie Datler (2005, S. 14)
als »Spezialfall von pädagogischer Praxis« zu begreifen. Vielmehr
müssen die eigenen Ressourcen von Schule, die aus dem pädagogisch-
psychoanalytischen Verstehen und Handeln entstehen, herausgeho-
ben werden. Schule trägt demnach (bis auf wenige Ausnahmen im
heilpädagogischen Arbeitsfeld) keinen therapeutischen Charakter,
pädagogische Arbeit kann jedoch sehr wohl auch therapeutische Wirkung haben.

Die Anwendung psychoanalytischen Verstehens und Handelns für
den pädagogischen Kontext setzt jedoch (dabei unterscheidet sich die
hier vorgeschlagene Herangehensweise von der Figdors [2006]) ein Zu-
sammenspiel von individueller und institutioneller Veränderung voraus.
Es ist davon auszugehen, dass Lehrerinnen und Lehrer in der heutigen
Schulsituation, zumindest an allgemeinen Schulen, vielfach derart in
Zwänge und »objektive Notwendigkeiten« verstrickt sind, dass das
Auffinden »punktueller Interventionen« (ebd., S. 51) und geeigneter
Beziehungsaufbau verunmöglicht wird. Empathie, Selbstreflexion und
Introspektion als Ziele psychoanalytisch orientierter Pädagogik (Trescher
1987) bedingen einen Rahmen, in dem diese Haltungen erstens gefördert
werden und zweitens sich Lehrende in ihrem Handeln und auch Scheitern
gehalten und wertgeschätzt fühlen können.

Ein Junktim zwischen institutioneller und organisationeller Veränderung einerseits und persönlicher Weiterentwicklung andererseits
zu proklamieren, heißt gleichfalls aber auch, dass rein äußere Veränderung kaum zu einer Besserung der Beziehungssituationen führen
wird.

7.2 Pädagogisches Verstehen und Handeln vor dem Hintergrund sequenzieller Traumatisierung

7.2.1 Lebensgeschichtliches Verstehen in der Schule

Pädagogische Praxis steht »im Spannungsfeld [...] zweier Grundorientierungen« (Lotz 2008, S. 217): Ein an »funktionalen Bestimmungsmomenten« (ebd., S. 217) orientiertes, vielfach noch traditionell-hierarchisches Miteinander lässt kaum Raum für individuelles Erleben. Die pädagogischen Beziehungen werden dabei vorrangig hinsichtlich der erfolgreichen Anpassung an die schulischen Normen beurteilt (Figdor 2006; Grüttner 2003). Triebbedürfnisse, Emotionalität und Individualität werden im (teils notwendigen) Zwangscharakter der Schule eher, manchmal gänzlich, unterdrückt.

Gleichermaßen ist der Zusammenhang zwischen kognitiver und sozial-emotionaler Entwicklung zumindest in der Sonderpädagogik »längst zum Allgemeinplatz geworden« (Katzenbach/Ruth 2008, S. 61). Vor allem in Konzeptionen inklusiver Pädagogik sollen Individualität und ganzheitliches Lernen ihren Platz finden, Triebbefriedigung und emotionales Wachstum zumindest partiell ermöglicht werden (vgl. Sander 2004). Gerade für Lernende mit schweren Beeinträchtigungen der sozial-emotionalen Entwicklung, unter ihnen die traumatisierten Jugendlichen, stellen sich dabei jedoch neue Herausforderungen, die an dieser Stelle nicht ausführlich diskutiert werden können. Auch ist einzuwenden, dass die Übertragung der diesbezüglichen Leitideen in die pädagogische Praxis nicht in größerem Umfang vorangekommen ist.

Der Orientierung an Normen und Institutionen steht demnach das Ziel der individuellen und ganzheitlichen Persönlichkeitsentwicklung in der Schule gegenüber. Ein solches, für die schulische Interaktion hochgradig prägendes dialektisches Verhältnis kann nur sinnvoll ausgestaltet werden, wenn wesentliche subjektive Erfahrungswelten der Schülerinnen und Schüler bekannt sind. Nur dann können die normativen Aspekte der Pädagogik lebensgeschichtliche Bedeutung für die Lernenden erhalten, alltägliches Lernen aus Erfahrung Bestandteil schulischer Pädagogik sein (Zimmer/Feldhaus 1998).

Das hier allgemein skizzierte Spannungsfeld gewinnt besondere Brisanz im Kontext von Zwangsmigration und Traumatisierung. Die in Kapitel drei entfalteten spezifischen Lern- und Verhaltensvoraussetzungen zwingen dazu, die lebensgeschichtlichen Erfahrungen dieser jungen Menschen zumindest temporär in das Zentrum pädagogischer Tätigkeit zu stellen. Eine solche auf Beziehungsarbeit ausgerichtete Pädagogik kann sich den allgemein anerkannten Normen jedoch nicht verschließen, insofern sie sich als Bestandteil von explizit schulischer Förderung verstehen will. Im Gegenteil: Das oben genannte Ziel einer Arbeit an und mit subjektiven Erfahrungswelten bedingt die Etablierung eines an Subjekten ausgerichteten Denkens im Kontext regel- und normengeleiteter Pädagogik. Ziel ist es, mithilfe eines solchen, psychoanalytisch fundierten Verstehens und Handelns einen subjektiv bedeutsamen, haltenden Rahmen zu schaffen und entleerte Zwangsräume weitestmöglich zu vermeiden (Benner 2001).

Im psychoanalytischen Verständnis kann ein Verstehen subjektiver Realität stets nur aus dem sinnvoll gedeuteten Zusammenspiel bewusster, vorbewusster und unbewusster Bedeutsamkeiten gewonnen werden. Die drei korrespondierenden Informationsebenen (objektiv, subjektiv, szenisch) werden im schulischen Verstehen jedoch unterschiedlich stark wahrgenommen, die Bedeutung subjektiver und szenischer Daten nicht selten auch gänzlich verleugnet.

Objektive Informationen über Schülerinnen und Schüler sind in der Schule am ehesten bekannt: Die familiäre Situation der Jugendlichen sollte bei der Aufnahme in die Schule erfragt werden. Die sprachliche und ethnische Herkunft der Lernenden bildet vielfach bereits eine Grundlage für eine angemessene pädagogische Förderung. Auch potenziell traumatisierende soziale Erfahrungen (zum Beispiel mit Flucht und Vertreibung) sowie vorhandene körperliche oder geistige Beeinträchtigungen können ohne aufwendiges sonderpädagogisches Feststellungsverfahren ermittelt werden.

Kenntnis über subjektive Erlebenswelten kann in der Schule gewonnen werden, insofern sie als sinnhafte Beiträge zum gemeinsamen Lernen verstanden werden. Schulsozialarbeit, aber auch künstlerische Lernformen, zum Beispiel Theaterpädagogik, können hier geeignete Interaktionsformen und somit Informationssettings darstellen. Das In-Erfahrung-Bringen von individuellen Bedeutungszuschreibungen ist ein wesentlicher Bestandteil des Beziehungsaufbaus und wird Lernen oft erst wieder ermöglichen.

Zur Gewinnung szenischer Informationen bedarf es erstens einer entsprechenden Qualifikation der Lehrerinnen und Lehrer. Die Erfüllung dieser essenziellen Bedingung psychoanalytischer Pädagogik stellt große Anforderungen an die mitmenschlichen Fähigkeiten der Professionellen. Sie benötigt zweitens die Unterstützung durch organisationsbezogene, reflexionsförderliche Angebote wie Supervision und kollegiale Fallberatung. Sollen derartige Angebote sinnvoll genutzt werden, müssen sich Professionelle als unterstützungswürdig und hilfsbedürftig erleben (Grüttner 2003). Dies ist, so muss angenommen werden, für viele Lehrerinnen und Lehrer ein Bruch mit ihrem bisherigen, auf Kontrolle und Steuerbarkeit des Unterrichtsgeschehens bezogenen Professionalisierungsbild. Auf beide Ebenen, Professionalisierung und Organisationsentwicklung, komme ich in Kapitel 7.3 zurück.

Pädagogisches Verstehen bedeutet somit die Entschlüsselung individueller Lebenserfahrungen und Erlebensmodi. Es ist somit als *Szenisches Verstehen* im Sinne des in dieser Arbeit genutzten Zugangs zu bezeichnen. Pädagogisches Verstehen orientiert sich am aktuell dargestellten Geschehen und den Bedürfnissen der Kinder und Jugendlichen in der konkreten Situation. Diese konkreten Situationen liefern »einen Ansatzpunkt dafür […], die ihnen immanente Struktur szenisch verstehend zu erfassen und in einen sprachlichen Zusammenhang überführen zu können« (Heinrich 1994, S. 89).

Traumapädagogische (Beziehungs-)Arbeit in der Schule bedingt dabei in besonderer Weise ein Verstehen des Zusammenwirkens äußerer Lebensgeschichte und innerer Verarbeitungsmodi. Dies lässt sich auch anhand der qualitativen Studie dieser Arbeit gut nachvollziehen:

Die im vorhergehenden Kapitel dargestellten, intersubjektiv für die Jugendlichen bedeutsamen Erlebensmodi konnten in den entsprechenden Schulen deshalb kaum Beachtung finden, weil sie aus rein objektiven und dem Bewusstsein zugänglichen subjektiven Daten meist nicht ersichtlich waren. Ungesunde, weil traumatisch-unreflektierter Vergangenheitsverarbeitung dienende Handlungsmuster fanden deshalb in der Schule vielfach Unterstützung, weil die latent kommunizierten oder gänzlich tabuisierten und nur inszenierbaren Lebensthemen nicht erkannt wurden. So wurde zum Beispiel der übersteigerte Leistungsgedanke rein äußerlich als Aspekt besonderer Integrationsbemühungen interpretiert, die innerlich hoch belastende, weil irreale Seite des Leistungsstrebens nicht erkannt.

Die damit skizzierten besonderen Herausforderungen für Lehrende und Institutionen sind ursächlich verantwortlich für den Mangel an lebensgeschichtlich orientierten Konzeptionen für die schulische Praxis. Einzelne Falldarstellungen (Heinemann 2003) bleiben singulär und dienen bisher kaum der Verbreitung eines derartigen Ansatzes.

7.2.2 Beziehungsarbeit und Fördernder Dialog mit (zwangs-) migrierten Jugendlichen

7.2.2.1 Beziehung als traumapädagogische Herausforderung

Ein pädagogisches Verstehen, so wie es im vorhergehenden Kapitel entwickelt wurde, erlaubt die Entschlüsselung der historischen und aktuellen Beziehungsmuster. Der Begriff der Beziehung ist im vorliegenden Kontext in zweierlei Hinsicht von hoher Relevanz: Erstens, weil er das Entstehungsfeld der *Sequenziellen Traumatisierung* beschreibt. Die traumatischen Erfahrungen entstehen oder manifestieren sich in gestörten Beziehungen zu sich selbst und zu anderen. Zweitens, weil sich diese Erlebenswelten in aktuellen Beziehungsgestaltungen, nicht zuletzt in der Schule, wiederholen. Das Verstehen der Prozessdynamik von Beziehungen und mit ihr der von den Beteiligten geprägten institutionellen Dynamik bietet deshalb den bedeutsamsten Zugang zum Erleben und daraus folgenden Verhalten der Jugendlichen (Leber et al. 1989; Lorenzer 1973; Hirblinger 2003).

In den Einzelfalldarstellungen konnte aufgezeigt werden, wie stark die familiären Beziehungsmuster der Jugendlichen auf die Erfahrungen der Zwangsmigration konzentriert sind, somit für die Jugendlichen kaum Raum für individuelles menschliches Wachstum verbleibt. Oft dienen auch die Beziehungen in der Peergroup der Abwehr traumatischer Ängste, besonders dann, wenn diese massiv verleugnet werden, wie in Julias Fall. Derartige Beziehungen sind insofern deutlich gestört.

Es lassen sich, an obige Überlegungen anschließend, zwei pädagogische Kernthemen in der Arbeit mit zwangsmigrierten Jugendlichen formulieren:

Die *aktuellen Beziehungen* müssen im Sinne einer Traumapädagogik gestaltet werden. Dabei stehen die spezifischen Bedürfnisse des und der Einzelnen, wie sie sich aus den objektiven, subjektiven und szenischen Daten ergeben, im Mittelpunkt der Beziehungsgestaltung seitens der Pädagoginnen und Pädagogen. Die *traumatischen historischen Beziehungserfahrungen der Jugendlichen* zu sich selbst und zu anderen dürfen nicht verleugnet werden, sind stattdessen als Teil eines verbalen und nonverbalen pädagogischen Miteinanders zu akzeptieren. Dabei müssen Wege gesucht werden, diese lebensgeschichtlichen Erfahrungen zu bearbeiten.

Anhand der Falldarstellungen dieser Arbeit konnte herausgearbeitet werden, dass die schulischen Beziehungen im Kontext traumatischer Realität in besonderer Weise mit elterlichen Objekten in Verbindung stehen. Sei es, weil der Lehrer als starker, aber auch schützender Vater fantasiert wird wie bei Linh oder aber engere Bindungen vermieden werden, weil sie die fragilen familiären Beziehungen sonst innerpsychisch gefährden könnten wie bei Ceylan. Derartige Übertragungsvorgänge können zweifelsohne als Bestandteil jedweder pädagogischer Beziehung verstanden werden. Im Kontext traumatischen Erlebens gewinnen sie jedoch erstens eine spezifische Qualität, da eine traumatische Übertragung in besonderer Weise durch Nicht-Symbolisierbarkeit und die Möglichkeit der Manipulation der aktuellen Beziehung gekennzeichnet ist. Ihre Nicht-Entschlüsselung ist zweitens besonders folgenreich, da die aktuelle Beziehung etwa durch Abbruch ein Teil *Sequenzieller Traumatisierung* werden kann. Beziehungsarbeit mit zwangsmigrierten, traumatisierten Lernenden muss demnach besonders sensibel auf die Reflexion von zugrunde liegenden Beziehungsmustern hinarbeiten, ohne die familiären Bindungen für die Jugendlichen subjektiv zu gefährden.

Ein solches pädagogisches Handlungsmodell versteht sich als anschlussfähig an die Konzeption des *Fördernden Dialogs*, wobei die beiden das Konzept fundierenden Grundformen des Handelns, Halten und Zumuten, in besonderer Weise an traumaspezifischen Bedürfnissen der Jugendlichen ausgerichtet werden.

Aufgabe des Fördernden Dialogs ist es, »daß hier Lebens- und Entwicklungsmöglichkeiten[, die] verschüttet sind, [...] wie Schätze gehoben, d. h. ›gefördert‹ werden müßten« (Leber 1988, S. 42). Die Terminologie der Verschüttung von Entwicklungen, die sich in der innerpsychischen Realität ausdrückt, bezieht sich dabei sowohl auf nie gemachte Entwicklungen als auch auf Verluste von vorhandenen Fähigkeiten aufgrund von regressionsfördernden traumatischen Erfahrungen. Das Dialogische betont die Bedeutung von Kommunikationsprozessen zur Bearbeitung von traumatischen lebensgeschichtlichen Sequenzen. Die inhaltliche Gleichsetzung von »Dialog« und »Beziehung« durch Leber (1988) unterstreicht den zwischenmenschlichen Charakter, der dieser pädagogischen Handlungsform eigen ist (Heinrich 1994).

So wie Leber (1988, S. 45) vom Traum schreibt, so ist auch hinsichtlich wiederkehrender Inszenierungen in der Schule davon auszugehen, dass in ihnen ein »die Befindlichkeit wesentlich bestimmendes Lebensproblem zum Ausdruck gebracht wird. Weil es [die Person] bisher nicht wirklich bewältigen konnte, blieb es dem ›Wiederholungszwang‹ unterworfen.« Die subjektiven Bearbeitungsstrategien, familiären Konstellationen und gesellschaftlichen Tabus bedingen, dass vielerlei traumatische Erfahrungen zwangsmigrierter Jugendlicher gänzlich oder teilweise unbewältigt bleiben.

Grundbedingung für gelungenes *Verstehen und Intervenieren* (Titel des Buchs von Heinrich 1994) ist also die Ermöglichung intensiver Beziehungsarbeit in übersichtlichen Gruppen. Psychoanalytische Pädagogik wird tatsächlich kaum in Settings zur Entfaltung kommen können, in denen die Bedeutung des und der Einzelnen aufgrund der Gruppengröße notgedrungen herabgewürdigt wird. Der Rückzug vom Pädagogischen ins Didaktische erscheint dann nur folgerichtig (Rauh 2003). Auch verschiedene Jugendliche dieser Studie beschrieben sich als nur einer einzelnen Person gegenüber vertrauensvoll. Zu überprüfen wäre, ob eine Zusammenarbeit mit der Klasse seitens mehrerer Lehrender bei intensiver Kooperation zwischen diesen als Alternative, möglicherweise sogar als Gewinn für die anstehende Beziehungsarbeit gesehen werden kann. Die Belastungen des (Aus-)Haltens der regressiven und zerstörerischen Inszenierungen und konflikthaften Beziehungsdynamiken könnten so verteilt und in gemeinsame förderliche Dialoge überführt werden (Münch 1984; v. Freyberg/Wolff 2006). Für die Jugendlichen entspräche dies einer nachgeholten oder ersatzweisen Form der Triangulierung, die eine auf Halten und Zumuten ausgerichtete Beziehung nicht mehr nur in Zweisamkeit vorstellbar erscheinen lässt. Der Schutzraum des engen, klassisch-sonderpädagogischen Settings ist demnach vielfach notwendig, seine Auflösung aber ein Ziel an Beziehung orientierter Pädagogik bei Traumatisierung.

7.2.2.2 Halten und Zumuten bei Zwangsmigration und Traumatisierung

Die Idee des Haltens und Zumutens wird von Leber (1988) sowie Leber et al. (1989) in pädagogischer Perspektive kaum ausgeführt. Bis auf die vielzitierten, weil weitgehend singulären Fallanalysen bei Heinemann (2003) und Heinrich (1994) verbleibt auch die psychoanalytisch-pädagogische Forschung meist vage hinsichtlich der Nutzbarkeit der Konzeption. Der Gebrauch der Begrifflichkeiten *Szenisches Verstehen* und *Fördernder Dialog* und ihre tatsächliche Fundierung stehen insofern in einem deutlichen Missverhältnis. Die Nicht-Konkretisierung psychoanalytischen Vokabulars für die pädagogische Praxis ist bedauerlich, da davon ausgehend oft auf die Nicht-Realisierbarkeit entsprechender Konzeptionen in schulischen Settings geschlossen wird.

Die Traumapädagogik (die als Wissenschaft noch am Beginn einer Entwicklung ist) hat sich bislang vor allem Fragen der entsprechenden Heimerziehung gewidmet. So soll bei traumatisierten Kindern und Jugendlichen das Selbstverstehen und die Selbstwahrnehmung pädagogisch gefördert, demnach der Rahmen für die Entwicklung eines positiven Selbstkonzepts abgesteckt werden. Wichtigste Rahmenbedingung sei demnach ein *Sicherer Ort*, der in spezifischer Art auf traumabezogene Belastungen reagiert. Angst und Willkür sollen, so allgemein wird es bisher gehalten, durch Sicherheit und Transparenz ersetzt werden, dem traumatypischen Geheimhaltungssystem eine Enttabuisierung des Erlittenen und offene Kommunikation gegenüberstehen (Bausum et al. 2009; Weiß 2005). Konkretisierungen dieser Ansätze stehen noch aus, im Mittelpunkt steht jedoch deutlich eine haltende Beziehungsarbeit. Jene Aspekte sind sehr gut anschlussfähig an die spezifischen Bedürfnisse der zwangsmigrierten Jugendlichen.

Ergänzend dazu können beispielhafte Formen des Zumutens im Hinblick auf zentrale Aspekte des Erlebens und Verhaltens der in den Falldarstellungen beschriebenen zwölf Jugendlichen entwickelt werden. Dabei können die von Heinemann (2003) entwickelten Kategorien genutzt und entsprechend der Fragestellung weiterentwickelt werden. Die konkreten Interventionsmöglichkeiten ergeben sich aus einem aktuellen pädagogischen Verstehensprozess und beziehen sich auf zentrale, von den Jugendlichen dargestellte Szenen. Aufgrund der Bedeutung dieser Szenen ist aber davon auszugehen, dass solcherart pädagogische Antworten über die aktuelle Situation hinausgehende Bedeutung für das Erleben der Jugendlichen haben.

Spezifität des *Nicht-genetischen Deutens* ist es, nicht die lebensgeschichtlichen Belastungen zu interpretieren, sondern an den aktuellen Bedürfnissen der Jugendlichen anzusetzen.

Am Beispiel Linhs, der seinen Klassenlehrer aggressiv abwertet, lässt sich dieser Ansatz beispielhaft nachvollziehen: Ein Deutungsangebot des Klassenlehrers an Linh könnte in etwa heißen: »Ich verstehe dich so, dass du dir einen starken Klassenlehrer wünschst, der dich und die anderen in der Klasse führt. Vielleicht traust du dir selbst diese Lebensführung noch nicht zu.« Dabei wäre nicht ausgeschlossen, dass sich der Fördernde Dialog auch auf die nie gekannte Vaterfigur ausdehnt. Diese für Linh belastende Deutung wäre jedoch nicht primäre Aufgabe des Pädagogen und erforderte eine langfristige Beziehungsarbeit. Das aktualgenetische Deutungsangebot schafft erst den Rahmen, in dem auch über den kompletten Verlust familiärer Bindungen gesprochen werden kann, nicht muss (Gómez 1995). Grundlage und Ziel gleichermaßen muss deshalb stets der haltende Rahmen sein, der ein sensibles Angebot der Reflexion eigenen Erlebens und Verhaltens ermöglicht.

Hilfs-Ich-Funktionen übernimmt etwa Ibrahims Klassenlehrer, wenn er zwischen den übergroßen Assimilationsanforderungen des Über-Ichs und den Zerstörungsimpulsen des Es vermittelt. Die synthetische Funktion der Vermittlung zwischen den Instanzen kann dabei noch nicht von Ibrahim selbst ausgeübt werden. Über das Interesse an der Person und die Wiederholung von Aufgaben erreicht der Lehrer jedoch eine Stärkung von Ibrahims Ich-Funktion. Über eine projektive Identifikation Ibrahims mit dem Lehrer kann nach und nach Ibrahims eigene synthetische Funktion gestärkt werden (Heinrich 1994).

Traumatisierte Kinder und Jugendliche brauchen den haltenden Rahmen, der ihnen Schutz vor den angstauslösenden Aspekten der Traumatisierung verschafft. Melzak (1995) betont jedoch auch, dass die Annäherung an die (familiäre) Belastungsgeschichte ebenso ein wesentlicher Aspekt innerer und äußerer Integration ist. Für Ali könnte die *Konfrontation mit der Realität* also in der schrittweisen Loslösung von den kindlichen Fantasien über das Leben im Iran liegen. Das Wissen von den realen Fluchtnotwendigkeiten der Mutter würde zur Verankerung der hoch ambivalenten Beziehung in der Realität beitragen. Konfrontation mit der Realität als Zumutung kann auch die Abschätzung der Möglichkeiten der Jugendlichen, etwa schlechte Noten auszuhalten, bedeuten. Bei einigen der Jugendlichen dieser Studie wird die Realität mithilfe von Größenfantasien abgewehrt. Diese werden durch die Fremdheit der Eltern mit dem deutschen Bildungssystem oft noch verstärkt. So besteht die Konfrontation mit der Realität in Walids Fall demnach darin, mit ihm seine aktuellen schulischen Möglichkeiten abzuschätzen und an deren Nutzung zu arbeiten. Dies wäre ein wesentlicher Beitrag zur Loslösung von den krankmachenden familiären Leistungsfantasien. Für Ceylan könnte die Konfrontation mit der Realität in Unterrichtssequenzen zu ethnischen Konflikten im Herkunftsland bestehen, womit ihre Fantasien über die Fluchtgründe der Eltern durch Wissen über die Gegebenheiten vor Ort zumindest partiell ersetzt werden könnten. Realistische Kenntnis über die heutige Türkei trüge darüber hinaus zur Entdämonisierung der Rückkehroption sowie zur Schaffung einer eigenen, im Heute verankerten Weltsicht bei.

Symbolische Konfliktverarbeitung findet im schulischen Kontext dort statt, wo zentrale Erlebenssequenzen der zwangsmigrierten Jugendlichen zum Thema pädagogischer Arbeit werden. Diese können auch abstrakter Natur und in Unterrichtsthemen eingebunden sein. Symbolisch können viele Konflikte ebenso in theaterpädagogischen Methoden thematisiert und bearbeitet werden. Die prägende Ambivalenz zwischen extremer sozialer Abhängigkeit und psychischer Ungebundenheit etwa kann in affektzentrierten Theaterformen gut herausgearbeitet werden. Eine Analyse von Theaterstücken mit jugendspezifischen Themen kann einen Übergang zur Entwicklung eigener Szenen darstellen. In dem noch schützenden Raum der Rolle werden eigene intra- und innerpsychische Konflikte thematisierbar (Rellstab 2000). Ceylans Falldarstellung hat aber gezeigt, dass dort, wo Jugendliche als deutlich traumatisiert gelten müssen, auch solcherlei pädagogische Arbeit nur hoch sensibel angewandt werden darf. Eine weitergehende psychologische Unterstützung für die betroffenen Schülerinnen und Schüler ist dann unverzichtbar.

Heinemann (2003, S. 81f.) beschreibt die *Gelegenheiten zur Wiedergutmachung* sehr stark in Verbindung mit der Übernahme von Hilfs-Ich-Funktionen. Bei Schülern und Schülerinnen mit aggressiv-ausagierenden Verhaltensweisen, wie sie unter anderem für Ibrahim beschrieben wurden, ist dies ein wichtiger Aspekt, um die Gefühle der übermächtigen Hilflosigkeit und Wut zu überwinden und die Beziehungen in der Peergroup zu verändern. Möglicherweise lässt sich der Gedanke der Wiedergutmachung im Kontext von *Sequenzieller Traumatisierung* auch noch in anderer Hinsicht interpretieren: Können die Jugendlichen mit ihren multiplen Verletzungen besser umgehen, wenn sie symbolische Wiedergutmachung durch Vertreter des verfolgenden Staates in der Schule erleben? Bringt es psychische Stabilisierung, wenn sich Beamte des deutschen Staates in schulischen Diskussionen für ein Bleiberecht aussprechen? Können möglicherweise vergangene Verfolgungen symbolisch bearbeitet werden, in dem sich die Schulklasse mit einem Thema auseinandersetzt und so die erlittenen Verletzungen mitbetrauert werden können? Solche symbolischen Wiedergutmachungen seitens als verfolgend oder ignorant erlebter Instanzen können zumindest ein wesentlicher Beitrag zur inneren Deentfremdung der Jugendlichen sein.

Hier liegt ein vielseitiges Interaktionsfeld im schulischen Kontext, das multiple Handlungsansätze bietet. Bei der Umsetzung müssen jedoch stets die individuellen Belastungsgrenzen und die erreichte Interaktionssituation mitbedacht werden.

Die Anerkennung eines sequenziell-traumatischen Prozesses bedeutet darüber hinaus immer, die äußere, aktuelle Lebenssituation der Jugendlichen als Teil der gestörten Beziehungssituation zu begreifen. Pädagogisches Handeln muss deshalb auch Möglichkeiten in den Blick nehmen, die reale soziale Lebenssituation der zwangsmigrierten Jugendlichen zu verändern.

7.3 Zur Professionalisierung von Lehrerinnen und Lehrern sowie zur Institutionsentwicklung

Die Professionalisierung von Lehrerinnen und Lehrern ist unteilbar mit einer Institutionsentwicklung, die die Bedürfnisse der Lernenden in den

Mittelpunkt stellt, verbunden. Beide Aspekte bilden die Voraussetzung, um subjektiv relevante, haltende und zumutende Pädagogik für zwangsmigrierte Jugendliche zu ermöglichen. Hinsichtlich der notwendigen Persönlichkeitseigenschaften und inneren Haltungen von Lehrerinnen und Lehrern ist durchaus auch an allgemein menschliche, kaum zu erlernende Fähigkeiten zu denken. Dies kann hier nicht ausführlich diskutiert werden. Jedoch scheint klar, dass der fachlichen und menschlichen Eignung angehender Lehrerinnen und Lehrer vom Beginn des Studiums an viel mehr Aufmerksamkeit geschenkt werden muss. Die persönlich und beruflich herausfordernden Weiterentwicklungsanforderungen an Professionelle in der pädagogischen Arbeit werden jedoch weitgehend wertlos, wenn sich die Institution Schule nicht in entsprechender Art und Weise entwickelt. Sie muss nicht nur hinsichtlich der Klassengröße und Stundenanzahl professionelles Lehrerhandeln ermöglichen, sondern Prozesse der Selbstreflexion und Kooperation explizit fördern und einfordern. Auch hier lassen sich demnach die zwei Ebenen, das Innere im Sinne der persönlichen Professionalisierung und das Äußere im Sinne der Arbeitsbedingungen, zwar theoretisch unterscheiden, praktisch ist ihre Entwicklung jedoch nur gemeinsam vorstellbar. So sie nicht gemeinsam prozesstragend sind, werden wesentliche Ziele subjektiv angepasster Pädagogik zwangsläufig scheitern. Wenn, diese Arbeit abschließend, hier Entwicklungsbereiche für Professionelle formuliert werden, müssen demnach stets auch die institutionellen und organisatorischen Notwendigkeiten, die damit einhergehen, mitbedacht werden.

7.3.1 Pädagogische und fachliche Kompetenz

Pädagogische Professionelle bringen meist eine große Menge an Kompetenz in den Arbeitsalltag ein. Lehrerinnen und Lehrer haben ein ausgeprägtes Fachwissen, oft ergänzt durch eine gute Methodenkenntnis. Sozialarbeiterinnen und -arbeiter wissen um verschiedene Beratungskonzepte, kennen einschlägige Gesetzgebungen und sind in der Lage, individuelle Hilfepläne zu erstellen. Dies alles sind wichtige Fähigkeiten in einer Arbeit, die die Förderung von Kindern und Jugendlichen mit unterschiedlichen Begabungen und Beeinträchtigungen in den Mittelpunkt stellt.

Dennoch, und dies scheint ein übergeordnetes Problem zu sein, fehlt es vielfach an der Fähigkeit, Kinder und Jugendliche pädagogisch im hier genutzten Sinn zu verstehen und entsprechend zu handeln. Das heißt, Schülerinnen und Schülern wird weder ein Spiegel noch ein Container für ihre inneren Konflikte angeboten (Bion 1990). Eine solche Professionalisierung der in der Schule Tätigen ermöglichte jedoch eine weitergehende menschliche und, daraus hervorgehend, auch fachliche Förderung der Kinder und Jugendlichen. Die Grundlage derartiger Qualifikation bildet die Fähigkeit, reflektiert Beziehungen eingehen und diese gestalten zu können. Die hier gemeinte fachliche Kompetenz besteht im

»[…] Oszillieren zwischen Nähe und Distanz, zwischen unmittelbarer Teilhabe und distanzierter Reflexion des *gemeinsamen* Beziehungsgeschehens. Ist die Teilhabe für die Wahrnehmung und Erfahrung der Beziehungsdynamik notwendige Bedingung, so bietet die reflektierte Distanzierung (nicht zuletzt auch von den eigenen Affekten, Wünschen etc.) erst die Gewähr dafür, daß auch unbewußte Themen, die von dem Klienten (oder einer Gruppe) in den pädagogischen Dialog eingebracht werden und in deren Inszenierung der Pädagoge einbezogen wird, verstanden werden können« (Trescher 1990, S. 184).

Eine damit benannte psychoanalytisch-pädagogische Kompetenz wird fundiert durch ein Fachwissen, das auf drei Wissensbereiche rekurriert:

Erstens auf die allgemeine Entwicklungspsychologie, auf die dort formulierten phasenspezifischen Herausforderungen und damit verbundene Erlebens- und Verhaltensbereiche (Erikson 1973). Etwaige Störungen des Erlebens und Verhaltens können vor dem Hintergrund nicht bewältigter Entwicklungsherausforderungen besser verstanden werden (Fickler-Stang 2009).

Zweitens auf die Kenntnis gruppenspezifischer psychosozialer Erlebens- und Verarbeitungsmodi. Das Wissen um geteilte lebensgeschichtliche Erfahrungen zum Beispiel zwangsmigrierter Jugendlicher und daraus hervorgehender ähnlicher Erlebensmodi liefert notwendige Orientierungen und Anhaltspunkte für die Entwicklungschancen und -barrieren der jeweiligen Gruppe Heranwachsender (D. Zimmermann 2009).

Drittens auf das Wissen um die besondere Bedeutung lebensgeschichtlicher Krisen und Traumata, die sich in spezifischen inneren, interpersonalen und institutionellen Abwehrstrukturen widerspiegeln (Mentzos 1988). Nur mit einer derartigen Fachkompetenz scheint *Unmittelbare Teilhabe* und *Szenisches Verstehen* in der Beziehung mit als schwierig empfundenen Kindern und Jugendlichen möglich zu sein. Ein Teil der klassischen (sonder-)pädagogischen Qualifikationen, im Besonderen die Fähigkeit zur Selektion in Beeinträchtigungskategorien, verliert vor dem Hintergrund des Primats individuellen Verstehens in der Beziehung massiv an Bedeutung (D. Zimmermann 2009). (Sonder-)pädagogische Diagnostik, die an äußeren Erfahrungen und innerem Erleben der Kinder interessiert ist, kann es nur als Teil der Beziehungsarbeit geben. Etablierte Formen der Diagnostik mittels Testverfahren, oft durchgeführt von einer dem Kind oder Jugendlichen kaum bekannten Person, können zu keinem die innere Welt beachtenden Ergebnis gelangen. Das Primat der Beziehung zur Erlangung eines Verständnisses der spezifischen Bedürfnisse eines Schülers/einer Schülerin hat besondere Bedeutung, wenn *Trauma als sonderpädagogische Kategorie* genutzt werden soll.

Aus den hier beschriebenen Entwicklungsbereichen von Professionellen lassen sich einige Veränderungsnotwendigkeiten für die Institution Schule ableiten. Fast immer kennzeichnet das soziale System Schule noch das von Münch (1984, S. 31) beschriebene Organisationsprinzip:

»Die Schule ist für Schüler durch die Mitgliedschaft, Leistungsprinzip und Anpassungsdruck ein von Zwang gekennzeichnetes System.«

Zu ergänzen wäre, dass selbige Wirkmechanismen ebenso für Lehrende gelten. *Unmittelbare Teilhabe* am Erleben der Kinder und Jugendlichen und *Pädagogisches Verstehen* lassen sich jedoch nur verwirklichen, wenn die Schule Räume bereitstellt, in dem nicht-regressive und nicht dem Wiederholungszwang unterliegende Beziehungsmuster realisiert werden können. Die »vertikale Führungsstruktur« (ebd., S. 27) der Schule unterstützt die interpersonalen und institutionellen Abwehrstrukturen, die sich aus gestörten verinnerlichten Beziehungserfahrungen ergeben (dies gilt für alle Beteiligten). Eine zwingende Weiterentwicklung der Schule besteht demnach in der Enthierarchisierung der Institution, die selbstbestimmtes Handeln von Lehrerinnen und Lehrern erst ermöglicht. Eine solche erlaubt die Ausrichtung des Unterrichts an »Schlüsselthemen« der Lernenden, im Besonderen das

Eingehen auf lebensgeschichtliche Krisen und damit die Förderung der Bewältigung von verinnerlichten Belastungen (Zimmer 1999).

7.3.2 Reflexion und Supervision

Fachliche Kompetenz, auch wenn sie wie hier als Fähigkeit zur entwicklungspsychologisch und gruppenspezifisch fundierten Beziehungsgestaltung aufgefasst wird, kann ohne geeignete Formen der Reflexion ihren professionellen Anspruch kaum aufrechterhalten.

> »Wichtiger scheint zu sein, den Lehrern durch regelmäßige *Supervision* die Gelegenheit zu geben, schwierige Fälle zu besprechen, sie verstehen zu lernen. Mit den Kollegen unter Anleitung des Supervisors Lösungsmöglichkeiten zu erarbeiten und auch an den Fällen der anderen das zu tun, was ich oben bezeichnet habe als: sich in psychoanalytischem Denken und Verstehen zu üben« (Figdor 2006, S. 16).

Die Reflexion professionellen Handelns, insbesondere des schulischen Beziehungsgeschehens, muss stets als Notwendigkeit betrachtet werden. In der Zusammenarbeit mit aggressiv-ausagierenden oder depressiv-zurückgezogenen Schülerinnen und Schülern hat reflektierendes Verstehen jedoch eine besondere Bedeutung. Die Kinder und Jugendlichen tragen erstens ihre schwierigen lebensgeschichtlichen Erfahrungen mit in die Schule und reinszenieren sie. Dies geschieht nicht nur, aber auch in den Beziehungen zu den Lehrenden. Solcherlei Übertragungen lösen bei den Professionellen zweitens massive und oft schwer auszuhaltende Gegenübertragungsgefühle aus, die durch Entwertungen in der Beziehung, aber auch durch Idealisierungen hervorgerufen werden können. Drittens sehen sich Lehrerinnen und Lehrer in der Arbeit mit dieser Lernendengruppe nicht selten mit hohen Erwartungen an Liebe und Zuwendung konfrontiert, die sich durch einen Exklusivitätsanspruch kennzeichnen. Solcherlei Erwartungen kann weder im Rahmen professionellen Lehrerhandelns noch allgemein menschlich entsprochen werden (ebd., S. 19).

Dies alles gilt in besonderer Art und Weise in der Arbeit mit zwangsmigrierten Kindern und Jugendlichen mit traumatischen lebensgeschichtlichen und aktuellen Erfahrungswelten. Außer überfordernden Ansprüchen können auch scheinbare Gleichgültigkeit und eine abweisende Haltung von Jugendlichen aus Kriegs- und Krisengebieten Gefühle der Rat- und Hilflosigkeit auslösen (Kraushofer 2004).

Eigene Reflexion, Intravision im Team und Supervision unter professioneller Begleitung dienen demnach dem Verstehen der Bedürfnisse der Kinder und Jugendlichen. Dies kann aufgrund der Unaussprechlichkeit vieler traumatischer Erlebenswelten oft nur über eine Symbolisierung eigener Gefühle geschehen (ebd., S. 173). Die genannten Reflexionsformen haben gleichermaßen eine kathartische Funktion für die Lehrerinnen und Lehrer selbst und können so vielfach vor negativen und hilflosen Gefühlen schützen.

>»Dieses Verfahren setzt voraus, daß die an ihm Beteiligten über das reine hermeneutische Verstehen von menschlichen Verhaltensweisen, Intentionen und Motiven hinaus auch ein emotionales Sinn-Verstehen für das dem eigenen Selbst Fremde, mit dem sich das Eigene verwickelt, aufbringen können. Verstehen und Miterleben zugleich wird durch das Sprachspiel ›Supervision‹ selbst ermöglicht, wenn man an ihm in ständiger Interaktion mit anderen als im Denken und Fühlen Beteiligter teilnimmt« (Münch 1984, S. 94).

Das Verstehen innerer und äußerer Erlebenswelten zwangsmigrierter Jugendlicher bedingt im Besonderen die Offenheit für die Fremderfahrungen. Die sozial und kulturell fremde und aufgrund der traumatischen Erfahrungen vielfach gestörte Erlebenswelt der Schülerinnen und Schüler markiert im Prozess des Einfühlens und Teilhabens eine spezifische Herausforderung. Nicht zuletzt aus diesem Grund bildet das trauma- und entwicklungsspezifische Fachwissen eine Voraussetzung für gelungene Verstehens- und Reflexionsprozesse.

Wenn der Schwerpunkt hier auf das Arbeitsbündnis Gruppensupervision gelegt wird, bedeutet dies die weitestgehende Änderung traditionellen Selbstverständnisses im Lehrerberuf. Professionalität wurde hier primär als eigenständiges, aber auch stets allein Lösungen suchendes Handeln verstanden. Gruppensupervision aber verlangt das Einlassen auf die Konfliktgeschichten der anderen Beteiligten, ein hohes Maß an Gefühlsflexibilität und die Bereitschaft, die anderen Mitglieder an den eigenen professionellen und menschlichen Schwierigkeiten teilhaben zu lassen (ebd., S. 96).

Bisher ist Supervision als »Mittel der Schulentwicklung und Quali-
tätsverbesserung« (Mietz 2000, S. 430) nur wenig im Blickpunkt von
entsprechend Verantwortlichen. Solcherlei neue »Organisationsformen
nichthierarchischer Beratung« (ebd., S. 446) sind der Institution Schule
und der sie tragenden Individuen noch vielfach fremd. Eine Etablierung
derselben setzt demnach Einstellungs- genauso wie organisatorische
Änderungen voraus.

Das Ziel haltender und zumutender Pädagogik für zwangsmigrierte
Jugendliche bedingt einen solchen Rahmen jedoch unzweifelhaft. Dies
konnte hier nicht ausreichend diskutiert werden, ergibt sich jedoch sehr
deutlich aus den Falldarstellungen dieser Arbeit. Mithilfe *Szenischen
Verstehens* in der Supervision kann unbewusstes und oft destruktives
Zusammenspiel von Individuen und Institutionen aufgebrochen werden.
Seine Überführung in einen *Fördernden Dialog* bleibt unzweifelhaft
eine Herausforderung. Diese anzugehen, muss Aufgabe professionellen
Lehrerhandelns werden.

8. Zusammenfassung und Ausblick

In der vorliegenden Arbeit konnte gezeigt werden, dass das Erleben von Jugendlichen mit Zwangsmigrationshintergrund vielfach adäquat mit der Konzeption *Sequenzielle Traumatisierung* beschrieben werden kann. Dies schließt nicht aus, dass auch andere Kategorien treffend erklären können. Über die Konzeption der *Sequenziellen Traumatisierung* lassen sich jedoch drei lebensgeschichtlich bedeutsame Aspekte in geeigneter Weise abbilden:

1. Die untrennbare, jedoch nur individuell nachzuvollziehende Beziehung äußerer Erfahrungswelt und innerer Verarbeitungsmodi.
2. Die Interaktion der Belastungssequenzen vor, während und nach der Zwangsmigration, die sich innerpsychisch häufig als traumatisches Erleben widerspiegelt.
3. Die Entwicklung eines traumatischen Prozesses, der nur unter Einbezug einer Analyse der relevanten Beziehungserfahrungen sinnhaft nachvollzogen werden kann.

Über die Adaption der Rahmenkonzeption von Keilson (1979) und D. Becker (2006) hinaus wurde die theoretische Perspektive um die Analyse spezifischer Bedingungen und Implikationen potenziell traumatischer Erlebensfelder zwangsmigrierter Jugendlicher erweitert. Diese sind teils einzelnen Sequenzen zuzuordnen, tragen meist jedoch sequenzübergreifenden Charakter. Von spezifischer, zuvor nicht ausreichend herausgearbeiteter Bedeutung für das Erleben der Jugendlichen sind dabei:

1. Die familiären, auch transgenerationalen Interaktionserfahrungen in allen Sequenzen der Zwangsmigration.
2. Die vielfältigen Implikationen unsicherer Aufenthaltsstati in der dritten und vierten Sequenz.
3. Die schulischen Erfahrungen, im Besonderen die dortigen Beziehungsangebote in den Sequenzen vier bis sechs.

Mithilfe der ausführlichen Einzelfalldarstellungen konnte dargelegt werden, dass die traumatische Belastung fast immer über die Fokussierung auf zentrale Aspekte des subjektiven Erlebens darstellbar ist. Die hierzu genutzte Methodik des *Szenischen Verstehens* gewinnt ihre Bedeutung aus der Nutzbarmachung objektiver, subjektiver und szenischer Daten für den Verstehensprozess.

Das Spezifikum dieses Verstehensmodus besteht, analog zur genutzten Traumakonzeption, demnach in der gemeinsamen Betrachtung äußerer und innerer Belastungen, wobei keinesfalls kausale Zusammenhänge postuliert werden sollten. So wiesen einige der Jugendlichen in besonders schwieriger sozialer Situation erstaunliche Resilienzfaktoren auf, die sie vor Überflutung schützen konnten. Andere, angepasst und vordergründig stabil wirkende Jugendliche wiederum generalisierten ein traumatisches Schema auf alle relevanten Lebens- und Beziehungssituationen und müssen so als deutlich beeinträchtigt gelten.

Die Ergebnisse der theoretischen Überlegungen und der Einzelfalldarstellungen sind ein deutliches Plädoyer dafür, das Erleben zwangsmigrierter Jugendlicher in der Schule und in der Jugendhilfe unter dem Gesichtspunkt *Sequenzieller Traumatisierung* zu untersuchen. Wie bedeutsam der Einbezug der zentralen inneren Erlebensmodi für die ganzheitliche Förderung der jungen Menschen wäre, konnte vielfach belegt werden. Aufgezeigt werden konnte auch, dass es eine Reihe intersubjektiv relevanter Erlebensmodi gibt, die sich wesentlich aus geteilten sozialen Erfahrungen dieser Gruppe ergeben. Die Ähnlichkeit zentraler Erlebensmodi innerhalb der kleinen, aber sehr heterogenen Auswahl lässt sinnhafte Rückschlüsse auf eine große Verbreitung dieser Bedeutsamkeiten innerhalb der Gesamtgruppe zwangsmigrierter Jugendlicher zu. Als einschränkend muss dabei gelten, dass das Setting der Auswahl Jugendliche begünstigt hat, die sich freiwillig in Netzwerke und Beratungsinstitutionen begeben. Alle Jugendlichen standen darüber hinaus in einem allgemeinen oder beruflichen Bildungsverhältnis. In weiteren Studien wäre zu untersuchen, inwieweit Schulversagen und -abbrüche bei denjenigen Jugendlichen, deren schulische Karriere gänzlich scheitert, ebenso mit den eigenen und transgenerationalen Traumatisierungen in Verbindung stehen.

Die Nutzung der Trauma-Kategorie entfaltet ihren Wert also nicht nur in medizinischen und therapeutischen Arbeitsfeldern. Auch im pädagogischen Bereich sollte sie verstärkt Anwendung finden. Mit ihr kann es gelingen, die Kumulation und das Aufeinander-bezogen-Sein der gestörten Beziehungs- und Kommunikationserfahrungen sinnhaft abzubilden. Eine solche neue Kategorie kann erheblich zur pädagogischen Profilbildung und der Entwicklung neuer Förderkonzepte beitragen, da sie einen wesentlichen Verständnis- und Handlungsrahmen für die Arbeit mit vielfach benachteiligten und stigmatisierten Kindern und Jugendlichen schafft.

In der vorliegenden Arbeit wurden einige bedeutsame Qualifikationsanforderungen an Professionelle sowie Entwicklungsnotwendigkeiten für Institutionen in der Zusammenarbeit mit zwangsmigrierten Jugendlichen vorgestellt. Jedoch war dies nicht der Schwerpunkt dieser Arbeit. Hierbei gibt es noch eine Reihe von Punkten, die aus pädagogischer Sicht genauer konzeptualisiert werden müssen. Einige davon sind:

1. Die Form der Verankerung eines tiefenhermeneutischen Verstehens als Basisqualifikation für pädagogische Professionelle in der Ausbildung.

2. Der pädagogische Umgang mit zwangsmigrierten, traumatisierten Jugendlichen in der Regel- und Sonderschule unter besonderer Beachtung (sonder-)pädagogischer Diagnostik.

3. Die notwendige Zusammenarbeit zwischen pädagogischen Professionellen und den Familien.

4. Die erforderlichen Rahmenbedingungen für eine haltende und zumutende Pädagogik im Kontext von Zwangsmigration und Trauma.

Hier bestehen demnach einige Desiderate, die im Wesentlichen in der Zusammenarbeit von Wissenschaft und Praxis beantwortet werden können. Unter Beachtung des Primats der individuell angepassten Förderung jeder einzelnen Schülerin/jedes einzelnen Schülers ist ihre Bearbeitung in besonderer Weise wünschenswert.

9. Literaturverzeichnis

Adam, H.; Riedesser, P.; Riquelme, H. & Walter, J. (1995): Introduction. Children – War and Persecution. In: Stiftung für Kinder (Hg): Children – War and Persecution. Proceedings of the Congress, Hamburg, September 26–29 1993, Osnabrück (Secolo), S. 2–3.

Ahlheim, R. (2005): Psychoanalytisches Fallverstehen. Zur Methode des psychoanalytischen Erstinterviews. In: Freyberg, T. v. & Wolff, A. (Hg.): Störer und Gestörte. Bd. 1.: Konfliktgeschichten nicht beschulbarer Jugendlicher. Frankfurt/M. (Brandes & Apsel), S. 123–157.

Ahmed, A. (2006): Die Sehnsucht nach menschenwürdigen Verhältnissen ist so, als ob man sich jahrzehntelang vergeblich ein Kind wünscht. In: Pro Asyl (Hg): Vom Fliehen und Ankommen. Flüchtlinge erzählen. Karlsruhe (von Loeper), S. 111–119.

Ahrbeck, B. (1991): Container-Theorie. Sonderpädagogik 21(3), 170–173.

Ahrbeck, B. (2004): Kinder brauchen Erziehung. Die vergessene pädagogische Verantwortung. Stuttgart (Kohlhammer).

Ahrbeck, B. (2006): Das schwierige Kind: Innenwelt, äußere Realität, Verhaltensgestörtenpädagogik. In: Ahrbeck, B. & Rauh, B. (Hg.): Der Fall des schwierigen Kindes. Therapie, Diagnostik und schulische Förderung verhaltensgestörter Kinder und Jugendlicher. Weinheim (Beltz), S. 17–37.

Ahrbeck, B. (2007): Hyperaktivität, innere Welt und kultureller Wandel. In: Ahrbeck, B. (Hg.): Hyperaktivität. Kulturtheorie, Pädagogik, Therapie. Stuttgart (Kohlhammer), S. 13–48.

Ahrbeck, B. & Willman, M. (Hg.) (2010): Pädagogik bei Verhaltensstörungen. Ein Handbuch. Stuttgart (Kohlhammer).

Akashe-Böhme, F. (2000): In geteilten Welten: Fremdheitserfahrungen zwischen Migration und Partizipation. Frankfurt/M. (Brandes & Apsel).

Akthar, S. (2007): Immigration und Identität. Psychosoziale Aspekte und kulturübergreifende Identität. Gießen (Psychosozial-Verlag).

Almqvist, K. (1997): Refugee Children. Effects of organized violence and forced migration on young children's psychological health and development. Göteborg (Department of Psychology, Göteborg University).

American Psychiaric Association (APA) (2009): DSM-IV-TR: The Current Manual. URL: http://www.psych.org/mainmenu/research/dsmiv/dsmivtr.aspx (Stand: 15.12.2009).

Apitzsch, U. (2003): Zur Dialektik der Familienbeziehungen und zu Gender-Differenzen innerhalb der Zweiten Generation. Psychosozial 93(3), 67–80.

Appelfeld, A. (2007): Elternland. Berlin (Rowohlt).

Ardjomandi, M. & Streek, U. (2002): Migration – Trauma und Chance. In: Bell, Karin; Holder, Alex; Janssen, Paul & van de Sande, Jan (Hg.): Migration und Verfolgung: Psychoanalytische Perspektiven. Gießen (Psychosozial-Verlag), S. 37–52.

Argelander, H. (1992): Das Erstinterview in der Psychotherapie (=Erträge der Forschung 2). Darmstadt (Wiss. Buchges).

Auernheimer, G. (1988): Der sogenannte Kulturkonflikt. Orientierungsprobleme ausländischer Jugendlicher. Frankfurt/M. (Campus).

Auernheimer, G. (1996): Einführung in die interkulturelle Erziehung. Darmstadt (Primus).

Auernheimer, G. (Hg.) (2001): Migration als Herausforderung für pädagogische Institutionen. Opladen (Leske + Budrich).

Auernheimer, G. (2001): Anforderungen an das Bildungssystem und die Schulen in der Einwanderungsgesellschaft. In: Auernheimer, G. (Hg.): Migration als Herausforderung für pädagogische Institutionen. Opladen (Leske + Budrich), S. 45–58.

Badawia, T.; Hamburger, F. & Hummrich, M. (2003): Wider die Ethnisierung einer Generation – Überlegungen zur Konzeptionsidee. In: Badawia, T.; Hamburger, F. & Hummrich, M. (Hg.): Wider die Ethnisierung einer Generation – Beiträge zur qualitativen Migrationsforschung. Frankfurt/M. (IKO), S. 7–12.

Bade, K. J. (2010): Migration. In: Brandes, D.; Sundhausen, H. & Troebst, S. (Hg.): Lexikon der Vertreibungen. Deportation, Zwangsaussiedlung und ethnische Säuberung in Europa des 20. Jahrhundert. Wien (Böhlau), S. 422–423.

Bar-On, D. (1995): Children as Unintentional Transmitters of Undiscussible Traumatic Life Events. In: Stiftung für Kinder (Hg.): Children – War and Persecution. Proceedings of the Congress, Hamburg, September 26–29 1993. Osnabrück (Secolo), S. 62–74.

Baulig, V. (2003): Traumatisierung. Vom pädagogischen Umgang mit traumatisierten Kindern. Förderschulmagazin 25(5), 5–10.

Bauman, Z. (1995): Moderne und Ambivalenz. Das Ende der Eindeutigkeit. Frankfurt/M. (Fischer).

Bauman, Z. (2003): Flüchtige Moderne. Frankfurt/M. (Fischer).

Bausum, J.; Besser, L.; Kühn, M. & Weiß, W. (Hg.) (2009): Traumapädagogik. Grundlagen, Arbeitsfelder und Methoden für die pädagogische Praxis. Weinheim (Juventa).

Beauftragte der Bundesregierung für Migration, Flüchtlinge und Integration (2007): 7. Bericht über die Lage der Ausländerinnen und Ausländer in Deutschland. URL: http://www.bundesregierung.de/Content/DE/Publikation/IB/Anlagen/auslaenderbericht-7-barrierefrei,property=publicationFile.pdf (Stand: 02.12.2009).

Beauftragter für Integration und Migration des Senats von Berlin (2005): Das neue Aufenthaltsrecht. Fragen und Antworten zum Zuwanderungsrecht. Berlin (Eigenverlag).

Becker, D. (1992): Ohne Hass keine Versöhnung. Das Trauma der Verfolgten. Freiburg (Kore).

Becker, D. (2003): Migration, Flucht und Trauma. Der Trauma-Diskurs und seine politischen und gesellschaftlichen Bedeutunge. In: Forster, E.; Bieringer, I. & Lamott, F. (Hg.): Migration und Trauma. Beiträge zu einer reflexiven Flüchtlingsarbeit. Münster (Lit), S. 17–37.

Becker, D. (2006): Die Erfindung des Traumas – verflochtene Geschichten. Freiburg (Edition Freitag).

Becker, D. (2006a): Wissenschaftliche Begleitung der psychosozialen Gruppenarbeit mit traumatisierten Jugendlichen am Beratungs- und Betreuungszentrum für junge Flüchtlinge und MigrantInnen (BBZ) im Auftrag von »terre des hommes«. Berlin (unveröffentlicht).

Benner, D. (2001): Allgemeine Pädagogik. Eine systematisch-problemgeschichtliche Einführung in die Grundstruktur pädagogischen Denkens und Handelns. Weinheim (Juventa).

Bergmann, M. S. (1982): Thoughts on super-ego pathology of survivors and their children. In: Bergman M.S. & Jucovy M.E. (Hg.): Generations of the Holocaust. New York (Basic Books), S. 287–311.

Bergmann, M. (1996): Fünf Stadien in der Entwicklung der psychoanalytischen Traumakonzeption. Mittelweg 2, 12–22.

Berry, J. W. (1988): Acculturation and Psychological Adaption among Refugees. In: Miserez, D. (Hg.): Refugees – the Trauma of Exile. The Humanitarian Role of Red Cross and Red Crescent. Based on a Red Cross Workshop at Vitznau, Switzerland October 1987. Dordrecht (Nijhoff), S. 97–110.

Bettelheim, B. (1982): Erziehung zum Überleben. München (dtv).

Bion, W. R. (1990): Lernen durch Erfahrung. Frankfurt a. M. (Suhrkamp).

Bittner, G. (1996): Problemkinder. Zur Psychoanalyse kindlicher und jugendlicher Verhaltensauffälligkeiten. Göttingen (Vandenhoeck & Ruprecht).

Blaß, H. (2006): Erwachsene Liebesbeziehungen und die mentalisierende Rolle des Vaters. In: Dammasch, F. & Metzger, H.-G. (Hg.): Die Bedeutung des Vaters: psychoanalytische Perspektiven. Frankfurt/M (Brandes & Apsel) S. 42–71.

Blodgett, L. J.; Boyer, W. & Turk, E. (2005): »No thank you, not today«. Supporting Ethical and Professional Relationsships in Large Qualitative Studies. Forum Qualitative Sozialforschung 6(3). URL: http://www.qualitative-research.net/index.php/fqs/article/view/31/66 (Stand: 02.12.2009).

Bohleber, W. (2000): Die Entwicklung der Traumatheorie in der Psychoanalyse. Psyche 54, 797–839.

Bohleber, W. (2007): Erinnerung, Trauma und kollektives Gedächtnis – Der Kampf um die Erinnerung in der Psychoanalyse. Psyche 61, 293–321.

Bohnsack, R. (2003): Rekonstruktive Sozialforschung. Einführung in qualitative Methoden. Opladen (Leske + Budrich).

Bower, G. H. & Sivers, H. (1998): Cognitive Impact of Traumatic Events. Development and Psychopathology 10, 625–653.

Bowlby, J. (1951): Maternal Care and Mental Health: A Report Prepared on the Behalf of the World Health Organization as a Contribution to the UN Programme for the Welfare of the Homeless Children (=WHO Monograph Series No. 2). Genf (WHO).

Bowlby, J. (2006): Verlust, Trauer und Depression (=Bindung und Verlust 3). München (Reinhardt).

Bracken, P. J. (1993): Post-Empiricism and Psychiatry: Meaning and Methodology in Cross-Cultural Research. Social Science and Medicine 36, 265–272.

Bräutigam, B. (2000): Der ungelöste Schmerz. Perspektiven und Schwierigkeiten in der therapeutischen Arbeit mit Kindern politisch verfolgter Menschen (=Psychoanalytische Pädagogik 9). Gießen (Psychosozial-Verlag).

Brecht, B. (1998): Flüchtlingsgespräche. Frankfurt/M. (Suhrkamp).

Bründl, J. (2005): Der schwierige Weg zur gewandelten Identität. Anmerkungen zur Behandlung migrationsbedingter Störungen und der Fähigkeit zu entwicklungsspezifischer Identitätstransformation. In: Bründl, P. & Kogan, I. (Hg.): Kindheit jenseits von Trauma und Fremdheit. Psychoanalytische Erkundungen von Migrationsschicksalen im Kindes- und Jugendalter. Frankfurt/M. (Brandes & Apsel), S. 149–162.

Bründl, P. (1998): Seelische Nachwirkungen von Fluchttraumata in den nachfolgenden Generationen. In: Endres, M. & Biermann, G. (Hg.): Traumatisierung in Kindheit und Jugend (Beiträge zur Kinderpsychotherapie 32), München (Reinhardt), S. 98–115.

Bukow, W.-D. (1996): Feindbild: Minderheit. Zur Funktion von Ethnisierung. Opladen (Leske + Budrich).

Bundesministerium (BM) der Justiz (Hg.) (2004): Gesetz über den Aufenthalt, die Erwerbstätigkeit und die Integration von Ausländern im Bundesgebiet (Aufenthaltsgesetz – AufenthG). URL: http://www.gesetze-im-internet.de/bundesrecht/aufenthg_2004/gesamt.pdf (Stand: 20.11.2009).

Bundesministerium (BM) der Justiz (Hg.) (2007): Asylverfahrensgesetz. URL: http://bundesrecht.juris.de/asylvfg_1992/index.html. (Stand: 20.11.2009).

Bundesministerium des Inneren (BMI) (2010): Pressemitteilung. 2361 Asylanträge im Februar 2010. URL: http://www.bmi.bund.de/SharedDocs/Pressemitteilungen/DE/2010/03/asylzahlen_februar2010.html (Stand: 29.03.2010).

Bürgin, D. (1995): Psychic Traumatization in Children and Adolescents, in: Stiftung für Kinder (Hg.): Children – War and Persecution. Proceedings of the Congress, Hamburg, September 26–29 1993. Osnabrück (Secolo), S. 14–25.

Büse-Kastner, M. & Mauthe-Schonig, D. (2006): Er kann nicht bis drei zählen ... Überlegungen zu Lernstörungen von Kindern aus psychoanalytischer Sicht. In: Ahrbeck, B. & Rauh, B. (Hg.): Der Fall des schwierigen Kindes. Therapie, Diagnostik und schulische Förderung verhaltensgestörter Kinder und Jugendlicher. Weinheim (Beltz), S. 40–60.

Büttner, C. (1991): Kinder und Krieg. Zum pädagogischen Umgang mit Hass und Feindseligkeit (=Psychoanalytische Pädagogik 8). Mainz (Matthias-Grünewald).

Büttner, C.; Mehl, R.; Schlaffer, P. & Nauck, M. (Hg.) (2004): Kinder aus Kriegs- und Krisengebieten: Lebensumstände und Bewältigungsstrategien (Studien der Hessischen Stiftung Friedens- und Konfliktforschung 48). Frankfurt/M. (Campus).

Calderon Gómez, C. C. (2009): Assessing the Quality of Qualitative Health Research: Criteria, Process and Writing. Forum Qualitative Sozialforschung 10(2). URL: http://www.qualitative-research.net/index.php/fqs/article/view/1294/2807. (Stand: 21.01.2010).

Calloni, M. (1999): Culture, Territory and Ethnisation. Use and abuse of the construct »ethnicity« in public discourse. In: Apitzsch, U. (Hg.): Migration und Traditionsbildung. Opladen (Westdeutscher Verlag), S. 116–129.

Clos, R. (1992): Wer braucht eine Monsterschule? In: Reiser, H. & Trescher, H. G. (Hg.): Wer braucht Erziehung? Impulse der psychoanalytischen Pädagogik, Mainz (Matthias-Grünewald), S. 19–38.

Cohen, Y. (2004): Das misshandelte Kind. Ein psychoanalytisches Konzept zur integrierten Behandlung von Kindern und Jugendlichen. Frankfurt/M. (Brandes & Apsel).

Cohen, Y. (2005): Frühe Entwicklung und Migrationsprozesse. In: Bründl, P. & Kogan, I. (Hg.): Kindheit jenseits von Trauma und Fremdheit. Psychoanalytische Erkundungen von Migrationsschicksalen im Kindes- und Jugendalter. Frankfurt/M. (Brandes & Apsel), S. 17–29.

Cohn, R. (1976): Von der Psychoanalyse zur Themenzentrierten Interaktion. Stuttgart (Klett).

Cremer, H. (2006): Nebeneffekt Abschiebung. Die Tageszeitung, 16.10.2006, 11.

Dammasch, F. (2006): Der unsichtbare Dritte. Über die innere Welt eines vaterlos aufgewachsenen Mädchens. In: Dammasch, F. & Metzger, H.-G. (Hg.): Die Bedeutung des Vaters: psychoanalytische Perspektiven. Frankfurt/M (Brandes & Apsel), S. 155–178.

Dammasch, F. (2008): Triangulierung und Geschlecht. Das Vaterbild in der Psychoanalyse und die Entwicklung des Jungen. In: Dammasch, F.; Katzenbach, D. & Ruth, J. (Hg.): Triangulierung. Lernen, Denken und Handeln aus psychoanalytischer und pädagogischer Sicht. Frankfurt/M. (Brandes & Apsel), S. 13–40.

Datler, W. (1995): Musterbeispiel, exemplarische Problemlösung und Kasuistik. Eine Anmerkung zur Bedeutung der Falldarstellung im Forschungsprozeß. Zeitschrift für Pädagogik 41, 719–728.

Datler, W. (2005): Bilden und Heilen. Auf dem Weg zu einer pädagogischen Theorie psychoanalytischer Praxis. Zugleich ein Beitrag zur Diskussion um das Verhältnis zwischen Psychotherapie und Pädagogik. Wien (Empirie Verlag).

Delen, I. & Nafilo, J. (2006): »Wir verzichten auf sämtliche staatliche Leistungen. Das war der ›Deal‹, um studieren zu dürfen.« In: Pro Asyl (Hg.): Vom Fliehen und Ankommen. Flüchtlinge erzählen. Karlsruhe (von Loeper), S. 101–111.

Department of Veterans Affairs (2009): DSM-IV-TR-Criteria for PTSD. URL: http://www.ptsd.va.gov/professional/pages/dsm-iv-tr-ptsd.asp (Stand:15.12.2009).

Deutsches Institut für medizinische Dokumentation und Information (DIMDI) (2009): ICD–10-GM Version 2010. URL: http://www.dimdi.de/static/de/klassi/diagnosen/icd10/htmlgm2010/block-f40-f48.html (Stand: 15.12.2009).

Díaz, M. (1995): The Second Generation of Politically Persecuted in Chile: The Therapeutic Process with Adolescents. In: Stiftung für Kinder (Hg.): Children – War and Persecution. Proceedings of the Congress, Hamburg, September 26–29 1993. Osnabrück (Secolo), S. 234–239.

Diem-Wille, G. (2009): Das Kleinkind und seine Eltern. Perspektiven psychoanalytischer Babybeobachtung. Stuttgart (Kohlhammer).

Diepold, B. (1998): Schwere Traumatisierungen in den ersten Lebensjahren. Folgen für die Persönlichkeitsentwicklung und Möglichkeiten psychoanalytischer Behandlung. In: Endres, M. & Biermann, G. (Hg.): Traumatisierung in Kindheit und Jugend (Beiträge zur Kinderpsychotherapie 32). München (Reinhardt), S. 131–141.

Dietrich, I. (2001): Migrantenkinder – eine diskriminierte Minderheit in unseren Schulen? In: Auernheimer, G. (Hg.): Migration als Herausforderung für pädagogische Institutionen. Opladen (Leske + Budrich), S. 59–71.

Ding, U. (2009): Trauma und Schule. Was lässt Peter wieder lernen? Über unsichere Bedingungen und sichere Orte in der Schule. In: Bausum, J.; Besser, L.; Kühn, M. & Weiß, W. (Hg.) (2009): Traumapädagogik. Grundlagen, Arbeitsfelder und Methoden für die pädagogische Praxis. Weinheim (Juventa), S. 55–66.

Dlugosch, A. (2010): Selbst, Identität, Entwicklung und Krisen, In: Ahrbeck, B. & Willman, M. (Hg.): Pädagogik bei Verhaltensstörungen. Ein Handbuch. Stuttgart (Kohlhammer), S. 113–120.

Dornes, M. (2004): Die emotionale Welt des Kindes. Frankfurt/M. (Fischer).

Egger, I. (2003): Retraumatisierung von Flüchtlingen durch Behörden im Aufnahmeland. In: Forster, E.; Bieringer, I. & Lamott, F. (Hg.): Migration und Trauma. Beiträge zu einer reflexiven Flüchtlingsarbeit. Münster (Lit), S. 141–150.

Endres, M. & Moisl, S. (1998): Entwicklung und Trauma. In: Endres, M. & Biermann, G. (Hg.): Traumatisierung in Kindheit und Jugend (Beiträge zur Kinderpsychotherapie 32). München (Reinhardt), S. 11–27.

Erdheim, M. (1992): Das Eigene und das Fremde. Über ethnische Identität. Psyche 46, 730–744.

Erdheim, M. (2003): Glück und Unglück in der Emigration. Psychosozial 93(3), 81–87.

Erikson, E.H. (1973): Identität und Lebenszyklus. Frankfurt/M. (Suhrkamp).

Esguerra, M. E. F. (1995): Children's Grief Resulting from Loss of and Separation from Parents due to Armed and Political Conflict. The Value of Social Support Systems. In: Stiftung für Kinder (Hg.): Children – War and Persecution. Proceedings of the Congress, Hamburg, September 26–29 1993. Osnabrück (Secolo), S. 159–167.

Ferenczi, S. (1984 [1932]): Sprachverwirrung zwischen dem Erwachsenen und dem Kind (Die Sprache der Zärtlichkeit und der Leidenschaft). In: Ferenczi, S. (1984): Bausteine zur Psychoanalyse III: Arbeiten aus den Jahren 1908–1933. Bern (Huber), S. 511–25.

Ferenczi, S. (1984): Bausteine zur Psychoanalyse III: Arbeiten aus den Jahren 1908–1933. Bern (Huber)

Fickler-Stang, U. (2009): Gelingende Übergänge gestalten – aus der Arbeit mit einem männlichen Jugendlichen mit frühkindlichem Missbrauch und Vernachlässigung. Sonderpädagogische Förderung heute 54, 244–260.

Figdor, H. (2006): Praxis der psychoanalytischen Pädagogik I. Vorträge und Aufsätze (=Psychoanalytische Pädagogik 21). Gießen (Psychosozial-Verlag).

Finger-Trescher, U. (1987): Trauma, Wiederholung und projektive Identifizierung. Was wirkt heilend in der Psychoanalytischen Pädagogik. In: Reiser, H. & Trescher, H.-G. (Hg.): Wer braucht Erziehung? Impulse der psychoanalytischen Pädagogik. Mainz (Matthias Grünewald), S. 130–145.

Fischer, G. (1995): Methodological Issues In Psychotraumatology – Qualitative and Quantitative Strategies of Research. In: Stiftung für Kinder (Hg.): Children – War and Persecution. Proceedings of the Congress, Hamburg, September 26–29 1993. Osnabrück (Secolo), S. 49–52.

Fischer, G. & Riedesser P. (1998): Lehrbuch der Psychotraumatologie. München (Reinhardt).

Fivush, R. (1998): Children's Recollection of Traumatic and Nontraumatic Events. Development and Psychopathology 10(4), 699–716.

Flam, H. (2007): Einleitung. In: Flam, H. (Hg.): Migranten in Deutschland. Statistiken – Fakten – Diskurse. Konstanz (UVK), S. 7–34.

Flam, H. & Schönefeld, D. (2007): Institutionelle Diskriminierung und Schule. In: Flam, H. (Hg.): Migranten in Deutschland. Statistiken – Fakten – Diskurse. Konstanz (UVK), S. 35–109.

Flick, U.; Kardorff, E. v. & Steinke, I. (2000): Was ist qualitative Forschung? Einleitung und Überblick. In: Flick, U.; Kardorff, E. v. & Steinke, I. (Hg.): Qualitative Forschung. Ein Handbuch. Reinbek bei Hamburg (Rowohlt), S. 13–29.

Flüchtlingsrat Berlin (2007): »Niemand hat die Absicht, ein Ausreisezentrum einzurichten«. Proteste gegen AWO-Lager und Dussmann – Zwangsverpflegung gehen weiter. URL: http://www.fluechtlingsrat-berlin.de/print_neue_meldungen.php?sid=311 (Stand: 28.02.2007).

Fonagy, P. ; Gergely, G.; Jurist, E. L. & Target, M. (2008): Affektregulierung, Mentalisierung und die Entwicklung des Selbst. Stuttgart (Klett-Cotta).

Freedman, N. (1997): Sprache als Objekt. Vernichtung, Unterdrückung und Wiederfinden der eigenen Sprache – ein Entwurf. In: Juelich, D. (Hg.): Geschichte als Trauma. Für Hans Keilson. Gießen (Psychosozial-Verlag), S. 71–74.

Freire, M. & Pacull, V. (1995): Psycho-educational Evaluation of Refugee Students. In: Stiftung für Kinder (Hg.): Children – War and Persecution. Proceedings of the Congress, Hamburg, September 26–29 1993. Osnabrück (Secolo), S. 255–260.

Freud, A. (1980): Kriegskinder. Berichte aus den Kriegskinderheimen »Hampstead Nurseries« 1941 und 1942 (=Die Schriften der Anna Freud. Bd. II: 1939–1945). München (Kindler).

Freud, S. (1985 [1915]): Übersicht der Übertragungsneurosen. Ein bisher unbekanntes Manuskript. Hg. mit einem Essay von I. Grubrich-Simitis. Frankfurt/M. (Fischer).

Freud, S. (1920): Jenseits des Lustprinzips. GW XIII, S. 1–69.

Freud, S. (1926): Hemmung, Symptom und Angst. GW XIV, S. 111–205.

Freyberg, T. v. & Wolff, A. (2005): Viel zu viel – und nie genug! Der Fall Alberto. In: Freyberg, T. v. & Wolff, A. (Hg.): Störer und Gestörte, Bd. 1.: Konfliktgeschichten nicht beschulbarer Jugendlicher. Frankfurt/M. (Brandes & Apsel), S. 23–89.

Freyberg, T. v. & Wolff, A. (2006): Konfliktgeschichten als Lernprozesse – eine Einleitung. In: Freyberg, T. v. & Wolff, A. (Hg.): Störer und Gestörte, Bd. 2.: Konfliktgeschichten als Lernprozesse. Frankfurt/M. (Brandes & Apsel), S. 13–51.

Fuchs, B. (2009): Psychische Traumatisierung als sonderpädagogische Kategorie? Erkundungen zu Genese, Diagnostik und Förderung. Aachen (Shaker).

Fulbrook, M. (1997): Germany for the Germans? Citizenship and Nationality in a Divided Nation. In: Cesarani, D. & Fulbrook, M. (Hg.): Citizenship, Nationality and Migration in Europe. London/New York (Routledge), S. 88–195.

Garza-Guerrero, A. C. (1974): Culture Shock: Its Mourning and the Vicissitudes of Identity. Journal of the American Psychoanalytic Association 22, 408–429.

Gerspach, M. (1998): Wohin mit den Störern – Zur Sozialpädagogik der Verhaltensauffälligkeiten. Stuttgart (Kohlhammer).

Gerspach, M. (2006): Zum Verstehen von Kindern mit Aufmerksamkeitsstörungen. In: Leuzinger-Bohleber, M.; Brandl, Y. & Hüther, G. (Hg.): ADHS – Frühprävention statt

Medikalisierung. Theorie, Forschung, Kontroversen (=Schriften des Sigmund-Freud-Instituts 4). Göttingen (Vandenhoeck & Ruprecht), S. 91–110.

Goffman, E. (1999 [1967]): Stigma. Über Techniken der Bewältigung beschädigter Identität. Frankfurt/M. (Suhrkamp).

Gogolin, I. (2003): Chancen und Risiken nach PISA – über die Bildungsbenachteiligung von Migrantenkindern und Reformvorschläge. In: Auernheimer, G. (Hg.): Schieflagen im Bildungssystem. Die Benachteiligung der Migrantenkinder. Opladen (Leske + Budrich), S. 33–50.

Goldstein, L. (2007): Displaced. Flüchtlinge an den Grenzen Europas. Karlsruhe (von Loeper).

Gómez, E. (1995): Extreme Traumatization Related to Second Generation People. Psychosomatic Disturbances in Youngsters. In: Stiftung für Kinder (Hg.): Children – War and Persecution. Proceedings of the Congress, Hamburg, September 26–29 1993. Osnabrück (Secolo), S. 250–254.

Gomolla, M. & Radtke, F.-O. (2002): Institutionelle Diskriminierung. Die Herstellung ethnischer Differenz in der Schule. Opladen (Leske + Budrich).

Göppel, R. (1997): Ursprünge der seelischen Gesundheit. Risiko- und Schutzfaktoren in der kindlichen Entwicklung. Würzburg (Ed. Bentheim).

Grinberg, L. & Grinberg, R. (1990): Psychoanalyse der Migration und des Exils. München (Verl. Intern. Psychoanalyse).

Groninger, K.; Petzoldova, I.; Rüffer, J. & Würflinger, W. (2003): Psychische und physische Reaktionen von Flüchtlingen nach Kriegs- und Gewalterfahrungen. Über den Umgang mit Trauma (=Deutsches Rotes Kreuz (Hg.): Materialen zur Traumaarbeit mit Flüchtlingen 1). Karlsruhe (von Loeper).

Grubrich-Simitis, I. (1979): Extremtrauma als kumulatives Trauma. Psyche 33, 991–1023.

Grubrich-Simitis, I. (2007): Trauma oder Trieb – Trieb und Trauma: Wiederbetrachtet. Psyche 61, 637–656.

Grünberg, K. (2001): Vom Banalisieren des Traumas in Deutschland, In: Grünberg, K. & Straub, J. (Hg.): Unverlierbare Zeit: psychosoziale Spätfolgen des Nationalsozialismus bei Opfern und Tätern (=Psychoanalytische Beiträge aus dem Sigmund-Freud-Institut 6). Tübingen (Ed. Diskord), S. 181–221.

Grünberg, K. (2007): Contaminated generativity: Holocaust survivors and their children in Germany. The American Journal of Psychoanalysis 67, 82–96 (Sonderdruck).

Grüttner, T. (2003): Psychoanalyse und Pädagogik in einer Einrichtung für Erziehungshilfe. In: Heinemann, E.; Rauchfleisch, U. & Grüttner, T.: Gewalttätige Kinder. Frankfurt/M. (Fischer), S. 113–167.

Harten, M. (2006): »Drei mal drei ist blau«. Oder: »Dieses Kind war immer ein auffälliger Sonderling. In: Ahrbeck, B. & Rauh, B. (Hg.): Der Fall des schwierigen Kindes. Therapie, Diagnostik und schulische Förderung verhaltensgestörter Kinder und Jugendlicher. Weinheim (Beltz), S. 181–200.

Heinemann, E. (2003): Psychoanalyse und Pädagogik im Unterricht der Sonderschule. In: Heinemann, E.; Rauchfleisch, U. & Grüttner, T.: Gewalttätige Kinder. Frankfurt/M. (Fischer), S. 70–112.

Heinrich, E.-M. (1994): Verstehen und Intervenieren. Psychoanalytische Methode und genetische Psychologie Piagets in einem Arbeitsfeld psychoanalytischer Pädagogik. Heidelberg (Asanger).

Helfferich, C. (2005): Die Qualität qualitativer Daten: Manual für die Durchführung qualitativer Interviews. Wiesbaden (Verl. f. Sozialwiss).

Henningsen, F. (2003): Traumatisierte Flüchtlinge und der Prozess der Begutachtung. Psychoanalytische Perspektiven. Psyche 57, 97–120.

Herzka, H.; Schumacher, A. v. & Tyrangiel, S. (1989): Die Kinder der Verfolgten: die Nachkommen der Naziopfer und Flüchtlingskinder heute. Göttingen (Vandenhoeck & Ruprecht).

Hillmann, K.-H. (2007): Wörterbuch der Soziologie. Stuttgart (Kröner).

Hinz, A. (1993): Heterogenität in der Schule. Integration – Interkulturelle Erziehung – Koedukation. Hamburg (Curio).

Hirblinger, A. (2003): Die Fallbesprechungsgruppe zwischen Unterrichtswirklichkeit und pädagogischem Ich-Ideal. In: Fröhlich, V. & Göppel, R. (Hg.): Was macht die Schule mit den Kindern? – Was machen die Kinder mit der Schule? Psychoanalytisch-pädagogische Blicke auf die Institution Schule. Gießen (Psychosozial-Verlag), S. 151–169.

Hopf, C. (1995): Befragungsverfahren. In: Flick, U.; Kardoff, E. v.; Keupp, H.; Rosenstiehl, L. v. & Wolff, S. (Hg.): Handbuch qualitative Sozialforschung. Grundlagen, Konzepte, Methoden und Anwendungen. Weinheim (Beltz), S. 177–182.

Hopf, C. (2000): Qualitative Interviews – ein Überblick. In: Flick, U.; Kardorff, E. v. & Steinke, I. (Hg.): Qualitative Forschung. Ein Handbuch. Reinbek bei Hamburg (Rowohlt), S. 49–60.

Horowitz, M. J. (1986): Stress Response Syndromes. Northvale, NJ (Aronson).

Hüther, G. (2006): Die nutzungsabhängige Herausbildung hirnorganischer Veränderungen bei Hyperaktivität und Aufmerksamkeitsstörungen. Einfluss präventiver Maßnahmen und therapeutischer Interventionen. In: Leuzinger-Bohleber, M.; Brandl, Y. & Hüther, G. (Hg.): ADHS – Frühprävention statt Medikalisierung. Theorie, Forschung, Kontroversen (=Schriften des Sigmund-Freud-Instituts 4). Göttingen (Vandenhoeck & Ruprecht), S. 222–237.

Joannidis, G. (2006): PTBS in interkulturellem Kontext: Ist das Konzept auf Flüchtlinge und Folteropfer aus nicht-westlichen Ländern anwendbar? Zeitschrift für Psychotraumatologie und Psychologische Medizin 4(1), 9–25.

Jockenhövel-Schiecke, H. (1988): Ihr Leben braucht eine Zukunft – Flüchtlingskinder aus Fritrea in der Bundesrepublik In· gemeinsam Ausländer und Deutsche in der Schule. Nachbarschaft und Arbeitswelt 1988(9), 3–5.

Jong, K. de; Mulhern, M.; Ford, N.; Kam, S. v.d. & Kleber, R. (2000): The Trauma of War in Sierra Leone. Lancet 355, 2067–2068.

Jordan, S. (2000): Fluchtkinder. Allein in Deutschland. Karlsruhe (von Loeper).

Katzenbach, D. & Ruth, J. (2008): Lernen – Lernstörung – Triangulierung. Zum Zusammenspiel von Emotion und Kognition bei Lernprozessen. In: Dammasch, F.; Katzenbach, D. & Ruth, J. (Hg.): Triangulierung. Lernen, Denken und Handeln aus psychoanalytischer und pädagogischer Sicht. Frankfurt/M. (Brandes & Apsel), S. 59–81.

Keilson, H. (1979): Sequentielle Traumatisierung bei Kindern. Deskriptiv-klinische und quantifizierend-statistische follow-up Untersuchung zum Schicksal der jüdischen Kriegswaisen in den Niederlanden. Stuttgart (Enke).

Keilson, H. (1986): Sprachwurzellos. Gedichte. Gießen (Edition Literarischer Salon).

Kestenberg, J. (1974): Kinder von Überlebenden der Naziverfolgung. Psyche 28, 249–265.

Kestenberg, J. (1982): Survivor Parents and their Children. In: Bergmann, M. S. & Jucovy, M. E. (Hg.): Generations of the Holocaust. New York (Basic Books), S. 83–101.

Khan, M. (1977): Das kumulative Trauma. In: Khan, M.: Selbsterfahrung in der Therapie: Theorie und Praxis. München (Kindler), S. 50–70.

King, V. (2005): Adoleszenz und Migration – eine verdoppelte Transformationsanforderung. Am Beispiel des Bildungserfolgs als Thema der adoleszenten Generationenbeziehungen in Familien mit Migrationshintergrund. In: Bründl, P. & Kogan, I. (Hg.): Kindheit jenseits von Trauma und Fremdheit. Psychoanalytische Erkundungen von Migrationsschicksalen im Kindes- und Jugendalter. Frankfurt/M. (Brandes & Apsel), S. 30–51.

Kizilhan, I. (2001): Historische traumatische Ereignisse und deren Einfluss auf die nachfolgenden Generationen. Dengê Êzîdiyan 8+9, 6–9.

Klein, M. (1995 [1930]): Die Bedeutung der Symbolbildung für die Ich-Entwicklung. Gesammelte Schriften I, Teil 1. Stuttgart (frommann-holzboog), S. 347–368,

König, H.-D. (2000): Tiefenhermeneutik. In: Flick, U.; Kardorff, E. v. & Steinke, I. (Hg.): Qualitative Forschung. Ein Handbuch. Reinbek bei Hamburg (Rowohlt), S. 556–569.

Kornmann, R. (2003): Zur Überrepräsentation ausländischer Kinder und Jugendlicher in »Sonderschulen mit dem Schwerpunkt Lernen«. In: Auernheimer, G. (Hg.): Schieflagen im Bildungssystem. Die Benachteiligung der Migrantenkinder, Opladen (Leske + Budrich), S. 81–96.

Krappmann, L. (1993): Soziologische Dimensionen der Identität. Strukturelle Bedingungen für die Teilnahme an Interaktionsprozessen. Stuttgart (Klett-Cotta).

Kraushofer, T. (2004): Genug ist nicht genug. Überlegungen zur Konzeptarbeit für den pädagogischen Alltag mit jugendlichen Flüchtlingen. In: Büttner, C.; Mehl, R.; Schlaffer, P. & Nauck, M. (Hg.): Kinder aus Kriegs- und Krisengebieten: Lebensumstände und Bewältigungsstrategien (Studien der Hessischen Stiftung Friedens- und Konfliktforschung 48). Frankfurt/M. (Campus), S. 171–180.

Lazar, R. A. (2002): »Fremde in einem Fremden Land« oder »Es führt kein Weg zurück«. In: Bell, K.; Holder, A.; Janssen, P. & Sander, J.v.d. (Hg.): Migration und Verfolgung: Psychoanalytische Perspektiven. Gießen (Psychosozial-Verlag), S. 103–123.

Leber, A. (1988): Zur Begründung des Fördernden Dialogs in der Psychoanalytischen Heilpädagogik. In: Iben, G. (Hg.): Das Dialogische in der Heilpädagogik. Mainz (Matthias-Grünewald), S. 41–61.

Leber, A.; Trescher, H. G. & Weiss-Zimmer, E. (1989): Krisen im Kindergarten. Psychoanalytische Beratung in pädagogischen Institutionen. Frankfurt/M. (Fischer).

Leithäuser, T. & Volmerg, B. (1979): Anleitung zur empirischen Hermeneutik. Psychoanalytische Textinterpretation als sozialwissenschaftliches Verfahren. Frankfurt/M. (Suhrkamp).

Leithäuser, T. & Volmerg, B. (1988): Psychoanalyse in der Sozialforschung. Eine Einführung am Beispiel einer Sozialpsychologie der Arbeit. Opladen (Westdt. Verlag).

Lennertz, I. (2004): Trauma und Bindung bei Flüchtlingskindern. In: Büttner, C.; Mehl, R.; Schlaffer, P. & Nauck, M. (Hg.): Kinder aus Kriegs- und Krisengebieten: Lebensumstände und Bewältigungsstrategien (Studien der Hessischen Stiftung Friedens- und Konfliktforschung 48). Frankfurt/M. (Campus), S. 141–49.

Leuzinger-Bohleber, M. (2006): Vorwort. In: Freyberg, T. v. & Wolff, A. (Hg.): Störer und Gestörte, Bd. 2.: Konfliktgeschichten als Lernprozesse. Frankfurt/M. (Brandes & Apsel), S. 7–11.

Linder, W. (1998): Der ethnische Konflikt als Herausforderung demokratischer Systeme. In: Wicker H.-R. (Hg.): Nationalismus, Multikulturalismus und Ethnizität. Beiträge zur Deutung von sozialer und politischer Einbindung und Ausgrenzung. Bern (Haupt), S. 101–115.

Lorenzer, A. (1966): Zum Begriff der traumatischen Neurose. Psyche 20, 481–492.

Lorenzer, A. (1973): Sprachzerstörung und Rekonstruktion. Frankfurt/M. (Suhrkamp).

Lorenzer, A. (1974): Die Wahrheit der psychoanalytischen Erkenntnis. Ein historisch-materialistischer Entwurf. Frankfurt/M. (Suhrkamp).

Lotz, W. (2008): Entwicklung pädagogischer Handlungskompetenz und die Struktur der Triangularität. In: Dammasch, F.; Katzenbach, D. & Ruth, J. (Hg.): Triangulierung. Lernen, Denken und Handeln aus psychoanalytischer und pädagogischer Sicht. Frankfurt/M. (Brandes & Apsel), S. 217–232.

Macksoud, M. S. (1992): Assessing War Trauma in Children. A Case Study of Lebanese Children. Journal of Refugee Studies 5(1), 1–15.

Macksoud, M. S. (1993): Traumatic War Experience and their Effects on Children. In: Wilson, J.P. & Raphael, B. (Hg.): International Handbook of Traumatic Stress Syndromes. New York/London (Plenum Press), S. 625–633.

Mead, G. H. (1970 [1934]): Mind, Self and Society. From the Standpoint of a Social Behaviorist. Chicago (The Univ. of Chicago Press).

Melzak, S. (1995): Thinking About the Internal and External Experience of Refugee Children in Europe. Conflict and Treatment. In: Stiftung für Kinder (Hg.): Children – War and Persecution. Proceedings of the Congress, Hamburg, September 26–29 1993. Osnabrück (Secolo), S. 210–229.

Mentzos, S. (1988): Interpersonale und institutionalisierte Abwehr. Frankfurt/M. (Suhrkamp).

Merkens, H. (2000): Auswahlverfahren, Sampling, Fallkonstruktionen. In: Flick, U.; Kardorff, E. v. & Steinke, I. (Hg.): Qualitative Forschung. Ein Handbuch. Reinbek bei Hamburg (Rowohlt), S. 286–299.

Mietz, J. (2000): Schule in Bewegung – Beiträge von Supervision und Organisationsentwicklung. In: Pühl, H. (Hg.): Supervision und Organisationsentwicklung. Opladen (Leske + Budrich), S. 429–451.

Minde, K. (1988): Effects on Social Change on Behaviour of School Age Children. Pediatrician 15, 170–75.

Misek-Schneider, K. (2005): Seelische Folgen von Kriegserleben bei Kindern und Jugendlichen. In: Seidler, G. & Eckart, W. (Hg.): Verletzte Seelen. Möglichkeiten und Perspektiven einer historischen Traumaforschung. Gießen (Psychosozial-Verlag), S. 203–212.

Mitscherlich, A. (2003): Auf dem Weg zur vaterlosen Gesellschaft. Ideen zur Sozialpsychologie. Weinheim (Beltz).

Mitscherlich, A. & Mitscherlich, M. (1977): Die Unfähigkeit zu trauern. München (Piper).

Monahon, C. (1997): Children and Trauma: A Guide for Parents and Professionals. New York (Jossey Bass Wiley).

Münch, W. (1984): Leiden und Lust an der Schule. Psychoanalytische Selbsterfahrung und Supervision in Lehrergruppen (=Schriftenreihe der FH Frankfurt/M. 13). Fachhochschule Frankfurt/M.

Myschker, N. (2002): Verhaltensstörungen bei Kindern und Jugendlichen. Erscheinungs-formen, Ursachen, hilfreiche Maßnahmen. Stuttgart (Kohlhammer).

Nash, M. (1989): The Cauldron of Ethnicity in the Modern World. Chicago (Univ. of Chicago Press).

Neumann, U. (1995): The Importance of School Education for Refugee Children. In: Stiftung für Kinder (Hg.): Children – War and Persecution. Proceedings of the Congress, Hamburg, September 26–29 1993. Osnabrück (Secolo), S. 265–269.

Nguyen, B. T. M. & Malapert, B. (1988): The Psychological Consequences for Children of War, Trauma and Migration. In: Miserez, D. (Hg.): Refugees – the Trauma of Exile. The Humanitarian Role of Red Cross and Red Crescent. Based on a Red Cross Workshop at Vitznau, Switzerland October 1987, Dordrecht (Nijhoff), S. 248–286.

Niederland, W. (1980): Folgen der Verfolgung. Das Überlebendensyndrom. Seelenmord. Frankfurt/M. (Suhrkamp).

Nill, A. (2006): Die Schule umzukrempeln fällt schwer. Die Tageszeitung, 20.09.2006, 18.

Paul, H. & Herberg, H. J. (1967): Psychische Spätschäden nach politischer Verfolgung. Psyche 19, 888–95.

Peltzer, K. (1993): Einhundert Klienten am psychosozialen Zentrum für ausländische Flüchtlinge in Frankfurt: Evaluation und psychosoziale Situation. In: Peltzer, K. & Diallo, J. C. (Hg.): Die Betreuung und Behandlung von Opfern organisierter Gewalt im europäisch-deutschen Kontext. Frankfurt/M. (IKO), S. 110–120.

Peltzer, K. (1995): Ethnokulturelle Konzepte von Trauma und deren Behandlung. In: Peltzer, K.; Aycha, A. & Bittenbinder, E. (Hg.): Gewalt und Trauma. Psychopathologie und Behandlung im Kontext von Flüchtlingen und Opfern organisierter Gewalt. Frankfurt/M. (IKO), S. 208–225

Perkonigg, A.; Pfister, H.; Stein, M. B.; Höfler, M.; Lieb, R.; Maercker, A. & Wittchen, H.-U. (2005): Longitudinal Course of Posttraumatic Stress Disorder and Post-traumatic Stress Disorder Symptoms in a Community Sample of Adolescents and Young Adults. Am J Psychiatry 162(7), 1320–1327.

Perren-Klingler, G. (1995): Psychotrauma: A Changing Perspective. From Pathology to Coping, from Individual to Community, from Victim to Survivor. In: Stiftung für Kinder (Hg.): Children – War and Persecution. Proceedings of the Congress, Hamburg, September 26–29 1993. Osnabrück (Secolo), S. 244–249.

Petrik, R. (1992): Szenisches Verstehen – Forschungsinstrument und/oder Handlungskonzept Psychoanalytischer Pädagogik? In: Trescher, H.-G & Büttner, C. (Hg.): Jahrbuch für psychoanalytische Pädagogik 4. Mainz (Matthias Grünewald), S. 163–178.

Podlech, K. (2005). Unbegleitete Minderjährige Flüchtlinge mit traumatischen Erfahrungen. Eine Herausforderung für die soziale Arbeit. URL: http://www.gla.ac.uk/rg/dtraum05.htm (Stand: 23.02.2007).

Pro Asyl (Hg.) (2006): Vom Fliehen und Ankommen. Flüchtlinge erzählen. Karlsruhe (von Loeper).

Pro Asyl (Hg.) (2007): »The truth may be bitter but it must be told«. Über die Situation der Flüchtlinge in der Ägäis und die Praktiken der griechischen Küstenwache. Frankfurt/M. (Eigenverlag).

Pro Asyl (Hg.) (2010): Leben mit Duldung. URL: http://www.proasyl.de/de/themen/basics/basiswissen/nach-der-entscheidung/leben-mit-duldung (Stand: 29.03.2010).

Rauh, B. (2003): Die Gruppe – eine Ressource schulischer Bildung. In: Fröhlich, V. & Göppel, R. (Hg.): Was macht die Schule mit den Kindern? – Was machen die Kinder mit der Schule? Psychoanalytisch-pädagogische Blicke auf die Institution Schule. Gießen (Psychosozial-Verlag), S. 77–91.

Reinders, H. (2005): Qualitative Interviews mit Jugendlichen führen. Ein Leitfaden. München (Oldenbourg).

Rellstab, F. (2000): Handbuch Theaterspielen. Band 4: Theaterpädagogik. Entwicklung – Begriff – Grundlagen – Modelle – Übungen – Beispiele – Projekte (=Reihe Schau-Spiel 10). Wädenswil (Stutz Druck).

Resick, P. A. (2003): Stress und Trauma. Grundlagen der Psychotraumatologie. Bern (Huber).

Ricker, K. (2003): Migration, Biographie, Identität – Der biographische Ansatz in der Migrationsforschung. In: Badawia, T.; Hamburger, F.; Hummrich, M. (Hg.): Wider die Ethnisierung einer Generation – Beiträge zur qualitativen Migrationsforschung. Frankfurt/M. (IKO), S. 53–65.

Riedelsheimer, A. & Wiesinger, I. (Hg.) (2004): Der erste Augenblick entscheidet. Clearingverfahren für unbegleitete minderjährige Flüchtlinge in Deutschland. Karlsruhe (von Loeper).

Riedesser, P.; Schulte-Markwort, M. & Walter, J. (2003): Entwicklungspsychologische und psychodynamische Aspekte psychischer Traumatisierung von Kindern und Jugendlichen. In: Koch-Kneidl, L. & Wiesse, J. (Hg.): Entwicklung nach früher Traumatisierung (=Psychoanalytische Blätter 23). Göttingen (Vandenhoeck & Ruprecht), S. 9–24.

Rodriguez Rabanal, C. (1990): Überleben im Slum. Psychosoziale Probleme in peruanischen Elendsvierteln. Frankfurt/M. (Fischer).

Rodriguez Rabanal, C. (1995): Children and Violence in Peru. In: Stiftung für Kinder (Hg.): Children – War and Persecution. Proceedings of the Congress, Hamburg, September 26–29 1993. Osnabrück (Secolo), S. 127–29.

Rodriguez Rabanal, C. (1995a): Elend und Gewalt. Psychoanalytische Studie aus Peru. Frankfurt/M (Fischer).

Rosenthal, G.; Völter, B. & Gilad, N. (1999): Folgen der Zwangsmigration über drei Generationen. Israelische Familien mit Großeltern aus Deutschland. In: Apitzsch, U. (Hg.): Migration und Traditionsbildung. Opladen (Westdeutscher Verlag), S. 45–75.

Said, E. W. (1994). Kultur und Imperialismus. Einbildungskraft und Politik im Zeitalter der Macht. Frankfurt/M. (Fischer).

Said, E. W. (2003): Orientalism. London (Penguin Books).

Sander, A. (2004): Konzepte einer Inklusiven Pädagogik. ZfH, 55, 240–244.

Scheeringa, M. S.; Zeanah, C.; Drell, M. & Larrieu, J. (1995): Two Approaches to the Diagnosis of Posttraumatic Stress Disorder in Infancy and Early Childhood. J. Am. Acad. Child Adolesc. Psychiatry 34, 191–200.

Scheifele, S. (2003): Migration und Psyche – Aufbrüche und Erschütterungen. Psychosozial 93, 7–13.

Schiffauer, W. (2002): Migration und kulturelle Differenz. Studie für das Büro des Ausländerbeauftragten des Senats von Berlin. Berlin (Eigenverlag).

Schmidbauer, W. (1977): Die hilflosen Helfer. Über die seelische Problematik der helfenden Berufe. Reinbek bei Hamburg (Rowohlt).

Schmitt, G. (2004): Kriegskinder in Schule und Unterricht. In: Büttner, C.; Mehl, R.; Schlaffer, P. & Nauck, M. (Hg.): Kinder aus Kriegs- und Krisengebieten: Lebensumstände und Bewältigungsstrategien (Studien der Hessischen Stiftung Friedens- und Konfliktforschung 48). Frankfurt/M. (Campus), S. 47–54.

Schönwälder, K. (1997): Migration, Refugees and Ethnic Plurality as Issues of Public and Political Debates in (West) Germany. In: Cesarani, D. & Fulbrook, M. (Hg.): Citizenship, Nationality and Migration in Europe. London/New York (Routledge), S. 159–178.

Schorn, A. (2000): Das »themenzentrierte Interview«. Ein Verfahren zur Entschlüsselung manifester und latenter Aspekte subjektiver Wirklichkeit. Forum Qualitative Sozialforschung. URL: http://qualitative-research.net/fqs-texte/2-00/2-00schorn-d.htm (Stand: 20.09.2006).

Schrader, A. (1989): Migration. In: Endruweit, G. & Trommsdorf, G. (Hg.): Wörterbuch der Soziologie, Bd. 2. Stuttgart (Enke), S. 436–437.

Schubert, H.-J. (2009): Pragmatismus und Symbolischer Interaktionismus. In: Kneer, G. & Schroer, M. (Hg.): Handbuch Soziologische Theorien. Wiesbaden (Verlag für Sozialwissenschaften), S. 345–367

Solnit, J. & Kris, M. (1967): Trauma and Infantile Experience: A Longitudinal Perspective. In: Furst, S. S. (Hg.): Psychic Trauma. New York (Basic Books), S. 175–220.

Speck-Hamdan, A. (1999): Risiko und Resilienz im Leben von Kindern ausländischer Familien. In: Opp, G.; Fingerle, M. & Freytag, A. (Hg.): Was Kinder stärkt. Erziehung zwischen Risiko und Resilienz. München (Reinhardt), S. 221–228.

Spitz, R. A. (1967): Vom Säugling vom Kleinkind. Naturgeschichte der Mutter-Kind-Beziehungen im ersten Lebensjahr. Stuttgart (Klett).

Stein, B. v. d. (2006): Verborgene Traumatisierungen und transgenerationale Traumaweitergabe bei Nachkommen von Migranten. Psychoanalyse. Texte zur Sozialforschung 10(2), S. 137–150.

Steiner-Khamsi, G. (1998): Universalismus vor Partikularismus? Gleichheit vor Differenz? In: Wicker H.-R. (Hg.): Nationalismus, Multikulturalismus und Ethnizität. Beiträge zur Deutung von sozialer und politischer Einbindung und Ausgrenzung. Bern (Haupt), S. 353–72.

Stierlin, H. (1978): Delegation und Familie. Beiträge zum Heidelberger familiendynamischen Konzept. Frankfurt/M. (Suhrkamp).

Stiftung für Kinder (Hg.) (1995): Children – War and Persecution. Proceedings of the Congress, Hamburg, September 26–29 1993. Osnabrück (Secolo).

Straker, G.; Mendelsohn, M. & Tudin, P. (1995): The Effects of Diverse Forms of Political Violence on the Emotional and Moral Concerns of Youth. In: Stiftung für Kinder (Hg.): Children – War and Persecution. Proceedings of the Congress, Hamburg, September 26–29 1993. Osnabrück (Secolo), S. 115–123.

Streeck-Fischer, A. (1992): Geil auf Gewalt – Adoleszenz und Rechtsextremismus. Psyche 46, 745–768.

Streeck-Fischer, A. (2006): Trauma und Entwicklung. Frühe Traumatisierungen und ihre Folgen in der Adoleszenz. Stuttgart (Schattauer).

Terre des hommes (Hg.) (2005): »Wir bleiben draußen«. Schulpflicht und Schulrecht von Flüchtlingskindern in Deutschland. Osnabrück (Eigendruck).

Trescher, H.-G. (1987): Selbstverständnis und Problembereiche der Psychoanalytischen Pädagogik. In: Reiser, H. & Trescher, H. G. (Hg.): Wer braucht Erziehung? Impulse der psychoanalytischen Pädagogik. Mainz (Matthias-Grünewald), S. 197–209.

Trescher, H.-G. (1990): Theorie und Praxis der Psychoanalytischen Pädagogik. Mainz (Matthias Grünewald).

Ucar, A. (1996): Benachteiligt: Ausländische Schüler in der deutschen Sonderschule. Eine empirische Untersuchung zur Lage der türkischen Kinder in der Schule für Lernbehinderte. Baltmannsweiler (Schneider).

UNHCR (Hg.) (1996 [1951]): Convention and Protocol Relating to the Status of Refugees. URL: http://www.unhcr.org/protect/PROTECTION/3b66c2aa10.pdf (Stand: 13.11.2006).

UNHCR (Hg.) (2008): Statistical Yearbook 2007. Trends in Displacement, Protection and Solution. URL: http://www.unhcr.org/statistics/STATISTICS/4981b19d2.html (Stand: 05.02.2009)

UNO-Flüchtlingshilfe (2010): Wissenswertes zum Thema Flüchtlinge. URL http://www.uno-fluechtlingshilfe.de/?page=50 (Stand: 25.03.2010).

Valent, P. (2002): Child survivors of the Holocaust. New York/London (Brunner-Routledge).

Veer, G. v. d. (1995): Beratung und Psychotherapie mit Opfern organisierter Gewalt. In: Peltzer, K.; Aycha, A. & Bittenbinder, E. (Hg.): Gewalt und Trauma. Psychopathologie und Behandlung im Kontext von Flüchtlingen und Opfern organisierter Gewalt. Frankfurt/M. (IKO), S. 85–96.

Volkan, V. D. (2002): Vorwort: Identitätsverlust – Migration und Verfolgung«. In: Bell, K.; Holder, A.; Janssen, P. & Sander, J. v. d. (Hg.): Migration und Verfolgung: Psychoanalytische Perspektiven. Gießen (Psychosozial-Verlag), S. 13–36.

Volkan, V. D. (2003): Das Versagen der Diplomatie. Zur Psychoanalyse nationaler, ethnischer und religiöser Konflikte. Gießen (Psychosozial-Verlag).

Walter, J. (1995): Krieg, Verfolgung und Trauma bei Kindern. In: Peltzer, K.; Aycha, A. & Bittenbinder, E. (Hg.): Gewalt und Trauma. Psychopathologie und Behandlung im Kontext von Flüchtlingen und Opfern organisierter Gewalt. Frankfurt/M. (IKO), S. 46–67.

Weber, M. (1980): Wirtschaft und Gesellschaft. Tübingen (Mohr).

Weiß, W. (2005): Phillipp sucht sein Ich. Zum pädagogischen Umgang mit Traumata in den Erziehungshilfen. Weinheim (Juventa).

Werner, E. E. (1999): Entwicklung zwischen Risiko und Resilienz. In: Opp, G.; Fingerle, M. & Freytag, A. (Hg.): Was Kinder stärkt. Erziehung zwischen Risiko und Resilienz. München (Reinhardt), S. 25–36.

Wicker, H.-R. (1998): Nationalismus, Multikulturalismus und Ethnizität. In: Wicker H.-R. (Hg.): Nationalismus, Multikulturalismus und Ethnizität. Beiträge zur Deutung von sozialer und politischer Einbindung und Ausgrenzung. Bern (Haupt), S. 39–64.

Winnicott, D. W. (1970): Die Lokalisierung des kulturellen Erlebens. Psyche 24, 260–269.

Winnicott, D. W. (1992): Familie und individuelle Entwicklung. Frankfurt/M. (Fischer).

Winter-Heider, C. (2009): Mutterland Wort. Sprache, Spracherwerb und Identität vor dem Hintergrund von Entwurzelung. Frankfurt/M. (Brandes & Apsel).

Yehuda, R. (1998): Resilience and Vulnerability Factors in the Course of Adaption to Trauma. National Center for Post-Traumatic Stress Disorder Clinical Quarterly 8, 3–5.

Young, A. (1997): The Harmony of Illusions: Inventing Post Traumatic Stress Disorder. Princeton (NJ) (Princeton Univ. Press).

Zimmer, J. (1999): Die Provokation durch die Wirklichkeit – der Situationsansatz. In: Becker, U.; Hermann, A. & Stanek, M. (Hg.): Chaos und Entwicklung. Theorie und Praxis psychoanalytisch orientierter sozialer Arbeit. Gießen (Psychosozial-Verlag), S. 74–97.

Zimmer, J. & Feldhaus, H. J. (1998): Das kleine Handbuch zum Situationsansatz (Praxisreihe Situationsansatz). Ravensburg (Ravensburger Buchverl).

Zimmermann, D. (2008): Traumatisierte Kinder und Jugendliche mit Zwangsmigrationshintergrund – Stiefkinder pädagogischer Theorie und Praxis. Sonderpädagogische Förderung heute 53(1), 5–21.

Zimmermann, D. (2009): Schulische Krisensituationen im Kontext traumatischer Realität. Zur spezifischen Situation junger Flüchtlinge im deutschen Bildungssystem. In: Sonderpädagogische Förderung heute 54(2), 261–277.

Zimmermann, E. (1995): Gesundheitliche Lage und psychosoziale Probleme ausländischer Kinder in der Bundesrepublik Deutschland. In: Koch, E.; Özek, M. & Pfeiffer, W. M. (Hg.): Psychologie und Pathologie der Migration. Deutsch-türkische Perspektiven (Schriftenreihe der Deutsch-Türkischen Gesellschaft für Psychiatrie, Psychotherapie und psychosoziale Gesundheit e. V., Bd.1). Freiburg i. B. (Lambertus), S. 246–56.

Psychosozial-Verlag

Bernd Ahrbeck (Hg.)

Von allen guten Geistern verlassen?

Aggressivität in der Adoleszenz

Jürgen Körner, Burkhard Müller (Hg.)

Schuldbewusstsein und reale Schuld

2010 · 238 Seiten · Broschur
ISBN 978-3-89806-620-4

2010 · 283 Seiten · Broschur
ISBN 978-3-8379-2030-7

Aggressivität und Gewalttätigkeit von Jugendlichen sind zentrale Gegenwartsprobleme. Wer die Lebensphase der Adoleszenz umfassend verstehen will, muss sich dem Faktum stellen, dass in diesem Lebensabschnitt ein ungewöhnlich hohes Maß an Aggressivität aktiviert wird: sowohl gegen die Außenwelt als auch gegen die eigene Person. Das vorliegende Buch trägt dieser Tatsache Rechnung, indem es die Ausdrucksformen adoleszenter Aggressivität analysiert und ihre spezielle Psychodynamik in Fallstudien betrachtet. Der Austausch von deutschen und französischen Autorinnen und Autoren eröffnet neue, bisher wenig bekannte Sichtweisen und ermöglicht neue Perspektiven in der Fachdiskussion.

Der Band führt interdisziplinär in ein Thema ein, das vielen Praktikern in Pädagogik und Therapie, aber auch Jugendgerichtsbarkeit oder Seelsorge auf den Nägeln brennt. Beim Umgang mit jugendlichen Gewalttätern, die lebensgeschichtlich zugleich Opfer sind, aber weder als solche behandelt werden können noch wollen, stellen sich Fragen wie: Welchen Umgang mit Schuld erwarten wir von ihnen? Was könnte unsere Aufgabe bei der »Verarbeitung« von Schuld sein? Die Beiträge zeigen, warum die Pädagogik bei diesen Fragen über den eigenen Tellerrand blicken und die Auseinandersetzung mit Juristen, Therapeuten, Theologen und dem politischen Zeitgeschehen führen muss.

Walltorstr. 10 · 35390 Gießen · Tel. 0641-969978-18 · Fax 0641-969978-19
bestellung@psychosozial-verlag.de · www.psychosozial-verlag.de

🔲 Psychosozial-Verlag

Salman Akhtar

Immigration und Identität

Psychosoziale Aspekte und kulturübergreifende Therapie

Sigrid Scheifele (Hg.)

Migration und Psyche

Aufbrüche und Erschütterungen

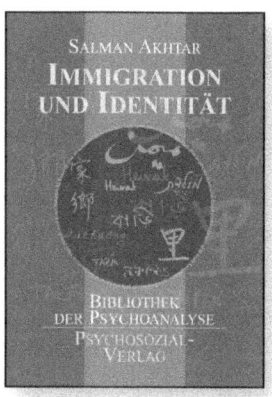

2007 · 232 Seiten · Broschur
ISBN 978-3-89806-590-0

2008 · 151 Seiten · Broschur
ISBN 978-3-89806-864-2

Warum wandern Menschen aus ihrem Heimatland in ein anderes Land aus? Was ist der Unterschied zwischen Immigration und Exil? Wie wirkt sich Immigration psychologisch aus? Kann man jemals den Verlust seines Landes verarbeiten? Was sind die defensiven Funktionen von Nostalgie? Gibt es spezielle Richtlinien für die Psychotherapie und Psychoanalyse für immigrierte Patienten? Wie kann der Therapeut die kulturellen Rationalisierungen von den zugrunde liegenden innerpsychischen Konflikten der Patienten entwirren?

Salman Akhtar gibt Antworten auf diese Fragen. Er beobachtet, dass die Immigration von einem Land in ein anderes andauernde Auswirkungen auf die Identität eines Individuums hat. Ein derartiger Identitätswechsel beinhaltet die Dimension von Antrieb und Affekten, psychischem Raum und sozialer Zugehörigkeit.

Die Beiträge des Bandes geben einen breiten Überblick über die Chancen und Erschütterungen, die der Aufbruch in ein fremdes Land mit sich bringt. Thematisiert werden u.a. die Faszination des Fremden, Glück und Unglück in der Emigration, die Spezifität des ödipalen Konflikts der Muslime im Iran, Gender-Differenzen in Migrantenfamilien sowie transkulturelle Psychotherapie. Diskutiert wird auch, was der Aufbruch der Eltern für ihre hier geborenen oder aufgewachsenen Kinder bedeutet. Fundiert und informativ beleuchtet der Band zahlreiche Aspekte von Migration und transkultureller Psychotherapie.

Walltorstr. 10 · 35390 Gießen · Tel. 0641-9699 78-18 · Fax 0641-9699 78-19
bestellung@psychosozial-verlag.de · www.psychosozial-verlag.de

Horst-Eberhard Richter

Ist eine andere Welt möglich?

Für eine solidarische Globalisierung

Horst-Eberhard Richter

Psychoanalyse und Politik

Zur Geschichte
der politischen Psychoanalyse

2005 · 220 Seiten · Broschur
ISBN 978-3-89806-346-3

2003 · 332 Seiten · Broschur
ISBN 978-3-89806-243-5

Interessant, konstruktiv, zukunftsweisend – der Psychoanalytiker und Sozialphilosoph Horst-Eberhard Richter nimmt Stellung zu aktuellen Fragen vom Wandel der Psychoanalyse bis hin zur internationalen Friedensbewegung. Er verfolgt in den Reden und Aufsätzen dieses Bandes die geistige Situation in ihrer Entwicklung seit der Hitlerzeit bis in die Gegenwart hinein. Als engagierter Teilnehmer der Sozialen Bewegung der 1970er Jahre wurde er eine Leitfigur desjenigen Flügels der internationalen Friedensbewegung, der über die Kritik an Krieg und Atomrüstung hinaus den Aufbruch zu einer konstruktiven Humanisierung der Politik fordert. Wie sehen die dafür nötigen Wandlungen in der inneren Verfassung der Menschen aus?

Was hat die Psychoanalyse außer einer besonderen Form der Therapie den Menschen heute noch zu bieten? Versteckt sie ihr Potenzial als gesellschaftskritische Wissenschaft oder hat sie es etwa schon verspielt? Diesen Fragen widmet sich der richtungsweisende Denker mit dem Ziel, die Politik zum Gegenstand psychoanalytischer Betrachtungen zu machen. Für Richter bleibt die Psychoanalyse dazu aufgerufen, die Widerstandskraft der Menschen gegen ihre innere sowie die in technischen und politischen Prozessen verborgene äußere Destruktivität zu stärken.

»Horst-Eberhard Richter (…) bleibt auch mit diesem Buch, was er immer war: ein Störenfried, der heikle Themen aufgreift und sie mit der ihm eigenen sanften Unerbittlichkeit analysiert.«

Die Zeit

Walltorstr. 10 · 35390 Gießen · Tel. 0641-9699 78-18 · Fax 0641-9699 78-19
bestellung@psychosozial-verlag.de · www.psychosozial-verlag.de

Petra Christian-Widmaier

Nonverbale Dialoge in der psychoanalytischen Therapie

Marcus Rasting

Mimik in der Psychotherapie

2009 · 337 Seiten · Broschur
ISBN 978-3-89806-732-4

2008 · 127 Seiten · Broschur
ISBN 978-3-89806-785-0

In psychoanalytischen Behandlungen wird fortlaufend auch ohne Worte in Handlungsdialogen, Inszenierungen und Enactments kommuniziert. Die Autorin erweitert und ergänzt den aktuellen Enactment-Diskurs in theoretischer und praktisch-therapeutischer Hinsicht durch die qualitativ-empirische Untersuchung des Verlaufs von selten thematisierten nonverbalen Handlungsdialogen in bestimmten Ausschnitten einer analytischen Behandlung vom Anfang bis zum Ende. Sie geht dem subtilen Blickaustausch, dem Handkontakt von Patient und Analytiker, den Toilettengängen des Patienten sowie dem beiderseitigen Umgang mit der Tür bei der Begrüßung und Verabschiedung nach. Der Verlauf der Enactments ließ eine Verschränkung der nonverbalen Dialoge mit den Veränderungsprozessen in der Behandlung und ein bestimmtes Verlaufsmuster erkennen.

Kann man aus der Mimik von Patient und Therapeut im Erstgespräch Vorhersagen über den Erfolg einer Psychotherapie ableiten? Das vorliegende Buch zeigt, dass zwischen Therapeut und Patient bereits im Erstgespräch ein intensiver nonverbaler Austausch stattfindet, der bereits wichtige Hinweise auf ein Gelingen der nachfolgenden Therapie gibt. Neben einem Überblick über den bisherigen Kenntnisstand zur nonverbalen Kommunikation in der Psychotherapie werden auch eigene Untersuchungen vorgestellt. In einem detailliert beschriebenen Einzelfall werden sowohl die untersuchten Prozesse im klinischen Kontext dargestellt als auch die Implikationen für das Konzept der therapeutischen Beziehung, die durch beide Interaktionspartner aktiv mitgestaltet wird, diskutiert.

Walltorstr. 10 · 35390 Gießen · Tel. 0641-9699 78-18 · Fax 0641-9699 78-19
bestellung@psychosozial-verlag.de · www.psychosozial-verlag.de

Psychosozial-Verlag

Matthias Franz, Beate West-Leuer (Hg.)

Bindung – Trauma – Prävention

Entwicklungschancen
von Kindern und Jugendlichen
als Folge ihrer Beziehungserfahrungen

Annelinde Eggert-Schmid Noerr,
Urte Finger-Trescher, Ursula Pforr (Hg.)

Frühe Beziehungserfahrungen

Die Bedeutung primärer Bezugspersonen für die kindliche Entwicklung

2008 · 334 Seiten · Broschur
ISBN 978-3-89806-768-3

2007 · 311 Seiten · Broschur
ISBN 978-3-89806-846-8

Der erste Teil des Buches fokussiert aus theoretischer und grundlagenwissenschaftlicher Sicht die frühen Bindungsprozesse. Ausgewiesene Experten fassen hier den Kenntnisstand zu den Themen Bindung, Trauma und Prävention zusammen. Zum einem vermitteln sie neurowissenschaftliche Aspekte der Affekt- und Empathieentwicklung, zum anderen zeigen sie die Folgen traumatischer Früherfahrungen und sozialer Ungleichheit auf. Die Autoren verdeutlichen so, wie wichtig eine Frühprävention im familiären Beziehungsfeld ist.

Der zweite Teil des Buches stellt konkrete Modelle vor. Diese kommen dem Anspruch einer bindungsorientierten Prävention entgegen und orientieren sich an Bindungs- und Entwicklungsbedürfnissen von Kindern und Jugendlichen in schwierigen Lebenslagen.

Die Säuglings- und Kleinkindforschung der letzten Jahre hat das Bild des »kompetenten Säuglings« entworfen, der vergleichsweise unabhängig von den Bedingungen seiner Umwelt über erstaunliche Fähigkeiten verfügt und sich gewissermaßen selbst bildet. Dem stehen Ergebnisse der Bindungsforschung, der Psychoanalytischen Pädagogik und der Erziehungswissenschaften gegenüber, die das Augenmerk auf die außerordentliche Bedeutung der Interaktion zwischen Säugling oder Kleinkind und seinen frühen Bindungspersonen für die psychophysische Entwicklung lenken. Auch neueste neurobiologische Forschungen belegen eindrucksvoll den Zusammenhang zwischen frühkindlichen Beziehungserfahrungen und der Entwicklung des Kindes. Dieser Zusammenhang wird in diesem Buch im Hinblick auf die Risiken und Förderungsmöglichkeiten beleuchtet.

Walltorstr. 10 · 35390 Gießen · Tel. 0641-9699 78-18 · Fax 0641-9699 78-19
bestellung@psychosozial-verlag.de · www.psychosozial-verlag.de

Psychosozial-Verlag

Thilo Maria Naumann

Eltern heute –
Bedürfnisse und Konflikte

**Psychoanalytisch-pädagogische
Elternarbeit in der Kita**

Thilo Maria Naumann

Beziehung und Bildung
in der kindlichen Entwicklung

**Psychoanalytische Pädagogik
als kritische Elementarpädagogik**

*2011 · 164 Seiten · Broschur
ISBN 978-3-8379-2142-7*

*2010 · 194 Seiten · Broschur
ISBN 978-3-8379-2041-3*

Elternschaft ist ein intensives Beziehungsgeschehen, das heutzutage mit vielfältigen Bedürfnissen und Konflikten verknüpft ist. Die Eltern begegnen nicht nur dem realen Kind, sondern auch dem Kind, das sie selbst waren oder gerne gewesen wären. Zugleich müssen sie Familie, Liebe und Arbeit miteinander vereinbaren. Elternarbeit in der Kita kann den Eltern einen Übergangsraum für diese biografischen und alltäglichen Themen eröffnen.

Im Fokus steht dabei die gelingende Entwicklung der Kinder. Vor diesem Hintergrund geht es eingangs um die Bedeutung der Eltern und pädagogischen Bezugspersonen für die kindliche Entwicklung. Im zweiten Teil werden wichtige Themen heutiger Elternschaft, psychosoziale Belastungen sowie verschiedene Familienformen untersucht. Schließlich werden praktische Konsequenzen für die Elternarbeit erörtert.

Was sind die Voraussetzungen, damit Entwicklungs- und Bildungsprozesse bei Kindern gelingen? Welche Beziehungsangebote und institutionellen Bedingungen sollten Kindertageseinrichtungen zur Verfügung stellen? Der Beantwortung dieser Fragen widmet sich Thilo M. Naumann im vorliegenden Buch.

Zunächst wird eine Vorstellung kindlicher Entwicklung entfaltet, die besonders die Bedeutung von Affektregulierung und Verinnerlichung der Interaktionserfahrungen von Kindern bis zu sechs Jahren berücksichtigt. Weil diese Entwicklung innerhalb spezifischer gesellschaftlicher Kontexte stattfindet, werden diese kritisch analysiert, um dann die Bedingungen des Aufwachsens von Kindern sowie deren psychosoziale Folgen zu untersuchen. Vor diesem Hintergrund werden auf der Grundlage Psychoanalytischer Pädagogik weiterführende elementarpädagogische Positionen dargelegt.

Walltorstr. 10 · 35390 Gießen · Tel. 0641-9699 78-18 · Fax 0641-9699 78-19
bestellung@psychosozial-verlag.de · www.psychosozial-verlag.de